古典文獻研究輯刊

三一編

潘美月・杜潔祥 主編

第 4 冊

阮刻《周禮注疏》校考（外二種）

孔祥軍 著

國家圖書館出版品預行編目資料

阮刻《周禮注疏》校考（外二種）／孔祥軍 著 -- 初版 -- 新
北市：花木蘭文化事業有限公司，2020〔民109〕
目 2+240 面；19×26 公分
（古典文獻研究輯刊 三一編；第 4 冊）
ISBN 978-986-518-144-4（精裝）
1. 周禮 2. 注釋
011.08   109010381

ISBN-978-986-518-144-4

9 789865 181444

古典文獻研究輯刊
三一編　第 四 冊　　　　　ISBN：978-986-518-144-4

阮刻《周禮注疏》校考（外二種）

作　　者　孔祥軍
主　　編　潘美月、杜潔祥
總 編 輯　杜潔祥
副總編輯　楊嘉樂
編　　輯　許郁翎、張雅淋　美術編輯　陳逸婷
出　　版　花木蘭文化事業有限公司
發 行 人　高小娟
聯絡地址　235 新北市中和區中安街七二號十三樓
　　　　　電話：02-2923-1455 ／傳真：02-2923-1452
網　　址　http://www.huamulan.tw 信箱 hml 810518@gmail.com
印　　刷　普羅文化出版廣告事業
初　　版　2020 年 9 月
全書字數　188120 字
定　　價　三一編 9 冊（精裝）台幣 26,000 元　　　　版權所有・請勿翻印

阮刻《周禮注疏》校考（外二種）

孔祥軍　著

作者簡介

孔祥軍，江蘇揚州人，文學碩士，歷史學博士，碩士生導師，揚州大學社會發展學院教授，日本北海道大學訪問學者。主持國家社科基金項目「阮刻《十三經注疏》圈字彙校考正集成研究」「清人地理考據文獻集成與研究」、教育部社科基金項目「清人經解地理考據整理與研究」、教育部後期資助項目「阮刻《毛詩注疏》圈字彙校考正」等多項科研項目。在《清史研究》《中國經學》《域外漢籍研究集刊》、《古典文獻研究》等學術刊物發表論文八十多篇。正式出版《毛詩傳箋》點校整理本（中華書局「中國古典文學基本叢書」），以及《阮刻〈周易注疏〉圈字彙校考正》、《清人經解地理考據研究》、《出土簡牘與中古史研究》等專著六部。

提　　要

　　本書稿是對阮刻《周禮注疏》進行校考，所謂校，乃從經、注、疏、釋文，三個層面展開，以言經文，所據者則有宋代以來各種重要經注本、注疏本之經文；以言注，所據者有宋代以來各種重要經注本、注疏本之鄭注；以言賈公彥《疏》，所據者，則有日藏殘抄單疏本《周禮疏》、宋刊魏了翁《周禮折衷》、南宋刊八行本《周禮疏》、元刊十行本《周禮註疏》及元明以下諸注疏本；此外，北宋刊《通典》、南宋刊《儀禮經傳通解·續通解》等文獻中頗有引及《周禮》注、疏文字者，皆在彙校取材範圍之內，可以說本成果已將目前所知各種重要《周禮》注、疏網羅殆盡，在這樣的範圍內進行彙校，實屬首創，其創新價值不言而喻。所謂考，目前所見《周禮注疏》整理本，幾乎都以阮本為底本，如北大本、臺灣新文豐本、傳世藏書本等等，而校記也是根據阮本，幾乎未作校勘工作，更遑論彙校了，可見阮本對後世整理本的影響是空前的，本書稿致力於對最有可疑之處的文字進行徹底的彙校判定工作，不僅如此，還將結合上下文語境、前後文邏輯、引據文獻、文辭書法，以及包括阮元《周禮注疏校勘記》、加藤虎之亮《周禮經注疏音義校勘記》在內之前人各類研究校記，對其是非進行判斷，從而為釐正文字，特別是今日重新整理《周禮注疏》提供重要參考。

本書爲國家社科基金項目
「阮刻《十三經注疏》圈字彙校考正集成研究」
（19BTQ049）階段性成果

目

次

前　言

　　嘉慶二十年阮元於江西主持重栞「宋本十三經注疏」，翌年書成〔註1〕，其在《重栞宋本十三經注疏》弁首《重刻宋板注疏總目錄》（下稱《目錄》）中談及此事始末，云：「元家所藏十行宋本，有十一經，雖無《儀禮》、《爾雅》，但有蘇州北宋所刻之單疏板本，為賈公彥、邢昺之原書，此二經更在十行本之前，元舊作《十三經注疏挍勘記》，雖不專主十行本、單疏本，而大端實在此二本。嘉慶二十年，元至江西，武寧盧氏宣旬讀余《挍勘記》而有慕于宋本，南昌給事中黃氏中傑亦苦毛板之杇，因以元所藏十一經至南昌學堂重刻之，且借挍蘇州黃氏丕烈所藏單疏二經重刻之……刻書者，最患以臆見改古書，今重刻宋板，凡有明知宋板之誤字，亦不使輕改，但加圈于誤字之旁，而別據《挍勘記》，擇其說附載於每卷之末，俾後之學者不疑于古籍之不可據，慎之至也。」〔註2〕

　　此處所謂《十三經注疏挍勘記》，乃指單行本《宋本十三經注疏挍勘記》二百十七卷，《經典釋文挍勘記》廿六卷。《挍勘記》原名《考證》，撰成於嘉慶十一年丙寅，刊於十三年戊辰〔註3〕，即文選樓本也〔註4〕。卷首載段

〔註1〕胡稷《重栞宋本十三經注疏後記》云：「嘉慶二十有一年秋八月，南昌學堂《重栞宋本十三經注疏》成，卷四百十六并附錄挍勘記，為書一千八百一十葉，距始事於二十年仲春，歷時十有九月。」又《雷塘庵主弟子記》卷五：「（嘉慶二十一年）秋，刻《宋本十三經注疏》成。」（《續修四庫全書》第五五七冊影印上海古籍出版社藏清道光琅嬛仙館刻本，頁二七一）

〔註2〕阮元《揅經室三集》卷二《江西校刻宋本十三經注疏書後》，亦有此段文字，中華書局整理本《揅經室集》誤「慕」為「摹」，「挍」為「校」，一九九三年版，頁六二〇。

〔註3〕汪紹楹說，《阮氏重刻宋本十三經注疏考》，《文史》第三輯，下文所引汪說，皆指此文。

玉裁所撰《十三經注疏併釋文校勘記序》，云：「臣玉裁竊見臣阮元自諸生時至今校誤有年……近年，巡撫浙中，復取在館時奉敕校石經《儀禮》之例，衡之羣經。又廣搜江東故家所儲各善本，集諸名士，授簡詁經精舍，令詳其異同，抄撮薈萃之。而以官事之暇，籌燈燃燭，定其是非……條分縷析，犂然悉當，成此巨編。」則《校勘記》之作，為阮元首倡也。然蕭穆《記方植之先生臨盧抱經手校十三經注疏》云：「抱經先生手校《十三經注疏》本，後入山東衍聖公府，又轉入揚州阮氏文選樓。阮太傅作《校勘記》，實以此為藍本。」〔註5〕汪紹楹綜合盧文弨所做校經工作及此條記載，推斷阮元輯《校勘記》乃受盧氏啟發，或然。

　　《校勘記》之作可謂清人經學文獻研究之集大成者，後阮元重刻諸經注疏，實奠基於此〔註6〕。據阮元《目錄》，《校勘記》的學術成果并未直接反映在重刻板片的文字上，而是通過一種圈字標注的方式，既保持了原本的文字形態，又將校改意見呈現出來，以供讀者判斷，此即所謂「今重刻宋板，凡有明知宋板之誤字，亦不使輕改，但加圈于誤字之旁，而別據《校勘記》，擇其說附載於每卷之末」。依照阮說，第一，重刊諸種注疏的文字應該與底本完全一致；第二，根據單行本《校勘記》，可以完全確定原本有錯的地方，會施加小圈於字旁，并由盧宣旬摘錄《校勘記》相關條目，附於各卷之末，以便讀者前後對照檢核。這是一種極為先進的文獻整理思路，《書目答問・經部》「十三經注疏」條小注列有「阮文達公元刻附校勘記本」，云：「阮本最於學者有益，凡有關校勘處，旁有一圈，依圈檢之，精妙全在於此」〔註7〕，可見時人對此評價很高。精妙與否，見仁見智，但據阮元《目錄》所云「明知宋板之誤字」「但加圈于誤字之旁」，則當取《校勘記》反復斟酌，方於可以認

〔註4〕單行本《校勘記》除文選樓本外，尚有《清經解》本，因《清經解》本身刊刻情況複雜，其所收錄之《校勘記》間有錯謬，亦在情理之中。如卷一《毛詩正義序》「於其所作疏內」條，經解本作「『所』字止句錯在此」（鳳凰出版社影印本，二〇〇五年版，第陸冊，頁六七二九），而文選樓本作「『所』字上句錯在此」，「止」字顯為「上」字之譌。又如卷一《螽斯》「其股似璅瑁又」條，經解本作「『又』當作『文』（頁六七三三），文選樓本則作「『又』當作『叉』」，二者又異。

〔註5〕《敬孚類稿》卷八，《近代中國史料叢刊》第四十三輯影印光緒丙午刊本，文海出版社，頁三七三。

〔註6〕汪紹楹云「於是因校勘而擇板本，因板本而議重刊」，此為的論。

〔註7〕《續修四庫全書》第九二一冊影印復旦大學圖書館藏清光緒刻本，頁五四三。

定必誤無疑之處，加圈於字旁，正是《挍勘記》「定其是非」之旨歸所在，校勘精華薈萃於此，實無可疑。

　　《周禮注疏挍勘記》乃阮元總纂《宋本十三經注疏並經典釋文校勘記》之第四種〔註8〕，實際主事者則為臧庸〔註9〕。臧庸校勘所用底本為元刊十行本《附釋音周禮注疏》，疑即阮元家藏之本，而為其後南昌府學重刊《周禮注疏》之底本，《周禮注疏校勘記・引據各本目錄》列有此本。江西省樂平市圖書館藏元刊十行本《附釋音周禮注疏》、日本靜嘉堂文庫藏元刊十行本《附釋音周禮注疏》，雖偶有正德年間補板印面，但從總體上來說較少，與阮本比較接近，則阮式家藏本或即此本。而日本內閣文庫藏本、東京大學東洋文庫藏本、北京市文物局藏本雖皆為元刊十行本系統，但補板印面較多，主要為明正德十二年及嘉靖年間所補，年代明顯晚於前者。考慮到宋刊十行本《周禮注疏》已不存於世，則元刊十行本或為目前所知存世最早刊行之十行本。前述數種皆屬十行本系統，而閩本、明監本、毛本俱為其餘緒，可謂一脈相承，臧庸主要利用單經本系統之唐石經、經注本系統之嘉靖本、注疏本系統之惠棟校本與其相校，不但參校版本太少，而且所謂惠棟校本，其究屬何本，也非常令人懷疑〔註10〕，所以從校勘角度來說，是極不充分的。

　　日本昭和三十二年，加藤虎之亮《周禮經注疏音義挍勘記》正式出版發行，據其自序，乃窮三十有三年之功，搜羅各類《周禮》重要文獻，詳加細校，

〔註8〕第一種為《周易注疏挍勘記》，拙作《阮刻〈周易注疏〉圈字彙校考正》（光明日報出版社二○一九年版）有系統校正，可參考；第二種為《尚書注疏挍勘記》；第三種為《毛詩注疏挍勘記》，筆者有系列校正文章，發表于《揚州文化研究論叢》第十六、十八、十九、二十、二十一、二十三輯，可參考。

〔註9〕阮元《十三經注疏校勘記序》，《揅經室集》，中華書局一九九三年版，第二五六至二五七頁。

〔註10〕通常認為惠棟校本所據者或為宋刊八行本《周禮疏》，然據臧庸《周禮注疏挍勘記》所引，似乎並非如此，如卷一頁五右「然不先均王國」，《挍勘記》云「惠挍本『先』作『言』」，然國家圖書館藏南宋越刊八行本《周禮疏》正作「先」，臺北「故宮博物院」藏南宋越刊八行本《周禮注疏》亦作「先」，則惠棟所校異文，不可視為八行本文字也。又如卷二十八「按禮記郊特牲及士冠記」，《挍勘記》云「惠挍本作『士冠禮』，又云宋板是『記』字」，國家圖書館藏南宋越刊八行本《周禮疏》正作「記」，臺北「故宮博物院」藏南宋越刊八行本《周禮注疏》亦作「記」，與惠氏所云宋板者合，則益可知惠挍本絕不可視為宋刊八行本也。

最終得以行世，可謂近代日本學者研究諸經注疏之典範〔註11〕。然而，加藤此書依然存在諸多缺陷。首先，是書同樣存在著參校版本文獻不夠全面的問題，以經注本系統而言，則闕婺州本、金刻本；以十行注疏本系統而言，則闕元刊明修十行全本，其所據為殘本；以八行本注疏系統而言，則闕宋刊八行本，其所據為民國董康影印本，此本底本情況複雜，類似百衲本，且多有描改，絕不可視為八行〔註12〕：以上皆為《周禮》經注疏文最為關鍵的幾種版本，是書俱闕，是為最大之缺陷。其次，一些重要版本雖已列為參校本，但在具體校記中，卻往往漏校。加藤此書以阮本為底本，依其凡例，凡與之相異者皆出校，僅以阮本卷一為例，第五頁左「不釋唯」，單疏本作「不得惟」，未出校；第十三頁左「掌大貢九賦」，單疏本作「掌九貢九賦」，未出校。日本古抄本《周禮疏》是最為重要的參校版本，加藤竟漏校如此，其他各本亦多有漏校，如阮本卷四第七頁左「凡其至之義」，加藤謂「諸本『之義』作『膳羞』」，今十行本系統諸本皆作「之義」，不作「膳羞」，可見其漏校情況是比較嚴重的，這在很大程度上降低了其校勘文字的可信度。第三，加藤主要是羅列眾本異文，幾乎不作考證判斷，也使其校勘記大打折扣。有鑑於此，今援據古抄宋槧，分卷以校阮記，冀有助於《周禮注疏》之整理，又有益於讀《周禮》者也。

本書主要引據文獻，為省篇幅，率用簡稱，詳情如下：

1. 《附釋音周禮注疏》，藝文印書館二〇〇七年影印嘉慶年間江西南昌府學刊本《重栞宋本周禮注疏附挍勘記》，簡稱阮本，所附挍勘記簡稱盧記。各條所標卷數頁碼即此影印本之卷數和板心頁碼，每頁再分左右，阮本類多缺筆避諱之字，為便行文，所引者一律改作通行文字。

2. 《續修四庫全書》第一八一冊《宋本十三經注疏併經典釋文挍勘記‧周禮注疏挍勘記》，上海古籍出版社二〇〇二年影印南京圖書館藏清嘉慶阮氏文選樓刻本，簡稱阮記。參考《皇清經解‧十三經注疏挍勘記‧周禮挍勘記》，上海書店一九八八年影印道光九年學海堂原刊本、鳳凰出版社二〇〇五年影印上海書局光緒十三年直行本。

〔註11〕 參看徐淵《海外漢學家校勘整理中國經典的高峰——加藤虎之亮與〈周禮經注疏音義校勘記〉》，《中華讀書報》二〇一六年十二月七日版。

〔註12〕 董本往往與宋刊八行本文字不同，如如《挍勘記》卷一「疾病相扶持」條，云「嘉靖本作『疾病相扶』，無『持』字，案：《疏》中引注，正作『疾病相扶』，今諸本有『持』字者，淺人據今本《孟子》所增，當刪。」，此處董本作「扶」無「持」字，而國家圖書館藏南宋刊八行本《周禮疏》、臺北「故宮博物院」藏南宋越刊八行本《周禮注疏》皆作「扶持」，頗疑董本乃據阮記改也。

3. 《周禮疏》，日本京都大學圖書館藏單疏抄本，簡稱單疏本。

4. 《中華再造善本・周禮疏》，北京圖書館出版社二〇〇三年影印國家圖書館藏宋兩浙東路茶鹽司宋元遞修本，簡稱八行本。

5. 《善本叢書・景印宋浙東茶鹽司本周禮注疏》，台灣「國立故宮博物院」一九七六年影印本，簡稱故宮本。

6. 《周禮疏》，董氏誦芬室民國二十八年影宋本，簡稱董本。

7. 《附釋音周禮註疏》，江西省樂平市圖書館藏元刊十行本，簡稱十行本，遇正德補板則於括號內註明。

8. 《附釋音周禮註疏》，日本靜嘉堂文庫藏元刊十行本，簡稱靜嘉本，遇正德補板則於括號內註明。

9. 《附釋音周禮註疏》，日本內閣文庫藏元刊明修十行本，簡稱內閣本，據版式、字體等特徵於括號內註明其印面所見板片時代。

10. 《附釋音周禮註疏》，日本東京大學東洋文化研究所藏元刊明修十行本，簡稱東大本，據版式、字體等特徵於括號內註明其印面所見板片時代。

11. 《中華再造善本・十三經注疏・附釋音周禮註疏》，北京圖書館出版社二〇〇六年影印北京市文物局藏劉盼遂舊藏元刊明修本，簡稱劉本，據版式、字體等特徵於括號內註明其印面所見板片時代。

12. 《附釋音周禮註疏》，日本米澤縣圖書館藏朝鮮活字本，簡稱朝鮮本。

13. 《十三經注疏・周禮註疏》，哈佛大學漢和圖書館藏明嘉靖李元陽刊本，其脫葉則據日本東京大學東洋文化研究所藏本，簡稱閩本。

14. 《十三經注疏・周禮註疏》，日本內閣文庫藏萬曆十七年刊本，簡稱明監本。

15. 《十三經注疏・周禮註疏》，日本東京大學東洋文化研究所藏汲古閣刊本，簡稱毛本。

16. 《殿本十三經注疏・周禮注疏》，線裝書局二〇一三年影印天津圖書館藏武英殿刊本，簡稱殿本。

17. 《景印文淵閣四庫全書・周禮注疏》，台灣商務印書館一九八三年影印本，簡稱庫本。

18. 《開成石經・周禮》，《西安碑林全集》第一二一冊至第一二六冊，廣東經濟出版社、海天出版社一九九九年影拓本，簡稱唐石經。

19. 《宋刊巾箱本八種・周禮》，華東師範大學出版社二〇一四年影印民國陶氏涉園影印本，簡稱白文本。

20. 《中華再造善本・周禮》，北京圖書館出版社二〇〇三年影印國家圖書館藏宋婺州市門巷唐宅刻本，簡稱婺本。

21. 《周禮》，日本靜嘉堂文庫藏宋蜀刻本，簡稱蜀本。

22. 《周禮鄭注》，文祿堂民國二十三年影宋本，簡稱建本。

23. 《中華再造善本·周禮》，北京圖書館出版社二〇〇五年影印北京大學圖書館藏宋刻本，簡稱附圖本。

24. 《中華再造善本·纂圖互注周禮》，北京圖書館出版社二〇〇三年影印國家圖書館藏宋刻本，簡稱纂圖本。

25. 《纂圖互注周禮》，日本靜嘉堂文庫藏宋刻本，簡稱互注本。

26. 《中華再造善本·京本点校附音重言重意互注周禮》，北京圖書館出版社二〇〇五年影印北京大學圖書館藏宋刻本，簡稱京本。

27. 《中華再造善本·周禮》，北京圖書館出版社二〇〇五年影印國家圖書館藏金刻本，簡稱金本。

28. 《中華再造善本·周禮》，北京圖書館出版社二〇〇九年影印國家圖書館藏明嘉靖吳郡徐氏刻三禮本，簡稱徐本。

29. 《四部叢刊初編·周禮》，商務印書館據明翻相臺岳氏本影印本，簡稱岳本。

30. 浦鏜《十三經注疏正字·周禮》，《四庫全書珍本初集》經部二十六集，瀋陽出版社一九九八年影印本，簡稱《正字》。

31. 加藤虎之亮《周禮經注疏音義按勘記》，日本無窮會昭和三十二出版，簡稱加記。

32. 汪文臺《十三經注疏按勘記識語》，《續修四庫全書》第一八三冊，上海古籍出版社二〇〇二年影印上海辭書出版社圖書館藏清光緒三年江西書局刻本，簡稱《識語》。

33. 孫詒讓《十三經注疏校記》，齊魯書社，一九八三年版，簡稱孫記。

34. 孫詒讓《孫詒讓全集·周禮正義》，中華書局二〇一五年版，簡稱《正義》。

35. 《中華再造善本·經典釋文》，北京圖書館出版社二〇〇三年影印國家圖書館藏宋刻宋元遞修本，簡稱《釋文》。

36. 《中華再造善本·爾雅》，北京圖書館出版社二〇〇二年影印國家圖書館藏宋刻本，簡稱《爾雅》。

37. 《周禮折衷》，《中華再造善本·重校鶴山先生大全文集》卷一百〇四至一百〇六，北京圖書館出版社二〇〇四年影印國家圖書館藏宋開慶元年刻本，簡稱《折衷》。

38. 《中華再造善本·儀禮經傳通解》，北京圖書館出版社二〇〇六年影印南京圖書館藏宋嘉定十年南康道院刻元明遞修本，簡稱《通解》。

39. 《儀禮經傳通解正續編·儀禮經傳通解續》，北京大學出版社二〇一二年影印宋刊元明遞修本，簡稱《續通解》。

周禮正義

序

1. 頁一右　其刻日

按：「日」，單疏本、八行本、故宮本、董本、靜嘉本、內閣本（嘉靖）、東大本（嘉靖）、劉本（嘉靖）、閩本、明監本、毛本同；朝鮮本作「曰」。阮記云：「浦鏜云『曰』誤『日』。按：緯書古奧，其刻日三字，未得其注解，未必為王伐切之字也。今本《易緯・通卦驗》『日』作『白』。」盧記同。此《疏》引《易緯》，單疏本《尚書正義》亦引之，正作「曰」，則作「曰」是也，浦說是也，當從朝鮮本。

2. 頁一右　昌之成

按：「成」，單疏本、八行本、故宮本、董本、靜嘉本、內閣本（嘉靖）、東大本（嘉靖）、劉本（嘉靖）、朝鮮本、閩本、明監本、毛本皆同。阮記云：「《禮記・禮運》《正義》引《易緯》作『昌之成運』。按：此用『靈』『成』『經』為韻語，『運』乃衍文也。」盧記同。諸本皆同，此《疏》引《易緯》，單疏本《尚書正義》亦引之，正作「成」，無「運」字，阮記是也。

3. 頁一左　拒燧皇

按：「拒」，單疏本、八行本、故宮本、董本、靜嘉本、內閣本（嘉靖）、東大本（嘉靖）、劉本（嘉靖）、朝鮮本、閩本、明監本、毛本皆同。阮記云：「浦鏜云『拒』衍。」盧記同。諸本皆同，浦說無據，不可信從。

4. 頁一左　斗機云

　　按：單疏本、八行本、故宮本、董本、靜嘉本、內閣本（嘉靖）、東大本（嘉靖）、劉本（嘉靖）、朝鮮本、閩本、明監本、毛本皆同。阮記云：「浦鏜云疑作『運斗樞』。」盧記同。諸本皆同，《正字》「斗機，疑『運斗樞』之誤」，非謂斗機云疑為運斗樞也，阮記誤引，然浦說無據，不可信從。

5. 頁三左　以後代官況之

　　按：「況」，單疏本、八行本、故宮本、董本、十行本、靜嘉本、內閣本（嘉靖）、東大本（嘉靖）、劉本（嘉靖）、朝鮮本同；閩本作「況」，明監本、毛本同。阮記云：「閩、監、毛本『況』改『況』，非。下準此。」盧記同。況、況可通，阮記必分是非，實不可信。

6. 頁九右　序周禮廢興

　　按：阮記云：「所見閩本闕此篇。」盧記同。單疏本、八行本、故宮本、董本、十行本、靜嘉本、內閣本（嘉靖）、東大本（嘉靖）、劉本（嘉靖）、朝鮮本、閩本、明監本、毛本皆有此篇，惟明監本題名作「序易經廢興」。

7. 頁十一右　又以經書記轉相證明為解

　　按：「轉」，單疏本、八行本、故宮本、董本、十行本、靜嘉本、內閣本（嘉靖）、東大本（嘉靖）、劉本（嘉靖）、朝鮮本、閩本、明監本、毛本皆同。阮記云：「案：『轉』當作『傳』。」盧記同。轉相證明，文辭通順，諸本皆同，作「轉」不誤，阮記非也。

8. 頁十三右　故林孝存以為

　　按：「林」，單疏本、八行本、故宮本、董本、十行本、靜嘉本、內閣本（嘉靖）、東大本（嘉靖）、劉本（嘉靖）、朝鮮本、閩本、明監本、毛本皆同。阮記云：「惠棟云：《漢書》及《鄭志》皆作『臨』，案：《王制》《正義》亦作『臨』，《廣韻》臨下云『又姓』。」盧記無說。諸本皆同，存疑可也。

卷一

1. 頁一左　天事又並入於春官者

按：「又」，單疏本、十行本、靜嘉本、內閣本（元）、東大本（元）、劉本（元）、朝鮮本、閩本、明監本、毛本同；八行本無，故宮本、董本同。阮記云：「惠挍本無『又』，此衍。」盧記云：「惠挍本無『又』字，此衍。」考八行本賈《疏》云「此天官言天，直取捴攝為言，全無天事，天事並入於春官者，言象天，自取捴攝為名」，文義曉暢，若作「天事又」，則「又」字無著落，無者是也，當從八行本，阮記是也。

2. 頁一左　鄭沖之孫

按：「沖」，十行本、靜嘉本、內閣本（元）、東大本（元）、劉本（元）、朝鮮本同；單疏本作「冲」，八行本、故宮本、董本、閩本、明監本、毛本同。阮記云：「閩本『沖』作『冲』，案：《後漢書》本傳云：八世祖崇。此誤記。」盧記同。沖、冲可通，阮記不可信從。

3. 頁一左　或言傳

按：「言」，單疏本、十行本、靜嘉本、內閣本（元）、東大本（元）、劉本（元）、朝鮮本、閩本、明監本、毛本同；八行本作「云」，故宮本、董本同。阮記云：「惠挍本『言』作『云』。」盧記同。考八行本賈《疏》云「或云注，或云傳」，前後「云」字相仍，作「云」是也，當從八行本等。

4. 頁一左　辯四方正宮廟之位

按：「辯」，單疏本、八行本、故宮本、董本、十行本、靜嘉本、內閣本（元）、東大本（元）、劉本（元）、朝鮮本、閩本、明監本、毛本皆同。阮記云：「閩、監、毛本同，案：『辯』當作『辨』，下『辨方正位』，《疏》皆作『辨』，賈《疏》或本作『辯』，此其改之未盡者。」盧記同。諸本皆同，原文不誤，阮記之說，純屬猜測，不可信從。

5. 頁二右　周公於政不均

按：「於」，單疏本、八行本、故宮本、董本、十行本、靜嘉本、內閣本（元）、東大本（元）、劉本（元）、朝鮮本、閩本、明監本、毛本皆同。阮記

云：「孫志祖云：案《大司徒》《大司樂》《疏》並引注云『周公為其於政不均』，是也。此疑脫『為其』二字。」盧記同。諸本皆同，存疑可也。

6. 頁二左　四時交者

　　按：「交」，單疏本、八行本、故宮本、董本、十行本、靜嘉本、內閣本（元）、東大本（元）、劉本（元）、朝鮮本、閩本、明監本同；毛本作「郊」。阮記云：「毛本『交』誤『郊』，案：當作『四時之所交者』。」盧記同。鄭注云「四時之所交也」，《疏》文述而釋之，故云「『四時交』者」，原文不誤，阮記非也，毛本改作「郊」誤甚。

7. 頁三左　太保朝至于洛汭卜宅

　　按：「汭」，單疏本、八行本、故宮本、董本、十行本（正德）、靜嘉本（正德）、內閣本（正德）、東大本（正德）、劉本（正德）、朝鮮本、閩本、明監本、毛本皆同。阮記云：「浦鏜云『汭』衍。」盧記同。諸本皆同，浦說無據，不可信從。

8. 頁五右　案尚書洪範云皇建其有極惟時厥庶民於汝極謂皇建其有中之道庶民於之取中案尚書洪範云皇建其有極於下人各得其中不失所也

　　按：單疏本、八行本、故宮本、董本、十行本、靜嘉本、內閣本（嘉靖）、東大本（嘉靖）、劉本（嘉靖）、朝鮮本、閩本、明監本、毛本同。阮記云：「案：『尚書』十一字複上文，當衍，讀『庶民於之取中於下』句絕。」盧記同。諸本皆同，阮記所疑十一字確有衍文之跡，殿本改作「案尚書洪範云皇建其有極惟時厥庶民於汝極謂皇建其有中之道庶民於之取中故云令天下之人各得其中不失所也」，《考證》以為十一字蓋因上文而誤衍，不知其何據，存疑可也。阮本云十一字，然其所圈者僅十字，衡其體例，當於「極」旁加圈，當補。

9. 頁五右　然不先均王國

　　按：「先」，單疏本、八行本、故宮本、董本、十行本、靜嘉本、內閣本（嘉靖）、東大本（嘉靖）、劉本（嘉靖）、朝鮮本、閩本、明監本、毛本皆同。阮記云：「惠校本『先』作『言』，此誤，當訂正。」盧記同。考《疏》文云「然不先均王國，而言均邦國者，王之冢宰，若言王國，恐不兼諸侯，今言邦國，則舉外可以包內也」，文義曉暢，先均王國者，即先言均王國也，經文

曰「以佐王均邦國」，實不言「均王國」，故《疏》文不云「然不言均王國」也，諸本皆作「先」，無有作「言」者，阮記謂惠校本作「言」，不知其所據也，檢《折衷》引賈《疏》，正作「先」，亦可為證，作「先」是也，當從單疏本，阮記非也。

10. 頁五左　恐不兼諸侯

　　按：「恐」，單疏本、董本、十行本、靜嘉本、內閣本（嘉靖）、東大本（嘉靖）、劉本（嘉靖）、朝鮮本、閩本、明監本、毛本同；八行本作「悉」，故宮本同。阮記云：「惠校本『恐』作『悉』，此誤。」盧記同。悉不兼諸侯，不知何義，考《疏》文文云「然不先均王國，而言均邦國者，王之冢宰，若言王國，恐不兼諸侯，今言邦國，則舉外可以包內也」，文義曉暢，檢《折衷》引賈《疏》，正作「恐」，亦可為證，作「恐」是也，當從單疏本，作「悉」非也，阮記亦非也。加記此條未列異文，則其所據所謂浙本，當為董本無疑也。

11. 頁五左　言百則三百六十亦一也

　　按：「亦」，單疏本、十行本、靜嘉本、內閣本（嘉靖）、東大本（嘉靖）、劉本（嘉靖）、朝鮮本、閩本、明監本、毛本同；八行本無，故宮本、董本同。阮記云：「惠校本無『亦』，此衍，當刪。」盧記同。亦一，不連文，一也者，同也之義，揆諸文氣，無者是也，檢《折衷》所引，無「亦」字，正可為證，當從八行本，阮記是也。

12. 頁五左　不釋唯

　　按：十行本、內閣本（嘉靖）、東大本（嘉靖）、劉本（嘉靖）、朝鮮本、閩本同；單疏本作「不得惟」，八行本、故宮本、董本同；明監本作「不得唯」，毛本同；靜嘉本漫漶。阮記云：「閩本同，誤也，監、毛本『釋』改『得』，當據以訂正，惠校本作『不得惟』。」盧記同。不釋唯，不知何義，考單疏本《疏》文云「不得惟指此一經至旅下士三十有二人而已」，文義明了，作「不得惟」是也，當從單疏本，監本等改作「不得唯」，惟、唯可通也。此條單疏本與阮本異，加記漏列，當補。

13. 頁七右　膳人食醫之等

　　按：單疏本、八行本、故宮本、董本、十行本、靜嘉本、內閣本（元）、

東大本（元）、劉本（元）、朝鮮本、閩本、明監本、毛本皆同。阮記云：「浦鐘云『腊人食醫』當是『食醫疾醫』之誤。」盧記同。考《疏》文云「腊人、食醫之等，府、史俱無者，以其專官行事，更無所須故也」，檢《腊人》，有「府二人、史二人」，此六字，八行本、故宮本、董本、十行本、內閣本（嘉靖）、東大本（嘉靖）、劉本（嘉靖）、朝鮮本、明監本、毛本、婺本、建本、附圖本、纂圖本、京本、金本、徐本、岳本、唐石經、白文本皆同，而食醫、疾醫俱無府、史，故浦說可信，加記以為當從，可備一說，亦或「腊人」二字為衍文也。王引之《經義述聞・周官上》「腊人無府史」條以為，據此處賈《疏》，可推知腊人下當無「府二人史二人」六字，乃因上鱉人、下醫師皆有此六字而誤衍。此說純屬猜測，如上所述，傳世諸本皆有此六字，此其一；檢賈《疏》云「有府兼有史，以其當職事繁故也；或空有史而無府者，以其當職事少，得史即足故也；至於角人、羽人等，直有府無史，以其當職文書少，而有稅物須藏之，故直有府也；腊人、食醫之等，府、史俱無者，以其專官行事，更無所須故也」，又《獸人》職明云「凡獸入于腊人，皮毛筋角入于玉府」，則腊人、玉府俱有物須藏之，既須藏之，據上引賈《疏》，則必有府也，故玉府亦有「府二人、史二人」，則腊人有「府二人、史二人」正合經義，絕非衍文也，而疾醫掌和王之六食等，無須藏物，此正所謂專官行事，故無府、史，此其二：則王氏想當然之說，絕不可信，孫氏《正義》錄其說而不加辯駁，疏矣。

14. **頁七右** 此民給徭役者

按：「徭」，八行本、故宮本、董本、十行本、靜嘉本、內閣本（元）、東大本（元）、劉本（元）、朝鮮本、明監本、毛本、婺本、建本、附圖本、纂圖本、互注本、京本、金本、徐本、岳本同；閩本作「傜」。阮記云：「閩本『徭』作『傜載』，《釋文》『傜』音遙，此本《疏》中云衛氏亦給徭役，作『傜』字，又下『宮正』《疏》云徒四十人給徭役，此本閩本同作傜。」盧記同。徭、傜可通，阮本於此加圈，殊無謂也，且閩本作「傜」，不作「傜載」，阮記誤甚。

15. **頁七右** 胥讀如諝

按：「如」，八行本、故宮本、董本、十行本、靜嘉本、內閣本（元）、東大本（元）、劉本（元）、朝鮮本、閩本、明監本、毛本、婺本、建本、附圖本、纂圖本、互注本、京本、金本、徐本、岳本皆同。阮記云：「段玉裁《周

禮漢讀考》云:《說文》誚知也,凡易其本字,曰讀為,此讀為,各本作『讀如』,誤也。」盧記同。諸本皆同,段說純屬猜測,毫無實據,不可信從。

16. 頁七左　主宮中之官之長 ○

按:「○」,十行本、靜嘉本、內閣本(元)、東大本(元)、劉本(元)、朝鮮本、毛本、互注本同;八行本無,故宮本、董本、婺本、建本、附圖本、纂圖本、京本、金本、徐本、岳本同;閩本作「曰」,明監本同。阮記云:「余本、嘉靖本、毛本同,閩本、監本此下『○』改『曰』,又誤以《釋文》『宮正此以下』二十二字,為注。」盧記同。經注諸本皆屆「之長」而至,則「○」一下,乃《釋文》無疑也,檢《釋文》出「宮正」,下小注有「此以下」云云,則閩本、監本改「○」作「曰」,混《釋文》入注文,可謂大謬不然,《正字》已言其誤,阮記或本之,皆是也。

17. 頁九右　又云裹肉曰包苴者

按:「包」,單疏本、八行本、故宮本、董本、十行本、靜嘉本、內閣本(嘉靖)、東大本(嘉靖)、劉本(嘉靖)、朝鮮本、閩本同;明監本作「苞」,毛本同。阮記云:「閩本同,監、毛本『包』作『苞』,當據以訂正,下言『包苴』同。」盧記同。宋元刊本皆作「包」,惟監、毛本作「苞」,其改者,或因鄭注作「苞苴」,且八行本、故宮本、董本、十行本、靜嘉本、內閣本(嘉靖)、東大本(嘉靖)、劉本(嘉靖)、朝鮮本、明監本、毛本、婺本、建本、附圖本、纂圖本、互注本、京本、金本、徐本、岳本皆同,《疏》文引述之,似當與注文用字同,然賈《疏》所見者,未必與傳世本合,阮記不可信從,加記云當據監本以正,亦非。

18. 頁十一右　注雖不言漿

按:「雖」,單疏本、八行本、故宮本、董本、十行本、靜嘉本、內閣本(元)、東大本(元)、朝鮮本、閩本、明監本、毛本同。阮記云:「案:『雖』當衍,此本『雖』字剜改。」盧記同。諸本皆同,阮記之說純屬猜測,不可信從。

19. 頁十一左　或曰奚官女

按:「官」,十行本、靜嘉本、朝鮮本、建本同;八行本作「宦」,故宮本、

董本、內閣本（元）、東大本（元）、閩本、明監本、毛本、婺本、附圖本、纂圖本、互注本、京本、金本、徐本、岳本同。阮記云：「余本、嘉靖本、閩、監、毛本皆作『宦女』，為是，《玉海‧官制考》作『官女』，引《疏》亦同，皆誤耳。《疏》以《左傳》宦女釋注文宦女，不得改為『宮』也。奄為宦人，故女奴曰奚宦女。」盧記同。考單疏本標起止云「注奄精氣閉藏至宦女」，則賈氏所見本，亦作「宦」，作「宦」是也，當從八行本等，阮記是也。

20. 頁十一左　以其十一月一陽爻生

按：「以」，單疏本、八行本、故宮本、董本、十行本、靜嘉本、內閣本（元）、東大本（元）、朝鮮本、閩本、明監本、毛本皆同。阮記、盧記皆無說，不知阮本為何於此加圈。又「爻」，單疏本、八行本、故宮本、董本、十行本、內閣本（元）、東大本（元）、朝鮮本同；閩本作「初」，明監本、毛本同。此字未加圈，阮記云：「閩、監、毛本『爻』作『初』。」盧記同。檢北宋本《通典》卷四十三，云「景雲元年十一月十三日乙丑冬至祀圓丘」，小注云：「時陰陽人盧雅、侯藝等奏，請促冬至就十二日甲子以為吉會，右臺侍御史唐紹奏曰：禮，所以冬至祭圓丘於南郊，夏至祭方澤於北郊者，以其日行躔次極於南北之際也，日北極當晷度循半日，南極當晷度環周，是日一陽爻生，為天地交際之始，故《易》曰復其見天地之心乎，即冬至卦象也，一歲之內，吉莫大焉。」又李鼎祚《周易集解》卷十七「為血卦為赤」條，云：「孔穎達曰：人之有血，猶地之有水，赤，血色也。案：十一月一陽爻生，在坎。」則十一月一陽爻生，乃唐人習見通行之說，《儀禮‧士喪禮》，賈《疏》亦云「周以十一月為正月，一陽爻生，為天統，故以乾為首」，故此《疏》「以其十一月一陽爻生」不誤，閩本等妄改，俱非也。阮本應於「爻」旁加圈，當補。

21. 頁十二右　釋曰

按：單疏本、八行本、故宮本、董本、十行本、靜嘉本、內閣本（元）、東大本（元）、劉本（元）、朝鮮本、閩本、明監本、毛本皆同。阮記、盧記皆無說。諸本皆同，不知阮本為何於此加圈也。

22. 頁十二左　則與醢人職通

按：「醢」，十行本、靜嘉本、內閣本（元）、東大本（元）、劉本（元）、朝鮮本、閩本、明監本、毛本同；單疏本作「醢」，八行本、故宮本、董本同。

阮記云：「案：『醢』當作『醯』，《醢人》云『以五齊七菹實之』。」盧記同。此《疏》釋醢人，若云「案其職云掌共五齊七菹，以供醢物，則與醢人職通」，顯然矛盾，醢人如何與醢人職通？此處作「醯」是也，當從單疏本，殿本改作「醢」是也，《正字》云「醯，當『醢』字誤」，亦是也，阮記或本之。

23. 頁十三右　職云

按：單疏本、八行本、故宮本、董本、十行本、靜嘉本、內閣本（元）、東大本（元）、劉本（元）、朝鮮本、閩本、明監本、毛本皆同。阮記、盧記皆無說。諸本皆同，不知阮本為何於此加圈也。

24. 頁十三左　皆是自脩止

按：「止」，十行本、靜嘉本、內閣本（元）、東大本（元）、劉本（元）、朝鮮本、閩本、明監本、毛本同；單疏本作「正」，八行本、故宮本、董本同。阮記云：「案：『止』當作『正』，下同。」盧記同。脩此，不辭，此「掌次」條，注云「次，自脩正之處」，《疏》文本之，作「正」是也，當從單疏本，阮記是也。

25. 頁十三左　掌大貢九賦

按：「大」，十行本、靜嘉本、內閣本（元）、東大本（元）、劉本（元）、朝鮮本、閩本、明監本、毛本同；單疏本作「九」，八行本、故宮本、董本同。阮記云：「浦鏜云：『九貢』誤『大貢』。」盧記同。大貢，不知何義，此「大府」條，其職「掌九貢九賦」，作「九」是也，當從單疏本，加記漏列單疏本，疏矣。《正字》云「九貢，誤『大貢』」，阮記或本之，皆是也。

26. 頁十三左　已上皆言飲食此次言貨賄

按：「此次」，十行本、靜嘉本、內閣本（元）、東大本（元）、劉本（元）、朝鮮本、閩本、明監本、毛本同；單疏本作「訖次」，八行本、故宮本、董本同。阮記云：「惠挍本『次』作『訖』，此誤。」盧記同。考單疏本《疏》文云「已上皆言飲食，訖，次言貨賄」，文從字順，原文顯誤，作「訖」是也，當從單疏本。阮記謂惠挍本云云，不知其所據何本也，加記以為「次」為「此」之筆誤，或是。

27. 頁十六左　則論語謂之晨人也

　　按：「人」，單疏本、八行本、故宮本、董本、十行本、靜嘉本、內閣本（元）、東大本（元）、劉本（元）、朝鮮本、閩本、明監本、毛本皆同。阮記云：「浦鏜云『門』誤『人』。」盧記同。諸本皆同，考《疏》文云「昏時閉門，則此名閽人也；晨時啟門，則《論語》謂之晨人也」，閽人與晨人相對，不可與晨門相對，作「人」是也，原文不誤，浦說純屬猜測，不可信從。

28. 頁十八左　進在王寢待息宴

　　按：「待」，十行本（正德）、靜嘉本（正德）、內閣本（正德）、東大本（正德）、劉本（正德）、朝鮮本、閩本、明監本、毛本同；單疏本作「侍」，八行本、故宮本、董本同。阮記云：「案：『侍』誤『待』。」盧記同。考注云「御猶進也、侍也」，《疏》文云「進在王寢侍息宴」，正本之，作「侍」是也，當從單疏本，阮記是也。

29. 頁十八左　言女奴曉事

　　按：「曉」，單疏本、八行本、故宮本、董本、閩本、明監本、毛本同；十行本、靜嘉本（正德）、內閣本（正德）、東大本（正德）、劉本（正德）為墨釘，朝鮮本空闕。阮記云：「浦鏜云『曉』下脫『祝』。」盧記同。諸本無有「祝」字者，浦說無據，不可信從。

30. 頁十八左　內治之貳

　　按：「內」，單疏本、八行本、故宮本、董本、十行本（正德）、靜嘉本（正德）、內閣本（正德）、東大本（正德）、劉本（正德）、朝鮮本、閩本、明監本、毛本皆同。阮記云：「浦鏜云上脫『掌』。」盧記同。諸本皆同，浦說無據，不可信從。

31. 頁十九右　女御二人

　　按：「二」，八行本、故宮本、董本、十行本、靜嘉本、內閣本（元）、東大本（元）、劉本（元）、朝鮮本、閩本、明監本、毛本、婺本、建本、附圖本、纂圖本、互注本、京本、金本、徐本、岳本、唐石經、白文本皆同。阮記云：「沈彤云當作『四人』。」盧記同。諸本皆同，沈氏所疑無據，不可信從，阮記引之，亦非。

32. 頁十九右 主宮中裁縫宮之長

　　按：十行本、靜嘉本同；八行本作「主宮中裁縫官之長」，故宮本、董本、內閣本（元）、東大本（元）、劉本（元）、朝鮮本、閩本、毛本、婺本、建本、附圖本、纂圖本、互注本、京本、金本、徐本、岳本同；明監本作「主官中裁縫官之長」。阮記引文「主宮中裁縫官之長」，云：「此本上下皆誤『宮』，監本上下皆誤『官』。」盧記同。八行本《疏》文云「言『主宮中裁縫官之長』者」，則賈氏所見本如此，當從八行本也，十行本、靜嘉本、明監本、阮本皆誤，阮記是也。

卷二

1. 頁一右 灋也

　　按：「灋」，十行本、靜嘉本、內閣本（元）、東大本（元）、劉本（元）、朝鮮本、閩本同；八行本作「法」，故宮本、董本、明監本、毛本、婺本、建本、附圖本、纂圖本、互注本、京本、金本、徐本、岳本同。阮記云：「閩本同，余本、嘉靖本、監、毛本『灋』皆作『法』，案：經用古字作『灋』，注用今字作『法』，此仍作『灋』，非，《疏》及下悉準此。」盧記同。經注本系統皆作「法」，作「法」是也，當從八行本，阮記是也。

2. 頁一右 常者其上下通名

　　按：「其」，八行本、故宮本、董本、十行本、靜嘉本、內閣本（元）、東大本（元）、劉本（元）、朝鮮本、閩本、明監本、毛本、婺本、建本、附圖本、纂圖本、互注本、京本、金本、徐本、岳本皆同。阮記云：「案：《疏》云『常者上下通名者』，又『故云上下通名也』，兩引此注，皆無『其』字。」盧記同。諸本皆同，原文不誤，《疏》文乃述注而引之，豈皆一字不差？阮記於此加圈出校，可謂求之過深也。孫記云「《疏》述注，間有刪定，疑非所見本異」，是也。

3. 頁四右 及小宰還從治

　　按：十行本、靜嘉本、內閣本（元）、東大本（元）、劉本（元）、朝鮮本、閩本、明監本、毛本同；單疏本作「及小宰還從治也」，八行本、故宮本、董

本同。阮記云：「閩、監、毛本同，案：此有誤。」盧記同。賈《疏》前文詳解官聯、官常二者不云邦治而言官治之因，而檢下《小宰》經云「以官府之六聯合邦治」，似由此故《疏》文於此補充說明，「故二者不言『邦』而云『官』也」，及小宰還從治」，所謂還從治者，還從邦治也，「邦」字承前省，文義明了，並無模棱不通之處，阮記謂此有誤，甚非，或因殿本與此補「邦」字，作「及小宰還從邦治」，故有此說，加記以為「治」當作「邦」，亦非，浙古整理本《中華禮藏・周禮注疏》從之而改原文，誤甚。

4. 頁六右 則經云位據立故云爵次也

按：「立」，單疏本、八行本、故宮本、董本、十行本、靜嘉本、內閣本（元）、東大本（元）、劉本（元）、朝鮮本、閩本、明監本、毛本皆同。阮記云：「盧文弨云：疑作『位據朝位』。」盧記同。諸本皆同，考經云「四曰祿位」，鄭注云「祿，若今月奉也；位，爵次也」，《疏》文釋之云「云『位爵次也』者，言朝位者，皆依爵之尊卑為次，則經云『位』，據立，故云『爵次也』」，據爵之次而立其位，文從字順，句義明了，不知所疑何在，盧說非也。

5. 頁六右 九職之功者

按：「者」，單疏本、八行本、故宮本、董本、十行本、靜嘉本、內閣本（元）、東大本（元）、劉本（元）、朝鮮本、閩本、明監本、毛本皆同。阮記云：「『者』上當有『之稅』。」盧記「之稅」作「所稅」，餘同。諸本皆同，此《疏》文節引鄭注，豈可必以為非？

6. 頁六右 舜殛鯀

按：「殛」，八行本、故宮本、董本、十行本、靜嘉本、內閣本（元）、東大本（元）、劉本（元）、朝鮮本、閩本、明監本、毛本、婺本、建本、附圖本、纂圖本、互注本、京本、金本、徐本、岳本皆同。阮記云：「案：《釋文》葉鈔本『極，紀力反』，段玉裁《尚書撰異》云古經典多作『極』，其說甚詳，今本此注皆改『殛』，非，當據《釋文》訂正。」盧記同。諸本皆同，考單疏本《疏》文引注云「舜殛鯀」，則賈氏所見本亦作「殛」，且《釋文》「極」下列「鯀」，則以阮記據《釋文》以正注文之思路，「鯀」亦當改作「鯀」，方能前後一致，《釋文》所引多據別本，豈可定於一尊？其傳世諸本鄭注，無一作「極」者，貿然改之，荒唐甚矣，段氏好為武斷之說，不可信也。

7. **頁七右** 彼欲視事起無常

按：「視」，十行本、靜嘉本、內閣本（元）、東大本（元）、劉本（元）、朝鮮本、閩本、明監本、毛本同；單疏本作「見」，八行本、故宮本、董本同。阮記云：「惠挍本『視』作『見』，此誤。」盧記同。欲見者，欲其得見也，考下《疏》云「彼變誅言殺欲見為惡不止」，用法同，作「見」是也，當從單疏本，阮記是也，《正字》云「視，當『見』字誤」，亦是也。

8. **頁七左** 賢有善行也

按：八行本、故宮本、董本、十行本、靜嘉本、內閣本（元）、東大本（元）、劉本（元）、朝鮮本、閩本、明監本、毛本、婺本、建本、附圖本、纂圖本、互注本、京本、金本、徐本、岳本皆同。阮記云：「浦鏜云：注本作『賢有德行者』，從集注挍，今本『德』作『善』，『行』誤『也』，《疏》內同。案：《疏》引六德六行，以釋此句，是賈《疏》本作德行，淺人臆改為善行耳，以下句能多才藝者文法例之，『也』當本作『者』。」盧記同。諸本皆同，考單疏本《疏》文云「云『賢有善行也』」，則賈《疏》所見本作「賢有善行也」，阮記以為作「德行」，何其昏聵，竟視而不見也！朱熹《通解》卷三十引鄭注，正作「賢有善行也」，則原文不誤，浦說、阮記皆非也。

9. **頁九右** 謂在山澤之民

　　　　謂在藪牧之民

按：兩「在」，單疏本、董本、十行本、靜嘉本、內閣本（元）、東大本（元）、劉本（元）、朝鮮本、閩本、明監本、毛本同；八行本作兩「任」，故宮本同。阮記云：「惠挍本『在』作『任』，此誤。下文謂『在藪牧之民事業』句同。」盧記同。考下《疏》云「所任者，任山澤之民」，揆諸文義，此兩處顯當作「任」，當從八行本也，阮記是也，作「在」或因形近而譌。

10. **頁九左** 飭之而已

按：「飭」，十行本、靜嘉本、內閣本（元）、東大本（元）、劉本（元）、朝鮮本、閩本、明監本、毛本同；單疏本作「而飭」，八行本、故宮本、董本同。阮記云：「惠挍本『飭』上有『而』。」盧記同。考單疏本《疏》文云「變化八材為器物而飭之而已」，揆其辭氣，「而」字不可闕，當從單疏本也。

11. **頁十左** 晉衛之男女皆是

按：「衛」，單疏本、八行本、故宮本、董本、十行本、靜嘉本、內閣本（元）、東大本（元）、劉本（元）、朝鮮本、閩本、明監本、毛本皆同。阮記云：「浦鏜云『惠』誤『衛』。」盧記同。諸本皆同，存疑可也。

12. **頁十左** 四月家削之賦

按：「削」，八行本、故宮本、董本、十行本、靜嘉本、內閣本（元）、東大本（元）、劉本（元）、朝鮮本、閩本、明監本、毛本、婺本、建本、附圖本、纂圖本、互注本、京本、金本、徐本、岳本、唐石經、白文本皆同。阮記云：「唐石經以下，諸本同，《釋文》『家削，本亦作稍，又作郙』。案：《疏》云『舉家稍以表公邑之民』，蓋經用古字作『家削』，注及《疏》用今字作『家稍』。」盧記同。鄭注惟云「家削三百里」，諸本皆同，《疏》文云「謂三百里之內地名削，其中有大夫采地謂之家，故名『家削』」，諸本亦皆同，注、《疏》皆作「家削」，何來注及《疏》用今字作「家稍」也？阮記誤甚！《折衷》引經文，正作「削」，亦可為證，《釋文》所引乃別本也，非有今古文之分，若如阮記之說，郙為古文亦或今文？

13. **頁十一右** 今之筭泉

按：「筭」，八行本、故宮本、董本、十行本、靜嘉本、內閣本（元）、東大本（元）、劉本（元）、朝鮮本、閩本、婺本、建本、附圖本、纂圖本、互注本、京本、金本、徐本、岳本同；明監本作「算」，毛本同。阮記云：「余本、岳本、嘉靖本、閩本同，監、毛本『筭』改『算』，非，下及《疏》準此。」盧記同。筭、算可通，阮記強分是非，豈其必然也。

14. **頁十一右** 以徵其財征

按：「其」，八行本、故宮本、董本、十行本、靜嘉本、內閣本（元）、東大本（元）、劉本（元）、朝鮮本、閩本、明監本、毛本、婺本、建本、附圖本、纂圖本、互注本、京本、金本、徐本、岳本皆同。阮記云：「浦鏜云經無『其』字。」盧記同。諸本皆同，此鄭注引《遂師》，豈其必與傳世本同也？浦疑非是。

15. 頁十一左 謂二百里之內地名削

按：「二」，十行本、靜嘉本、內閣本（元）、東大本（元）、劉本（元）、朝鮮本、閩本、明監本、毛本同；單疏本作「三」，八行本、故宮本、董本同。阮記云：「案：『二百里』當作『三百里』。」盧記同。鄭注明云「家削三百里」，檢《折衷》引賈《疏》，正作「三」，亦可為證，作「三」是也，當從單疏本，阮記是也。此本監本「二」上下兩橫之間，劃有一橫，適足為三，則讀此本者，亦知當作「三」也。

16. 頁十一左 邦都之賦者其五百里

按：「其五百里」，單疏本、八行本、故宮本、董本、十行本、靜嘉本、內閣本（元）、東大本（元）、劉本（元）、朝鮮本、閩本、明監本、毛本皆同。阮記云：「浦鏜云：『其』下脫『國中四百里外』六字，從《儀禮經傳通解續》校。按：六字可不增。」盧記同。諸本皆同，原文不誤，檢《折衷》引賈《疏》，正作「其五百里」，並無浦氏所補六字，亦可為證，《通解續》或有增補，未可據之以駁諸本也，阮記按語是也。

17. 頁十三右 斿貢羽毛

按：「毛」，八行本、故宮本、董本、十行本（正德）、靜嘉本（正德）、內閣本（正德）、東大本（正德）、劉本（正德）、朝鮮本、閩本、明監本、毛本、婺本、建本、附圖本、纂圖本、互注本、京本、金本、徐本、岳本皆同。阮記云：「余本、岳本、嘉靖本、閩、監、毛本同，《漢讀考》改作『羽旄』，云：今本作『毛』誤，旄者，旄牛尾也。」盧記同。諸本皆同，單疏本《疏》文曰「云『斿貢羽毛』者」，則賈氏所見本作「毛」，又檢《折衷》引鄭注，正作「斿貢羽毛」，亦可為證，則作「毛」是也，原文不誤，段說豈可信從？

18. 頁十三左 王祭不共

按：「共」，單疏本、八行本、故宮本、董本、十行本（正德）、靜嘉本（正德）、內閣本（正德）、東大本（正德）、劉本（正德）、朝鮮本、閩本同；明監本作「供」，毛本同。阮記云：「閩本同，監、毛本『共』改『供』。」盧記同。此《疏》引《左傳》僖公四年文，檢之，正作「共」，作「共」是也，當從單疏本，監本改作「供」，甚非。

19. 頁十四右　皮即熊羆狐狸

按：「狐狸」，單疏本、八行本、故宮本、董本、十行本（正德十二年）、靜嘉本（正德）、內閣本（正德十二年）、東大本（正德十二年）、劉本（正德十二年）、朝鮮本、閩本、毛本同；閩本作「孤狸」；明監本作「狐貍」。阮記云：「閩、毛本同，監本『狸』作『貍』。」盧記同。狐貍、孤狸皆非，當從單疏本。

20. 頁十四右　云斿讀為囿游之游

按：「斿」，單疏本、八行本、故宮本、董本、閩本、明監本、毛本同；十行本（正德十二年）作「游」，靜嘉本（正德）、內閣本（正德十二年）、東大本（正德十二年）、劉本（正德十二年）、朝鮮本同。阮記云：「此本『斿』誤『游』，今據閩、監、毛本訂正。」盧記無說。此《疏》引鄭注，婺本鄭注云「斿讀為囿游之游」，若作「游讀為囿游」顯然不通，作「斿」是也，當從單疏本。加記漏列單疏本，當補。

21. 頁十四左　疾病相扶持

按：「扶持」，八行本、故宮本、十行本（正德十二年）、靜嘉本（正德）、內閣本（正德十二年）、東大本（正德十二年）、劉本（正德十二年）、朝鮮本、閩本、明監本、毛本、建本、附圖本、纂圖本、互注本、京本、岳本同；董本作「扶」，婺本、金本、徐本同。阮記云：「嘉靖本作『疾病相扶』，無『持』字，案：《疏》中引注，正作『疾病相扶』，今諸本有『持』字者，淺人據今本《孟子》所增，當刪。」盧記同。檢《折衷》引鄭注，正作「疾病相扶」，與婺本等合，又與賈《疏》所引合，則無「持」字是也，當從婺本，阮記是也，董本或據阮記改也。

22. 頁十四左　入于王府

按：「王府」，八行本、故宮本、十行本（正德十二年）、靜嘉本（正德）、內閣本（正德十二年）、東大本（正德十二年）、劉本（正德十二年）、朝鮮本、閩本、明監本、毛本、附圖本、纂圖本、互注本、京本、金本、徐本、岳本同；董本作「玉府」，婺本、建本同。阮記云：「諸本同……此『王』為『玉』字之誤。」盧記同。《正字》云「『玉府』誤『王府』」，阮記或本之。王府不知何指，顯應作「玉府」，當從婺本，浦說、阮記皆是也，董本或據阮記改也。

23. 頁十五右　有以治政之所得民

按：單疏本、八行本、故宮本、董本、十行本、靜嘉本、內閣本（元）、東大本（元）、劉本（元）、朝鮮本、閩本、明監本、毛本皆同。阮記云：「疑作『有政治之所以得民』。」盧記同。諸本皆同，原文不誤，阮記所疑無據，不可信從。

24. 頁十五右　則山澤十等

按：單疏本、八行本、故宮本、董本、十行本、靜嘉本、內閣本（元）、東大本（元）、劉本（元）、朝鮮本、閩本、明監本、毛本皆同。阮記云：「案：『十』當作『之』。」盧記同。諸本皆同，原文不誤，阮記所疑無據，不可信從。

25. 頁十六左　雉門災及兩觀

按：單疏本、八行本、故宮本、董本、十行本、靜嘉本、內閣本（元）、東大本（元）、劉本（元）、朝鮮本、閩本、明監本、毛本皆同。阮記云：「案：《春秋》經作『雉門及兩觀災』。」盧記同。諸本皆同，此《疏》文引述《春秋》，不必與之一致也，又檢《折衷》引賈《疏》，正作「雉門災及兩觀」，亦可為證。《正字》云「『災』字誤在『兩觀』之上」，非也。

26. 頁十七左　所施者

按：單疏本、八行本、故宮本、董本、十行本、靜嘉本、內閣本（元）、東大本（元）、劉本（元）、朝鮮本、閩本、明監本、毛本皆同。阮記云：「浦鐘云：『之』誤『者』。」盧記同。諸本皆同，原文不誤，浦說所疑無據，不可信從。

27. 頁十九左　以官成待萬民之治

按：「官」，八行本、故宮本、董本、十行本、靜嘉本、內閣本（元）、東大本（元）、劉本（元）、朝鮮本、閩本、明監本、毛本、婺本、建本、附圖本、纂圖本、互注本、京本、金本、徐本、岳本、唐石經、白文本皆同。阮記云：「唐石經諸本同，案：經當本作『以成待萬民之治』，與上下文以典、以則、以灋、以禮句法正同……○按：前說非也。」盧記同。諸本皆同，經文古奧，豈可以後世所謂文法一之？且賈《疏》引經明云「故云『以官成待万

民之治』」，又檢《折衷》引經文，正作「以官成待萬民之治」，亦可為證，原文不誤，阮記按語是也。

28. 頁十九左　八成本以治萬民

按：單疏本、八行本、故宮本、董本、十行本、靜嘉本、內閣本（元）、東大本（元）、劉本（元）、朝鮮本、閩本、明監本、毛本皆同。阮記云：「案：疑作『八成本以經邦治』。」盧記同。檢《疏》文云「八法本以治官府，故云『以法待官府之治』；八成本以治萬民，故云『以官成待萬民之治』」，前言八法，後言以法，前言八成，後言以官成，前言治官府，後言官府之治，前言治萬民，後言萬民之治，前後相應若此，何疑之有？若如阮記，改作「八成本以經邦治」，豈非與前文「六典本以治邦國」重複？且與下文「故云『以官成待萬民之治』」無法照應，阮記此條顢頇若此，可謂誤甚。

29 頁二十左　既卜又戒百官以始齊

按：「又」，八行本、故宮本、董本、十行本、靜嘉本、內閣本（元）、東大本（元）、劉本（元）、朝鮮本、閩本、明監本、毛本、婺本、建本、附圖本、纂圖本、互注本、京本、金本、徐本、岳本皆同。阮記云：「浦鏜云『遂』誤『又』。」盧記同。諸本皆同，原文不誤，浦說所疑無據，不可信從。

30. 頁二十一右　滌濯謂溉

按：「溉」，十行本、靜嘉本、內閣本（元）、東大本（元）、劉本（元）、朝鮮本、閩本、明監本、毛本、婺本、建本、附圖本、纂圖本、互注本、京本、金本、徐本、岳本皆同。阮記、盧記皆無說，單疏本《疏》文云「注又云『滌濯謂溉』」，則賈氏所見亦同，原文不誤，不知阮本為何於此加圈。

31. 頁二十二左　皆來會以師

按：「以」，十行本（正德十二年）、靜嘉本（正德）、內閣本（正德十二年）、東大本（正德十二年）、劉本（正德十二年）、朝鮮本、閩本、明監本、毛本同；單疏本作「京」，八行本、故宮本、董本同。阮記云：「惠校本『以』作『京』，此誤。」盧記同。所會之地京師也，作「京」是也，當從單疏本，阮記是也。

32. 頁二十三右　但春夏受享

　　按：單疏本、八行本、故宮本、董本、十行本、靜嘉本、內閣本（元）、東大本（元）、劉本（元）、朝鮮本、閩本、明監本、毛本皆同。阮記云：「浦鏜云：當作『但春夏受贄於朝受享於廟』，脫六字。」盧記同。諸本皆同，原文不誤，浦說無據，不可信從。

33. 頁二十三左　典瑞并云飲玉

　　按：「飲」，單疏本、八行本、故宮本、十行本、靜嘉本、內閣本（元）、東大本（元）、劉本（元）、朝鮮本同；閩本作「飯」，明監本、毛本同。阮記引文「典瑞并云飯玉」，云：「此本『飯』誤『飲』。」盧記引文「典瑞并云飲玉」，云：「『飲』當作『飯』。」檢《典瑞》，經文云「大喪共飯玉、含玉、贈玉」，鄭注云「飯玉，碎玉以雜米也」，此處經文云「大喪，贊贈贈玉、含玉」，故賈《疏》云「《典瑞》并云『飯玉』」，則作「飯」是也，閩本等改之，是也，阮記、盧記皆是也。

34. 頁二十四左　事夕則聽之

　　按：「夕」，十行本、靜嘉本、內閣本（元）、東大本（元）、劉本（元）、閩本、明監本、毛本同；八行本作「夂」，故宮本、董本、朝鮮本、婺本、建本、附圖本、纂圖本、互注本、京本、金本、徐本、岳本同。阮記云：「閩、監、毛本同，誤也，余本、岳本、嘉靖本『夕』作『夂』，當據以訂正。」盧記同。事夕，不辭，揆諸文義，作「夂」是也，《正字》云「夕，當『夂』字誤」，阮記或本之，皆是也，或因夂、夕形近而譌。

卷三

1. 頁一左　九貢中兼之矣

　　按：「矣」，單疏本、八行本、故宮本、董本、明監本、毛本同；十行本作「人」，靜嘉本、內閣本（元）、東大本（元）、劉本（元）、朝鮮本同；閩本作「又」。阮記云：「監、毛本同，此本『矣』誤『人』，閩本誤『又』，今訂正。」盧記同。兼之人、兼之又，皆顯不可通，作「矣」是也，當從單疏本，阮記是也。

2. 頁二左　此並共王食是同事

　　按：「同」，單疏本、八行本、故宮本、董本、十行本、靜嘉本、內閣本（元）、東大本（元）、劉本（元）、朝鮮本、閩本、明監本、毛本皆同。阮記云：「案：『同』為『大』之誤。」盧記同。諸本皆同，考《疏》云「云『大事從其長，若庖人、內外饔，與膳夫共王之食』者，此並共王食，是同事，故庖人已下，諮膳夫長官也」，所謂是同事者，謂庖人、內饔、外饔是同共王食之事，故需咨其長官膳夫也，作「同」不誤，阮記猜測無據，非也。

3. 頁三右　天官甚眾

　　按：「天」，單疏本、八行本、故宮本、董本、十行本（正德）、靜嘉本（正德）、內閣本（正德）、東大本（正德）、劉本（正德）、朝鮮本、閩本、明監本、毛本皆同。阮記云：「浦鏜云：『天』當『六』字誤。」盧記同。此《疏》述小宰之職，自當以「天官」論之，何能泛言六官？浦說無據，不可信從。

4. 頁四左　六曰斂弛之聯事

　　按：「弛」，十行本、靜嘉本、內閣本（元）、東大本（元）、劉本（元）、朝鮮本、閩本、明監本、毛本同；八行本作「弛」，故宮本、董本、婺本、建本、附圖本、纂圖本、互注本、京本、金本、徐本、岳本、唐石經、白文本同。阮記云：「余本、閩、監、毛本同，唐石經、宋本、嘉靖本『弛』作『弛』……」盧記同。八行本及經注本系統皆作「弛」，檢單疏本《疏》文引經文云「六曰斂弛之聯事」，則賈氏所見本作「弛」，作「弛」是也，又檢《折衷》引經文，正作「弛」，亦可為證，當從八行本，加記以為當從石經諸本作「弛」，是也。

5. 頁四左　皆舍不以役之事

　　按：「舍」，八行本、故宮本、董本、十行本、靜嘉本、內閣本（元）、東大本（元）、劉本（元）、朝鮮本、閩本、明監本、毛本、婺本、建本、纂圖本、互注本、京本、徐本同；附圖本作「捨」；金本作「含」，岳本同。阮記云：「宋本『舍』作『捨』。」盧記同。諸本多作「舍」，又檢《折衷》引注文，正作「舍」，則作「舍」是也，當從八行本。阮記謂宋本作「捨」，則其所謂「宋本」當與附圖本相近之本也。

6. **頁五左** *簡稽士卒兵器薄書*

　　按：「薄」，十行本、靜嘉本、內閣本（元）、東大本（元）、劉本（元）同；八行本作「簿」，故宮本、董本、朝鮮本、閩本、明監本、毛本、婺本、建本、附圖本、纂圖本、互注本、京本、金本、徐本、岳本同。阮記云：「諸本『薄』作『簿』。」盧記同。檢單疏本《疏》文云「云『簡稽士卒兵器簿書』者」，則賈氏所見本亦作「簿」，又檢《折衷》引注文，正作「簿」，薄顯當作簿，當從八行本也，此處惟十行本作「薄」，與阮本同，則可知阮本之底本確屬十行本系統也。下注、疏「薄書」旁多有畫圈者，皆當作「簿書」也。加記云「諸本『薄』作『籍』」，不知所據，『籍』顯為『簿』字之誤。

7. **頁五左** *稱責謂貸予*

　　按：「貸予」，十行本、靜嘉本、內閣本（元）、東大本（元）、劉本（元）、朝鮮本、閩本、明監本、毛本、建本、附圖本、纂圖本、互注本、京本、徐本、岳本同；八行本作「貸子」，故宮本、董本、婺本、金本同。阮記云：「諸本同，《釋文》出『貸予』二字，皆誤也。《疏》引注云：『責謂貸子』者，謂貸而生子者……又釋經云：稱責謂舉責生子。則『予』為『子』字之誤無疑，當訂正。」盧記同。檢單疏本《疏》文云「云『責謂貸子』者」，則賈氏所見本作「子」，又檢《折衷》引注文，正作「貸子」，當從八行本，阮記是也，《正字》云「子，誤『予』」，亦是也。

8. **頁六右** *謂聽時以禮命之其人策書之本*

　　按：「命之其人策書」，單疏本、八行本、故宮本、董本、十行本、靜嘉本、內閣本（元）、東大本（元）、劉本（元）、朝鮮本、閩本、明監本、毛本皆同。阮記云：「浦鏜云：上『之』字疑之『其人』下。」盧記同。諸本皆同，浦說所疑無據，不可信從。

9. **頁七左** *薄書之要目曰契*

　　按：「要目」，單疏本、十行本、靜嘉本、內閣本（元）、東大本（元）、劉本（元）同；八行本作「要日」，故宮本、董本同；朝鮮本作「最目」，閩本、明監本、毛本同。阮記引文「簿書之要目曰契」，云：「案：『要』當從注作『最』。」盧記同。宋元刊本皆作「要」，鄭注云「要會，謂計最之簿書」，則要、最可通，此處《疏》文非必引原文，或即述之，故言要，則謂當從注

作「最」，實不可信也。八行本之「日」，顯為「目」字之誤，細辨此頁書跡，似為抄補。

10. 頁八左 云施舍不給役

按：「役」，十行本、靜嘉本、內閣本（元）、東大本（元）、劉本（元）、朝鮮本、閩本同；單疏本作「役者」，八行本、故宮本、董本、明監本、毛本同。阮記云：「閩本同，監、毛本下增『者』字。」盧記同。此《疏》文引注而釋之，注云「施舍不給役者」，則「者」字不可闕，當從單疏本。

11. 頁八左 贊王幣爵之事

按：「王」，八行本、故宮本、董本、十行本、靜嘉本、內閣本（元）、東大本（元）、劉本（元）、朝鮮本、閩本、明監本、毛本、纂圖本、徐本、岳本、唐石經同；婺本作「玉」，建本、附圖本、互注本、京本、金本、白文本同。阮記云：「唐石經、嘉靖本、閩、監、毛本同，宋本、余本『王』作『玉』……」盧記同。此經文，考注云「又從大宰助王也」，檢《大宰》職云「及祀之日贊玉幣爵之事」，注云「玉與幣各如其方之色，爵所以獻齊酒……三者執以從」，三者，玉、幣、爵也，此處《疏》文云「今此又云祭祀贊此三者，謂小宰執以授大宰，大宰執以授王」，若此處作「王」，則小宰所贊僅有幣、爵，大宰何以得「玉」以獻王？且賈《疏》明言三者，其所見本亦作「玉」也，衡之經義，作「玉」是也，《正字》云「玉，誤『王』」，是也。

12. 頁十二右 在下受而受而行之

按：「受而受而」，十行本、靜嘉本、內閣本（元）、東大本（元）、劉本（元）、朝鮮本同；單疏本作「受而」，八行本、故宮本、董本、閩本、明監本、毛本同。阮記無說，盧記補云：「案：『受而』二字誤重。」揆諸文義，「受而受而」顯為重複，檢《折衷》引《疏》文，正作「受而」，則作「受而」，當從單疏本。加記漏列單疏本版本信息，當補。

13. 頁十二左 然者一日萬機

按：「然者」，單疏本、八行本、故宮本、董本、十行本、靜嘉本、內閣本（元）、東大本（元）、劉本（元）、朝鮮本、閩本、明監本、毛本皆同。阮

記云：「惠棟校本『然』下有『王』，此脫。」盧記同。諸本皆同，不知所謂惠棟校本所據為何，「然者」為句，原文不誤，阮記非也。

14. 頁十三左 如今侍曹五伯

按：「五」，十行本、靜嘉本、內閣本（元）、東大本（元）、劉本（元）、朝鮮本同；單疏本作「伍」，八行本、故宮本、董本、閩本、明監本、毛本同。阮記云：「閩、監、毛本作『伍伯』，此作『五』非。」盧記同。下《疏》云：「漢時五人為伍。伯，長也。」顯釋上文「伍佰」，則作「伍」，當從單疏本，阮記是也。

15. 頁十四左 賓賜之飧牽

按：「之飧」，八行本、故宮本、董本、十行本、靜嘉本、內閣本（元）、東大本（元）、劉本（元）、朝鮮本、閩本、明監本、毛本、婺本、附圖本、纂圖本、互注本、京本、金本、岳、白文本同；建本作「之飱」，徐本、唐石經同。阮記云：「《釋文》、唐石經『飧』作『飱』，《釋文》云：一本作『賓賜掌其飧牽』。」盧記同。建本鄭注云：「鄭司農云：飱，夕食也。」既為夕食，則從夕從食，作「飱」是也，當從建本。通志堂本、抱經堂本《釋文》皆作「飱」，注云「音孫」，宋本《釋文》作「飧」，誤也。加記漏列「飧」字版本信息，當補。

16. 頁十六右 俱亡滅者多

按：「俱」，十行本、靜嘉本、內閣本（元）、東大本（元）、劉本（元）、朝鮮本、閩本、明監本、毛本同；單疏本作「但」，八行本、故宮本、董本同。阮記云：「浦鏜云『俱』當『但』字誤。」盧記同。考單疏本《疏》文云「以儀禮三千條內，具有諸侯之礼，但亡滅者多，今存可見者，周礼之內，有《大行人》、《掌客》是待諸侯之礼」，文義曉暢，若作「俱」，則既然俱已亡滅，何來多少？顯然矛盾，作「但」是也，浦說是也。加記漏列單疏本版本信息，當補。

17. 頁十六左 何休云云爾者

按：「云云」，單疏本、八行本、故宮本、董本、十行本、靜嘉本、內閣本（元）、東大本（元）、劉本（元）、朝鮮本、閩本、明監本、毛本皆同。阮

記云：「浦鏜云當衍一『云』。」盧記同。諸本皆同，此《疏》引《公羊》何休注，檢《公羊》隱公三年傳，何注云「云爾者，嫌天子財多，不當求，下財少，可求，故明皆不當求之」，《疏》文云「何休云云爾者」，正是「何休云『云爾者』」之義，不知何誤之有，浦說誤甚！

18. 頁十七右　歲終自周季冬

按：「自」，八行本、故宮本、董本、十行本（正德）、靜嘉本（正德）、內閣本（正德）、東大本（正德）、劉本（正德）、朝鮮本、閩本、明監本、毛本、婺本、建本、附圖本、纂圖本、互注本、京本、金本、徐本、岳本皆同。阮記云：「浦鏜云『是』誤『自』，案：此字當衍。」盧記同。諸本皆同，檢《折衷》引注文，正作「自」，原文不誤，浦說、阮記皆非也。加記以為不必改「自」為「是」，是也。

19. 頁十八右　若今部署諸盧者

按：「今部」，八行本、故宮本、董本、十行本（正德）、靜嘉本（正德）、內閣本（正德）、東大本（正德）、劉本（正德）、朝鮮本、閩本、明監本、毛本、婺本、建本、附圖本、纂圖本、互注本、京本、金本、徐本、岳本皆同。阮記云：「《疏》引注作『若今時部署諸盧者』，案：『時』字當有，注中屢言『若今時』。」盧記同。諸本皆同，檢《折衷》引注文，正作「今部署」，無「時」字，則原文不誤，阮記之說，純屬猜測，不可信從。

20. 頁十九右　亦如比夕擊柝已上之事

按：「比」，十行本（正德）、靜嘉本（正德）、內閣本（正德）、東大本（正德）、劉本（正德）、朝鮮本、閩本、明監本、毛本同；單疏本作「上」，八行本、故宮本、董本同。阮記云：「惠校本『比』作『上』，此誤。」盧記同。經文云「則令宿，其比亦如之」，考單疏本《疏》文云「云『則令宿，其比亦如之』者，亦如上『夕擊柝』已上之事」，上經文云「夕擊柝而比之」，則「上夕擊柝」者，正謂上經文也，因如上文「夕擊柝而比之」，故此經文云「其比亦如之」，如之者，如上經文「比之」之事也，則作「上」是也，當從單疏本，阮記是也。

21. **頁二十右** 禁止不能出

按：「能」，十行本（正德）、靜嘉本（正德）、內閣本（正德）、東大本（正德）、劉本（正德）、閩本、明監本、毛本、互注本同；八行本作「得」，故宮本、董本、朝鮮本、婺本、建本、附圖本、纂圖本、京本、金本、徐本、岳本同。阮記云：「閩、監、毛本同，誤也，宋本、余本、嘉靖本『能』作『得』，當訂正。」盧記同。此鄭注引鄭司農云，八行本作「禁止不得出，亦不得入」，前後皆不得，故云「亦」也，《疏》文云「有門籍及引人，乃得出入」，此「得」正本注文之「得」，作「得」是也，檢《折衷》引注文，正作「得」，亦可為證，當從八行本，《正字》云「得，誤『能』」，阮記或本之，皆是也。

22. **頁二十右** 玄謂幾荷其衣服持操及疏數者

按：「荷」，八行本、故宮本、董本、十行本（正德）、靜嘉本（正德）、內閣本（正德）、東大本（正德）、劉本（正德）、朝鮮本、婺本、建本、附圖本、纂圖本、互注本、京本、金本、徐本、岳本同；閩本作「呵」，明監本、毛本同。阮記云：「宋本、余本、嘉靖本同，監、毛本『荷』作『呵』，非，閩本『呵』字剜改，蓋本作『荷』。」盧記同。宋元刊本皆作「荷」，考單疏本《疏》文云「『玄謂幾荷其衣服持操及疏數者』」，則賈氏所見本亦作「荷」，檢《折衷》引注文，亦作「荷」，作「荷」是也，當從八行本。

23. **頁二十右** 皆得出入也

按：「皆」，十行本（正德）、靜嘉本（正德）、內閣本（正德）、東大本（正德）、劉本（正德）、朝鮮本、閩本、明監本、毛本同；單疏本作「乃」，八行本、故宮本、董本同。阮記云：「惠挍本『皆』作『乃』，此誤。」盧記同。考單疏本《疏》文云「有門籍及引人，乃得出入也」，若作「皆」則不知為誰而發，作「乃」是也，當從單疏本。

24. **頁二十右** 殿門云幾出入不物者

按：「殿」，十行本（正德）、靜嘉本（正德）、內閣本（正德元）、東大本（正德）、劉本（正德）、朝鮮本、閩本、明監本、毛本同；單疏本作「司」，八行本、故宮本、董本同。阮記云：「浦鏜云『司』誤『殿』。」盧記同。此《疏》引《司門》文，作「司」是也，當從單疏本，浦說是也。

25. 頁二十一左　廟中執燭

　　按：八行本、故宮本、董本、十行本（正德十二年）、靜嘉本（正德）、內閣本（正德十二年）、東大本（正德十二年）、劉本（正德十二年）、朝鮮本、閩本、明監本、毛本、婺本、建本、附圖本、纂圖本、互注本、京本、金本、岳本同；徐本作「廟中則執燭」。阮記云：「嘉靖本『執燭』上有『則』。」盧記同。諸本皆無「則」字，檢《折衷》引注文，亦無「則」字，徐本之「則」似涉上文而衍。

26. 頁二十一左　何為事而遷官正

　　按：「何為」，單疏本、八行本、故宮本、董本、十行本（正德十二年）、靜嘉本（正德）、內閣本（正德十二年）、東大本（正德十二年）、劉本（正德十二年）、朝鮮本、閩本、明監本、毛本皆同。阮記云：「盧文弨曰：『何為』疑當作『為何』。」盧記同。諸本皆同，原文不誤，盧氏所疑無據，不可信從。

27. 頁二十二左　故上為卿大夫

　　按：「上」，單疏本、八行本、故宮本、董本、十行本（正德）、靜嘉本（正德）、內閣本（正德）、東大本（正德）、劉本（正德）、朝鮮本、閩本、明監本、毛本皆同。阮記云：「惠挍本『上』作『士』，此誤。」盧記同。諸本皆同，原文不誤，不知惠挍所據何本，不可信從，阮記非也。

卷四

1 頁一右　羞用百二十品

　　按：十行本、靜嘉本、內閣本（元）、東大本（元）、劉本（元）、朝鮮本、閩本、明監本同；八行本作「羞用百有二十品」，故宮本、董本、毛本、婺本、建本、附圖本、纂圖本、互注本、京本、金本、徐本、岳本、白文本同；唐石經作「羞用百有廿品」。阮記云：「唐石經作『羞用百有廿品』，宋本、余本、嘉靖本、毛本『百』下皆有『有』字，《疏》中引經同。出本及閩本、監本脫。」盧記同。宋刊經注本、注疏本皆作「羞用百有二十品」字，檢《折衷》引經文，亦作「羞用百有二十品」字，則當從八行本。十行本闕「有」字，非也，《正字》云「監本脫『有』字」，是也。

2. 頁一左 此羞庶羞皆出於牲及禽獸

按：「皆」，八行本、故宮本、董本、明監本、毛本同；十行本作「■」，靜嘉本、內閣本（元）、東大本（元）、劉本（元）、閩本同；朝鮮本作「□」。阮記引文「此羞庶羞□出於牲及禽獸」，云：「閩本亦實闕一字，監、毛本作『皆』，是也。」盧記同。下《疏》云「皆出於牲」，檢《折衷》引《疏》文，亦作「皆」，作「皆」是也，當從八行本。加記漏列八行本等版本信息，當補。

3. 頁二右 編萑以塗之

按：「塗」，十行本、靜嘉本、內閣本（元）、東大本（元）、劉本（元）、朝鮮本同；八行本作「苴」，故宮本、董本、閩本、明監本、毛本同。阮記引文「編萑以苴之」，云：「此本『苴』誤『塗』，據閩、監、毛本訂正。」盧記同。此《疏》引《禮記・內則》，檢之，正作「苴」，苴者包裹也，編萑正為包裹也，如何塗之？又《折衷》引《疏》文，亦作「苴」，則作「苴」是也，當從八行本。

4. 頁二右 塗之以墐塗

按：「墐」，董本、閩本同；八行本作「瑾」，故宮本、十行本、靜嘉本、內閣本（元）、東大本（元）、劉本（元）、朝鮮本同；明監本作「撏」，毛本同。阮記云：「此本『墐』誤『瑾』，據閩本訂正，監、毛本誤『撏』。」盧記同。此《疏》引《禮記・內則》，檢之，作「謹」，南宋余仁仲刊本鄭注云「謹當為瑾」，八行本等作「瑾」，與之正合，作「瑾」不誤，阮記非也。

5. 頁二左 舉焦其脣

按：「焦」，八行本、故宮本、董本、十行本、靜嘉本、內閣本（元）、東大本（元）、劉本（元）、朝鮮本同；閩本作「爵」，明監本、毛本同。阮記云：「閩、監、毛本『焦』改『爵』，非，今《內則》作『爵』，《釋文》舉『焦』字，又作『爵』，陸賈所據本正合焦字，下已從『火』，更加『火』旁，俗作也。」盧記同。宋元刊本皆作「焦」，檢《折衷》引《疏》文，亦作「焦」，作「焦」是也，當從八行本。

6. 頁二左 明知先朝食

按：「明」，八行本、故宮本、董本、十行本、靜嘉本、內閣本（元）、東

大本（元）、劉本（元）、朝鮮本、閩本、明監本、毛本皆同。阮記云：「惠校本『明』作『則』，此誤。」盧記同。諸本皆同，不知惠校所據何本，不可信從，阮記是之，誤甚。

7. 頁三右　案論語微子云亞飯三飰四飯

　　按：「亞飯三飰四飯」，十行本、靜嘉本、朝鮮本同；八行本作「亞飯三飯四飯」，故宮本、董本、內閣本（元）、東大本（元）、劉本（元）、閩本、明監本、毛本皆同。阮記云：「閩、監、毛本『飰』改『飯』，今《論語》同。案：此引《論語》三『飯』字皆當作『飰』，此改之未盡者耳。」盧記同。飯、飰可通，然檢敦煌殘卷伯二六二八《論語集解·微子》，正作「亞飰」、「三飰」、「四飰」，則阮記或是也。

8. 頁三左　皆謂造食之處即廚是也

　　按：「廚」，八行本、故宮本、董本、十行本、靜嘉本、內閣本（元）、東大本（元）、劉本（元）、朝鮮本、毛本同；閩本作「厨」，明監本同。阮記云：「閩、監本『廚』作『厨』，毛本與此同。」盧記無說。廚、厨可通，檢《折衷》引《疏》文，亦作「廚」，作「廚」是也，當從八行本。

9. 頁三左　案文王世子未有原

　　按：「未」，十行本、靜嘉本、朝鮮本、明監本、毛本同；八行本作「末」，故宮本、董本、內閣本（元）、東大本（元）、劉本（元）、閩本同。阮記云：「監、毛本同，浦鏜云：『末』誤『未』，案：嘉靖本《禮記》作『未』，《釋文》、《正義》皆作『末』。」盧記同。此《疏》引《禮記·文王世子》，檢之作「末有原」，彼注云「末猶勿也。原，再也。勿有所再進，為其失飪臭味惡也」，則作「末」是也，當從八行本，浦說是也。

10. 頁四右　故加牲體至三大牢

　　按：「三」，八行本、故宮本、董本、閩本、明監本、毛本同；十行本作「王」，靜嘉本、內閣本（元）、東大本（元）、劉本（元）、朝鮮本同。阮記云：「此本『三』誤『王』，據閩、監、毛本訂正。」盧記無說。下《疏》云「朔食當兩大牢」，既加牲體，則為三大牢也，又檢《折衷》引《疏》文，亦作「三」，作「三」是也，當從八行本。

11. **頁四左** 主人飲食之俎皆為胙俎見於此矣

按：「為」，八行本、故宮本、董本、十行本、靜嘉本、內閣本（元）、東大本（元）、劉本（元）、朝鮮本、閩本、明監本、毛本、婺本、建本、纂圖本、互注本、京本、金本、徐本、岳本同；附圖本作「有」。阮記云：「諸本同，宋本『為』作『有』。案：上云『賓客食而王有胙俎』，又此《疏》云『《特牲》、《少牢》，主人之俎雖為胙俎，直是祭祀，不兼賓客，此則祭祀、賓客俱有』，然則『為』當作『有』矣。」盧記同。檢八行本《疏》文明云「云『主人飲食之俎皆為胙俎見於此矣』者」，「故云『主人飲食之俎皆為胙俎見於此』」，則賈氏所見本作「為」，作「為」是也，當從八行本，阮記之說，不可信從。

12. **頁七右** 破司農六畜之內有鶉鷃鳩鴿四者

按：「畜」，八行本、故宮本、董本、十行本、靜嘉本、內閣本（元）、東大本（元）、劉本（元）、朝鮮本、閩本、明監本、毛本皆同。阮記云：「案：『畜』當『禽』之誤。」盧記同。檢鄭注云：「鄭司農云：六獸，麋、鹿、熊、麕、野豕、兔；六禽，鴈、鶉、鷃、雉、鳩、鴿。」則鄭玄所破者，乃鄭司農所謂六禽中有「鶉、鷃、鳩、鴿」，又前《疏》明云「云掌共六畜者：馬、牛、羊、犬、豕、雞」，則六畜與六禽無涉也，作「畜」顯誤，當作「禽」，殿本改作「禽」，《攷證》云「禽，監本誤『畜』，今改正」，是也，阮記是也。

13. **頁七左** 凡其至之義

按：「之義」，十行本、靜嘉本、內閣本（元）、東大本（元）、劉本（元）同；朝鮮本作「膳羞」，閩本、明監本、毛本同。阮記云：「閩、監、毛本作『凡其至膳羞』，此誤。」盧記同。此十行本系統《疏》文標起止，經云「凡其生死……世子之膳羞」，衡其書例，則當作「凡其至膳羞」，阮記是也。加記云「諸本『之義』作『膳羞』」，今十行本系統諸本皆作「之羞」，加記誤甚！

14. **頁九右** 解經令禽以法授之

按：「禽」，八行本、故宮本、董本、十行本、靜嘉本、內閣本（元）、東大本（元）、劉本（元）、朝鮮本、閩本、明監本、毛本皆同。阮記云：「浦鏜云：『禽』下脫『獻』。」盧記同。諸本皆同，此約經文言之，原文不誤，浦說無據，不可信從。

15. **頁九右** 又以此付使者

按：「此」，八行本、故宮本、董本、十行本、靜嘉本、內閣本（元）、東大本（元）、劉本（元）、朝鮮本、閩本、明監本、毛本皆同。阮記云：「浦鏜云：『此』下脫『書』。」盧記同。諸本皆同，此約注文言之，原文不誤，浦說無據，不可信從。

16. **頁九右** 夏行腒鱐膳膏臊

按：八行本、故宮本、董本、十行本、靜嘉本、內閣本（元）、東大本（元）、劉本（元）、朝鮮本、閩本、明監本、毛本、婺本、建本、附圖本、纂圖本、互注本、京本、金本、徐本、岳本皆同。阮記云：「《漢讀考》云：《說文》『鱐』作『鱐』，魚部云：鰝，魚臭也，引《周禮》『膳膏鰝』，而肉部云：臊，豕膏臭也。然則，《周禮》作『膏臊』，臊非魚膏，明矣。」盧記同。諸本皆同，八行本《疏》文云「『夏行腒鱐膳膏臊』者」，《釋文》出字「鱐」、「臊」，則其所見本皆與諸本合，又檢《折衷》引經文，亦作「夏行腒鱐膳膏臊」，則原文不誤，且以文義考之，注引鄭司農云「腒，乾雉；鱐，乾魚；膏臊，豕膏也，以豕膏和之」，據此，則腒是一物，鱐是一物，膏臊復是一物，以膏臊即豕膏和腒與鱐也，則鄭司農所見必作「臊」，許慎所見乃別本，豈可據此別本謂歷代相傳之本為誤也？阮記所引段說實非，絕不可信從。

17. **頁九左** 云用禽獻謂煎之以獻

按：「煎」，八行本、故宮本、董本、十行本、靜嘉本、內閣本（元）、東大本（元）、劉本（元）、朝鮮本、閩本、明監本、毛本皆同。阮記云：「案：『煎』下脫『和』。」盧記同。此約注文言之，原文不誤，阮記無據，不可信從。

18. **頁十左** 肉物薉燔之屬

按：「燔」，八行本、故宮本、董本、十行本、靜嘉本、內閣本（元）、東大本（元）、劉本（元）、朝鮮本、閩本、明監本、毛本、婺本、纂圖本、互注本、京本、金本、徐本、岳本同；建本作「膰」，附圖本同。阮記云：「諸本同，宋本『燔』作『膰』，案：《釋文》：膰音燔，本亦作燔，宋本與《釋文》合，是也。」盧記同。考八行本《疏》文云「云『肉物薉燔之屬』者」，則賈氏所見本作「燔」，又檢《折衷》引注文，亦作「燔」，則作「燔」是也，當從八行本，作「膰」者別本也。

19. 頁十一右　實鼎曰脀

按：「脀」，八行本、故宮本、董本、十行本、靜嘉本、內閣本（元）、東大本（元）、劉本（元）、朝鮮本、閩本、明監本、毛本、婺本、建本、纂圖本、互注本、京本、徐本、岳本同；附圖本作「脀」；金本作「丞月」。阮記云：「宋本『脀』作『脀』，非，諸本皆作『脀』，從丞從月，案：《釋文》：脀，職升反。」盧記同。諸本多作「脀」，又八行本《疏》文云「『實鼎曰脀』者」，則賈氏所見本亦作「脀」，作「脀」是也，阮記是也。

20. 頁十一左　鳥臛色而沙鳴貍

按：八行本、故宮本、董本、十行本、靜嘉本、內閣本（元）、東大本（元）、劉本（元）、朝鮮本、閩本、明監本、毛本、婺本、建本、附圖本、纂圖本、互注本、京本、金本、徐本、岳本皆同。阮記云：「唐石經、諸本同，《釋文》『𤟤』，本又作『臛』。」盧記同。諸本皆同，考八行本《疏》文云「云『鳥臛色而沙鳴貍』者」，則賈氏所見本亦作「臛」，又檢《折衷》引經文，亦作「臛」，作「臛」是也，《釋文》所引或為別本也。

21. 頁十一左　冷毛毛長總結

按：「總」，八行本、故宮本、董本、十行本、靜嘉本、內閣本（元）、東大本（元）、劉本（元）、朝鮮本、婺本、建本、附圖本、纂圖本、互注本、京本、金本、徐本、岳本同；閩本作「總」，明監本、毛本同。阮記云：「宋本、嘉靖本同，此絲總字與摠字有別，閩、監、毛本『摠』、『總』二字並改作『總』矣。浦鏜云『總結也』上脫『毳』字。」盧記同。宋元刊本皆作「總」，又檢《折衷》引注文，亦作「總」，作「總」是也，閩本等誤改。

22. 頁十二右　宜破交睫腥之腥

按：「宜」，八行本、故宮本、董本、十行本、靜嘉本、內閣本（元）、東大本（元）、劉本（元）、朝鮮本、閩本、明監本、毛本皆同。阮記云：「浦鏜云：『宜』當『直』字誤。」盧記同。諸本皆同，又檢《折衷》引《疏》文，亦作「宜」，原文不誤，浦說無據，不可信從。

23. 頁十三右　致禮於客

按：「客」，十行本、靜嘉本、內閣本（元）、東大本（元）、劉本（元）、

朝鮮本、閩本、明監本、毛本、婺本、附圖本、纂圖本、互注本、京本、金本、徐本、岳本同；八行本作「賓客」，故宮本、董本、建本同。阮記云：「《疏》引注作『致禮於賓客』，惠校本據增，云：余本仍無『賓』字。」盧記同。八行本、故宮本、董本此處「賓客」二字皆字距迫促，顯因擠入「賓」字所致，則其底本或亦無「賓」字，又檢《折衷》引注文，亦作「客」，無「賓」字，則作「致禮於客」是也，八行本等誤增。

24. 頁十三左　宰夫職以釋詁

按：「以」，八行本、故宮本、董本、十行本、靜嘉本、內閣本（元）、東大本（元）、劉本（元）、朝鮮本、閩本、明監本、毛本皆同。阮記云：「浦鏜云：『以』當『已』字誤。」盧記同。諸本皆同，原文不誤，浦說無據，不可信從。

25. 頁十四右　至五長有功者

按：「五」，八行本、故宮本、董本、十行本、靜嘉本、內閣本（元）、東大本（元）、劉本（元）、朝鮮本、閩本、明監本、毛本皆同。阮記云：「浦鏜云：『五』當『伍』誤。」盧記同。諸本皆同，又檢《折衷》引《疏》文，亦作「五」，原文不誤，浦說無據，不可信從。

26. 頁十四右　謂其殷奠及虞祔之祭

按：「其」，八行本、故宮本、董本、十行本、靜嘉本、內閣本（元）、東大本（元）、劉本（元）、朝鮮本、閩本、明監本、毛本皆同。阮記云：「浦鏜云：『其』衍。」盧記同。「其」字意指不明，又檢《折衷》引《疏》文，無「其」字，則當無「其」字，浦說是也。

27. 頁十四左　謂鑊中煮肉汁一名湆

按：八行本、故宮本、董本、十行本、靜嘉本、內閣本（元）、東大本（元）、劉本（元）、朝鮮本、閩本同；明監本作「調鑊中煮肉汁一名湆」，毛本同。阮記云：「惠校本、閩本同，監、毛本『謂』誤『調』。」盧記無說。揆諸文義，作「謂」是也，明監本等誤改，《正字》云「調，當『謂』字誤」，或為阮記所本，是也。

28. 頁十四左　皆是陪鼎

　　按：「皆」，十行本、靜嘉本、內閣本（元）、東大本（元）、劉本（元）、朝鮮本、閩本、明監本、毛本同；八行本作「謂」，故宮本、董本同。阮記云：「浦鏜云：『謂』誤『皆』。」盧記同。考八行本《疏》文云「云『銅鸞』者，謂是陪鼎膷臐膮」，若作「皆」，則不知所指，揆諸文義，作「謂」是也，當從八行本，浦說是也。

29. 頁十五右　耨芸芋也

　　按：「芸」，八行本、故宮本、董本、十行本、靜嘉本、內閣本（元）、東大本（元）、劉本（元）、朝鮮本、閩本、明監本、毛本、婺本、纂圖本、互注本、京本、金本、徐本、岳本同；建本作「耘」，附圖本同。阮記云：「宋本『芸』作『耘』，《釋文》：芸引云，本或作『耘』。」盧記同。諸本多作「芸」，考八行本《疏》文云「云『耨芸芋也』者」，則賈氏所見本亦作「芸」，下注又云「使庶人芸芋終之」，又檢《折衷》引注文，亦作「芸」，則作「芸」是也，作「耘」者乃別本也。加記漏列建本版本信息，當補。

30. 頁十五右　齍盛祭祀

　　按：「齍」，八行本、故宮本、董本、十行本、靜嘉本、內閣本（元）、東大本（元）、劉本（元）、朝鮮本、閩本、明監本、毛本、婺本、建本、附圖本、纂圖本、互注本、京本、金本、徐本、岳本皆同。阮記云：「案：『齍』亦當為『粢』。」盧記同。諸本皆同，又檢《折衷》引注文，亦作「齍」，作「齍」是也，阮記非也。

31. 頁十五右　示有恭敬鬼神之法

　　按：「有」，十行本、靜嘉本、內閣本（元）、東大本（元）、劉本（元）、朝鮮本、閩本、明監本、毛本同；八行本作「相」，故宮本、董本同。阮記云：「惠校本『有』作『相』。」盧記同。相者，相加於彼也，檢《折衷》引《疏》文，正作「相」，則作「相」是也，當從八行本。

32. 頁十五左　杜子春讀為蕭

　　按：「為」，八行本、故宮本、董本、十行本、靜嘉本、內閣本（元）、東大本（元）、劉本（元）、朝鮮本、閩本、明監本、毛本、婺本、建本、附圖

本、纂圖本、互注本、京本、金本、徐本、岳本皆同。阮記云：「《漢讀考》云『為』當作『從』，凡二本字異而用一廢一曰從。」盧記同。諸本皆同，考八行本《疏》文云「云『杜子春讀為蕭』」，則賈氏所見本亦作「為」，又檢《折衷》引注文，亦作「為」，作「為」是也，阮記所引段說，絕不可信。

33. 頁十六右　司馬職百里為遠郊

按：「職」，十行本（正德十二年）、靜嘉本（正德）、內閣本（正德十二年）、東大本（正德十二年）、劉本（正德十二年）、朝鮮本、閩本、明監本、毛本同；八行本作「法」，故宮本、董本同。阮記云：「惠挍本『職』作『法』，此誤。」盧記同。司馬職，不知所指，作「法」是也，當從八行本，《正字》云「法，誤『職』」，是也。

34. 頁十六左　代王受過災云

按：「云」，八行本、故宮本、董本、十行本（正德十二年）、靜嘉本（正德）、內閣本（正德十二年）、東大本（正德十二年）、劉本（正德十二年）、朝鮮本、閩本、明監本、毛本皆同。阮記云：「浦鏜云：『云』疑『者』字誤。」盧記同。諸本皆同，原文不誤，《正字》云「云，當『者』字誤」，浦說無據，不可信從。

35. 頁十七右　罟罔也

按：「罔」，十行本（正德）、靜嘉本（正德）、內閣本（正德）、東大本（正德）、劉本（正德）、朝鮮本、閩本、明監本、毛本、婺本、建本、附圖本、纂圖本、互注本、京本、金本、徐本、岳本同；八行本作「冈」，故宮本、董本同。阮記云：「閩、毛本同，監本『罔』改『網』。」盧記同。考八行本《疏》文云「『罟罔也』」，則賈氏所見本亦作「罔」，作「罔」是也，原文不誤，阮記謂監本作「網」，不知其所據何本。

36. 頁十七左　備獸觸攖攖

按：「攖」，十行本（正德）、靜嘉本（正德）、內閣本（正德）、東大本（正德）、劉本（正德）、朝鮮本同；八行本無，故宮本、董本、閩本、明監本、毛本、婺本、建本、附圖本、纂圖本、互注本、京本、金本、徐本、岳本同。阮記引文「備獸觸攖」，云：「諸本同，《釋文》：觸攖，俱縛反，又作『攫』，

華霸反。案：作『攫』非也，此本補刻，『攫』下衍『攫』。」盧記同。宋元刊本皆無「攫」字，八行本《疏》文云「『備獸觸攫』者」，則賈氏所見本亦無「攫」字，無者是也，當從八行本，頗疑正德補板時誤增也。

37. 頁十八右　及弊田者弊仆也

按：「仆」，八行本、故宮本、董本、十行本、靜嘉本、內閣本（元）、東大本（元）、劉本（元）、朝鮮本、閩本、明監本同；毛本作「止」。阮記云：「閩本同，監本『仆』誤『卜』，毛本作『止』。」盧記無說。此《疏》引鄭注，注云「弊仆」，則作「仆」是也，毛本誤改。

38. 頁十八左　是以僖公三十三年晉捨秦囚

按：「三」，八行本、故宮本、董本、十行本、靜嘉本、內閣本（元）、東大本（元）、劉本（元）、朝鮮本、閩本、同；明監本作「二」，毛本同。阮記云：「閩本同，監、毛本『三』誤『二』。」盧記無說。考《左傳》僖公三十三年，有晉舍秦囚事，又檢《折衷》引《疏》文，亦作「三」，則作「三」是也，明監本、毛本皆誤，阮記是也。

39. 頁十九右　梁水偃也

按：「偃」，八行本、故宮本、董本、十行本、靜嘉本、內閣本（元）、東大本（元）、劉本（元）、朝鮮本、閩本、明監本、毛本、婺本、建本、附圖本、纂圖本、互注本、京本、金本、徐本、岳本皆同。阮記云：「《釋文》：水堰，俱縛反，徐本作『匽』……水偃字當從徐本作『匽』。」盧記同。諸本皆同，考八行本《疏》文云「『梁水偃也』」，則賈氏所見本作「偃」，又檢《折衷》引注文，亦作「偃」，作「偃」是也，阮記純屬猜測，不可信從。

40. 頁十九右　命漁師始魚

按：「魚」，八行本、故宮本、董本、十行本、靜嘉本、內閣本（元）、東大本（元）、劉本（元）、朝鮮本、閩本、明監本、毛本皆同。阮記云：「浦鏜云：『始漁』誤『始魚』，下《疏》同。」盧記同。諸本皆同，又檢《折衷》引《疏》文，亦作「魚」，作「魚」是也，浦說無據，不可信從。

41. 頁十九左　魯語云宣公夏濫於泗淵以其非時里華諫之乃止

　　按：「華」，十行本、靜嘉本、內閣本（元）、東大本（元）、劉本（元）、朝鮮本、閩本、明監本、毛本同；八行本作「革」，故宮本、董本同。阮記云：「閩、監、毛本同，《魯語》作『里革』。」盧記同。檢《國語・魯語》，「宣公夏濫於泗淵，里革斷其罟而棄之」，則所諫者里革也，又檢《折衷》引《疏》文，亦作「革」，作「革」是也，當從八行本。

42. 頁二十右　以時籍魚鱉

　　按：「籍」，八行本、故宮本、董本、十行本（正德十二年）、靜嘉本（正德）、內閣本（正德十二年）、東大本（正德十二年）、劉本（正德十二年）、朝鮮本、閩本、明監本、毛本、婺本、建本、附圖本、纂圖本、互注本、京本、金本、徐本、岳本、唐石經、白文本皆同。阮記云：「唐石經、諸本同……《釋文》謂『籍』本作『籍』，案：作『籍』為正。」盧記同。諸本皆同，又檢《折衷》引經文，亦作「籍」，作「籍」是也，原文不誤。

43. 頁二十左　爾雅刀魚鱭刀也

　　按：「刀魚」，十行本（正德十二年）、靜嘉本（正德）、內閣本（正德十二年）、東大本（正德十二年）、劉本（正德十二年）、朝鮮本、閩本、明監本、毛本同；八行本作「鴷」，故宮本、董本同。阮記云：「惠校本『刀魚』作『鴷』，此誤，又分為二字。」盧記同。檢《爾雅・釋魚》，「鴷鱭刀」，則作「鴷」是也，當從八行本。

44. 頁二十左　案醢人有蠯醢蠃蚳醢故以此三者授醢人

　　按：「蠃」，八行本、故宮本、董本、十行本（正德十二年）、靜嘉本（正德）、內閣本（正德十二年）、東大本（正德十二年）、劉本（正德十二年）、朝鮮本、閩本、明監本、毛本皆同。阮記云：「浦鏜云：『蠃』下脫『醢』。」盧記同。諸本皆同，又檢《折衷》引《疏》文，亦作「蠃」，則存疑可也。

45. 頁二十左　此亦是國語諫宣公之言

　　按：「國語」，八行本、故宮本、董本、十行本（正德十二年）、靜嘉本（正德）、內閣本（正德十二年）、東大本（正德十二年）、劉本（正德十二年）、朝鮮本、閩本、明監本、毛本皆同。阮記云：「案：『國語』當作『里革』。」

盧記同。此處所謂「國語」，乃《國語》所載之義，檢《折衷》引《疏》文，正作「國語」，阮記謂當作「里革」，何其荒唐也！

46. 頁二十左　凡田獸之脯腊膴胖之事

按：「膴胖之事」，八行本、故宮本、董本、十行本（正德十二年）、靜嘉本（正德）、內閣本（正德十二年）、東大本（正德十二年）、劉本（正德十二年）、朝鮮本、閩本、明監本、毛本、婺本、建本、附圖本、纂圖本、互注本、京本、金本、徐本、岳本、唐石經、白文本皆同。阮記云：「唐石經、諸本同，案：『膴胖之事』四字疑衍文。」盧記同。諸本皆同，又檢《折衷》引經文，亦有「膴胖之事」四字，則四字不可闕，阮記所疑無據，不可信從。

47. 頁二十左　若今涼州烏翅矣

按：「烏」，八行本、故宮本、董本、十行本（正德十二年）、靜嘉本（正德）、內閣本（正德十二年）、東大本（正德十二年）、劉本（正德十二年）、朝鮮本、閩本、明監本、毛本、婺本、建本、附圖本、纂圖本、互注本、京本、金本、徐本、岳本皆同。阮記云：「諸本及《漢制考》同，惠士奇云：『烏』當作『鳥』。」盧記同。諸本皆同，八行本《疏》文云「云『今涼州烏翅』者」，則賈氏所見本作「烏」，又檢《折衷》引注文，亦作「烏」，作「烏」是也，惠氏所疑無據，不可信從。

48. 頁二十一右　禮曰庶羞皆有大者此據肉之所擬祭者也又引有司曰主人亦一魚加膴祭于其上此據主人擬祭者膴與大亦一也

按：十行本、靜嘉本、內閣本（元）、東大本（元）、劉本（元）、朝鮮本、閩本、明監本、毛本、纂圖本、互注本、京本、岳本同；建本作「禮曰庶羞皆有大者此據肉之所擬祭者也又引有司曰主人亦一魚加膴祭于其上者此據主人擬祭者膴與大亦一也」，附圖本同；八行本作「禮曰庶羞皆有大有司曰主人亦一魚加膴祭于其上」，故宮本、董本、婺本、金本、徐本同。阮記云：「余本、岳本，閩、監、毛本同，宋本『上』下有『者』，案此皆因《疏》語誤衍也，嘉靖本『庶羞皆有大』下無『者此據肉』十二字，『加膴祭于其上』下無『此據主人』十三字，當據此刪正。」盧記同。考《疏》云：「玄謂《公食大夫》禮曰『庶羞皆有大』者，此據肉之所擬祭者也，又引有司曰『主人亦一

魚加臚祭於其上」，此據主人擬祭者也，臚與大亦一也」，則正如阮記所言，
鄭注有《疏》文混入，當據八行本等刪正。

卷五

1. 頁一右 若藥不瞑眩厥疾不瘳

按：十行本、靜嘉本、內閣本（元）、東大本（元）、劉本（元）、朝鮮本、
閩本、明監本、毛本、京本同；八行本作「藥不瞑眩厥疾無瘳」，故宮本、董
本、婺本、建本、徐本同；附圖本作「藥不瞑眩厥疾弗瘳」；纂圖本作「若藥
不瞑眩厥疾無瘳」，互注本、金本、岳本同。阮記云：「閩、監、毛本同，岳
本、嘉靖本作『藥不瞑眩厥疾無瘳』，宋本作『藥不瞑眩厥疾弗瘳』，惠棟云：
余本仍有『若』字，『不瘳』作『無瘳』，音義同。案：賈《疏》作『藥不瞑
眩厥疾無瘳』，葉鈔《釋文》作『無瘳』，以多者言之，『若』衍，『不』當作
『無』。」盧記同。此句別本眾多，檢《折衷》引注文，亦作「藥不瞑眩厥疾
無瘳」，則從八行本似勝，阮記是也。

2. 頁二右 神農黃帝食藥七卷

按：「藥」，八行本、故宮本、董本、十行本、靜嘉本、內閣本（元）、東
大本（元）、劉本（元）、朝鮮本、閩本、明監本、毛本皆同。阮記云：「浦鏜
云：『禁』誤『藥』。」盧記同。諸本皆同，此《疏》引《漢書・藝文志》，或
與傳世本有異，存疑可也。

3. 頁二右 以通開結反之於此乃失其宜者

按：「開」，八行本、故宮本、董本、十行本、靜嘉本、內閣本（元）、東
大本（元）、劉本（元）、朝鮮本、閩本、明監本、毛本皆同。阮記云：「盧文
弨云：『閉』誤『開』，下脫『解』，『半』誤『此』，『及』誤『乃』。惠棟云：
宋本誤皆同。」盧記同。諸本皆同，此《疏》引《漢書・藝文志》，或與傳世
本有異，存疑可也。

4. 頁二右 積氣內傷

按：「積」，八行本、故宮本、董本、十行本、靜嘉本、內閣本（元）、東
大本（元）、劉本（元）、朝鮮本、閩本、明監本、毛本皆同。阮記云：「案：

《漢書》『積』作『精』，此誤。」盧記同。諸本皆同，此《疏》引《漢書‧藝文志》，或與傳世本有異，存疑可也。

5. **頁三右** 董苣粉榆婏槁

按：「婏槁」，八行本、故宮本、董本、十行本（正德）、靜嘉本（正德）、內閣本（正德）、東大本（正德）、劉本（正德）、朝鮮本、閩本、明監本、毛本、婺本、建本、附圖本、纂圖本、互注本、京本、徐本、岳本同；金本作「兔槁」。阮記云：「浦鏜云：『婏槁』，《內則》作『免薨』。」盧記同。八行本《疏》文引鄭注，亦作「婏槁」，則賈氏所見本如此，《釋文》出字「婏」、「槁」，作「婏槁」不誤，金本「婏」誤「兔」。

6. **頁四右** 四時皆有癘疾

按：「癘」，八行本、故宮本、董本、十行本、靜嘉本、內閣本（元）、東大本（元）、劉本（元）、朝鮮本、閩本、明監本、毛本、婺本、建本、附圖本、纂圖本、互注本、京本、金本、徐本、岳本、唐石經、白文本皆同。阮記云：「唐石經、諸本同，岳本『癘』改『厲』，非。」盧記同。諸本皆同，又檢《折衷》引經文，亦作「癘」，則原文不誤。又明翻岳本作「癘」不作「厲」，不知阮記所據何本，此字既不誤，不當圈字出校，阮本於此自破其例也。

7. **頁四右** 冬時有漱上氣疾

按：「漱」，十行本、靜嘉本、內閣本（元）、東大本（元）、劉本（元）、朝鮮本、互注本、京本、白文本同；八行本作「嗽」，故宮本、董本、閩本、明監本、毛本、婺本、建本、附圖本、纂圖本、金本、徐本、岳本、唐石經同。阮記云：「唐石經、諸本『漱』作『嗽』。案：《說文》無『嗽』字，此本注及《疏》仍作『嗽』，《釋文》：嗽本亦作『欶』字。按：作『欶』為是。」盧記同。宋刊經注本、注疏本皆作「嗽」，阮本《疏》文云「云『冬時有嗽上氣疾』」，則賈氏所見本作「嗽」，又檢《折衷》引經文，亦作「嗽」，作「嗽」是也，當從八行本，十行本誤作「漱」，《釋文》已明言一本作「欶」，則作「欶」者別本也，阮記謂作「欶」為是，誤甚。

8. **頁四右** 瘠酸削也

按：「削」，八行本、故宮本、董本、十行本、靜嘉本、內閣本（元）、東大本（元）、劉本（元）、朝鮮本、閩本、明監本、毛本、婺本、建本、附圖

本、纂圖本、互注本、京本、金本、徐本、岳本皆同。阮記云：「《說文》：痟，
酸痟頭痛，從广肖聲，《周禮》曰春時有痟首疾。案：許、鄭義同，酸痟頭痛，
當作『酸削頭痛』。」盧記同。諸本皆同，又檢《折衷》引注文，亦作「削」，
作「削」是也。此條阮本不誤，據阮記，乃正《說文》之誤，衡其體例，絕
不應於此加圈也，阮本非也。

9. 頁四右 六癘作見

按：「六」，八行本、故宮本、董本、十行本、靜嘉本、內閣本（元）、東
大本（元）、劉本（元）、朝鮮本、閩本、明監本、婺本、建本、附圖本、纂
圖本、互注本、京本、金本、徐本、岳本同；毛本作「大」。阮記云：「毛本
『六』誤『大』。」盧記同。諸本多同，又檢《折衷》引注文，亦作「六」，
作「六」是也，毛本作「大」顯誤。

10. 頁四右 惟火沴金

按：八行本、故宮本、董本、十行本、靜嘉本、內閣本（元）、東大本（元）、
劉本（元）、朝鮮本、閩本、明監本、毛本皆同。阮記云：「盧文弨云：『火』
當作『木』，此是衝氣，不論生尅，不知《疏》家誤改抑挍刊之失，當以本書
及《漢五行志》正之。」盧記同。諸本皆同，前《疏》明云「惟金沴木」，若
此處作「惟木沴金」，無乃金、木互沴乎？又下《疏》仍云「惟火沴金」，原
文不誤，盧氏曲說，斷不可從。

11. 頁四左 惟土沴水

按：八行本、故宮本、董本、十行本、靜嘉本、內閣本（元）、東大本（元）、
劉本（元）、朝鮮本、閩本、明監本、毛本皆同。阮記云：「盧文弨云：『土』
當作『火』。」盧記同。諸本皆同，前《疏》明云「惟水沴火」，若此處作「惟
火沴水」，無乃水、火互沴乎？下《疏》仍云「惟土沴水」，原文不誤，盧說
斷不可從。

12. 頁四左 病由氣勝負而生

按：「由」，八行本、故宮本、董本、十行本、靜嘉本、內閣本（元）、東
大本（元）、劉本（元）、朝鮮本、閩本、明監本、毛本、婺本、附圖本、纂
圖本、互注本、京本、金本、徐本、岳本同；建本作「猶」。阮記云：「宋本

『由』作『猶』。案：《疏》云『故言猶氣勝負而生』，皆『由』之誤。」盧記同。諸本多同，由者因也，病因氣勝負而生也，檢《折衷》引注文，亦作「由」，作「由」是也，建本作「猶」顯誤，阮記是也。

13. 頁五右　言猶氣勝負而生

按：「猶」，十行本、靜嘉本、內閣本（元）、東大本（元）、劉本（元）、朝鮮本、閩本、明監本、毛本同；八行本作「由」，故宮、董本同。阮記、盧記皆無說。此《疏》引鄭注，據上條校記，作「由」是也，當從八行本，《正字》云「由，誤『猶』」，是也。

14. 頁五右　蟲謂吳公蠃鱉之類

按：「蠃」，八行本、故宮本、董本、十行本、靜嘉本、內閣本（元）、東大本（元）、劉本（元）、朝鮮本、閩本、明監本同；毛本作「贏」。阮記云：「毛本『贏』誤『蠃』。」盧記無說。贏非蟲，作「贏」顯誤，《正字》云「蠃，毛本誤『贏』」，或為阮記所本，是也。

15. 頁五右　則炎帝者也

按：「者」，八行本、故宮本、董本、十行本、靜嘉本、內閣本（元）、東大本（元）、劉本（元）、朝鮮本、閩本、明監本、毛本皆同。阮記云：「浦鏜云『者』當『是』之誤。」盧記同。諸本皆同，原文不誤，浦說無據，不可信從。

16. 頁五左　心位當土

按：「土」，八行本、故宮本、董本、十行本、靜嘉本、內閣本（元）、東大本（元）、劉本（元）、朝鮮本、閩本、明監本同；毛本作「上」。阮記云：「閩本同，監、毛本『土』誤『上』。案：此言心位當中央土也。」盧記同。考《疏》文云「心在肺下，心位當土」，若作「當上」，心豈又在肺上？作「上」顯誤。監本作「土」不作「上」，不知阮本所據何本。

17. 頁六右　五色面貌之青赤黃白黑也者

按：「貌」，十行本、靜嘉本、內閣本（元）、東大本（元）、劉本（元）、朝鮮本、閩本、明監本、毛本同；八行本作「皃」，故宮本、董本同。阮記云：「惠挍本『貌』作『皃』。」盧記同。貌、皃相同，阮記出校，殊無謂也。

18. 頁六右 又有胃旁胱

　　按：「旁」，八行本、故宮本、董本、十行本、靜嘉本、內閣本（元）、東大本（元）、劉本（元）、婺本、建本、附圖本、纂圖本、互注本、京本、金本、徐本、岳本同；朝鮮本作「膀」，閩本、明監本、毛本同。阮記云：「宋本、岳本、嘉靖本同，閩、監、毛本『旁』改為『膀』，俗字，《疏》中準此。」盧記同。宋元刊本皆作「旁」，考八行本《疏》文云「云『又有胃旁胱大腸小腸』者」，則賈氏所見本作「旁」，又檢《折衷》引注文，亦作「旁」，作「旁」是也，朝鮮本等誤改。

19. 頁六左 大腸為行道之府

　　按：「行道」，八行本、故宮本、董本、十行本、靜嘉本、內閣本（元）、東大本（元）、劉本（元）、朝鮮本、閩本、明監本、毛本皆同。阮記云：「案：《素問》作『傳導之府』。」盧記同。諸本皆同，又檢《折衷》引《疏》文，正作「行道」，則原文不誤。

20. 頁六左 旁胱為津滴之府

　　按：「滴」，八行本、故宮本、董本、十行本、靜嘉本、內閣本（元）、東大本（元）、劉本（元）、朝鮮本、閩本同；明監本作「液」，毛本同。阮記云：「閩本亦作『津滴』，監、毛本『滴』改『液』。」盧記同。宋元刊本皆作「滴」，又檢《折衷》引《疏》文，亦作「滴」，則原文不誤，明監本等誤改。

21. 頁七右 不得壽終然少曰死

　　按：「少」，八行本、故宮本、董本、十行本（正德）、靜嘉本（正德）、內閣本（正德）、東大本（正德）、劉本（正德）、朝鮮本、閩本、明監本、毛本皆同。阮記云：「浦鏜云『少』當『故』字誤。」盧記同。諸本皆同，考上《疏》云「少死則曰死」，則作「少」不誤，浦說無據，不可信從。

22. 頁七右 折瘍之祝樂

　　按：八行本、故宮本、董本、十行本（正德）、靜嘉本（正德）、內閣本（正德）、東大本（正德）、劉本（正德）、朝鮮本、閩本、明監本、毛本、婺本、建本、附圖本、纂圖本、互注本、京本、金本、徐本、岳本、唐石經、白文本皆同。阮記云：「唐石經、諸本同，《釋文》『折瘍』，劉本作『剉』同。」

盧記同。諸本皆同，又檢《折衷》引經文，亦作「折瘍之祝藥」，則原文不誤，《釋文》所引或為別本。

23. 頁七右 祝當為注讀如注病之注

按：「為注」，八行本、故宮本、董本、十行本（正德）、靜嘉本（正德）、內閣本（正德）、東大本（正德）、劉本（正德）、朝鮮本、閩本、明監本、毛本、婺本、建本、附圖本、纂圖本、互注本、京本、金本、徐本、岳本皆同。阮記云：「古文假借，多取音同。《函人》甲屬，《匠人》水屬，注皆云屬，讀為注。」盧記同。諸本皆同，又檢《折衷》引注文，亦作「為注」，原文不誤，不知阮本為何於此加圈。

24. 頁七右 刮刮去膿血

按：「刮刮」，八行本、故宮本、董本、十行本（正德）、靜嘉本（正德）、內閣本（正德）、東大本（正德）、劉本（正德）、朝鮮本、婺本、纂圖本、互注本、金本、徐本同；閩本作「劀刮」，明監本、毛本、建本、附圖本、京本、岳本同。阮記云：「嘉靖本同，閩、監、毛本上『刮』依經改『劀』，非。」盧記同。檢《折衷》引注文，亦作「刮刮」，作「刮刮」是也，阮記謂作「劀」乃依經改注，甚是。

25. 頁七左 今醫人有五毒之藥

按：「人」，十行本（正德）、靜嘉本（正德）、內閣本（正德）、東大本（正德）、劉本（正德）、朝鮮本同；八行本作「方」，故宮本、董本、閩本、明監本、毛本、婺本、建本、附圖本、纂圖本、互注本、京本、金本、徐本、岳本同。阮記引文「今醫方有五毒之藥」，云：「此本補刻，『方』誤『人』，今據諸本訂正。」盧記同。揆諸文義，當作「方」，又檢《折衷》引注文，亦作「方」，作「方」是也，當從八行本。

26. 頁八左 畜獸之疾病

按：「之」，八行本、故宮本、董本、十行本、靜嘉本、內閣本（元）、東大本（元）、劉本（元）、朝鮮本、閩本、明監本、毛本、婺本、建本、附圖本、纂圖本、互注本、京本、金本、徐本、岳本皆同。阮記、盧記皆無說。諸本皆同，又檢《折衷》引注文，亦作「之」，原文不誤，不知阮本為何於此加圈。

27. 頁九左　麴蘗必時湛饎必潔

　　按：朝鮮本同；八行本作「麴蘗必時湛饎必絜」，故宮本、董本、金本同；十行本作「麴蘗必時湛饎必潔」，靜嘉本、內閣本（元）、東大本（元）、劉本（元）、附圖本同；婺本作「麴蘗必時湛饎必絜」，徐本同；建本作「麴蘗必時湛饎必潔」，纂圖本、互注本、京本同；閩本作「麴蘗必時湛饎必潔」，明監本、毛本、岳本同。阮記引文「麴蘗必時湛饎必潔」，云：「此本『蘗』誤『藥』，今據諸本訂正，余本、嘉靖本『潔』作『絜』，浦鏜云『饎』，《月令》作『熾』o 按：漢人祗用『絜』無用『潔』者。」盧記同。此《疏》引《月令》，檢之作「麴蘗」，《釋文》出字「麴蘗」，又檢《折衷》引注文，亦作「麴蘗必時湛饎必潔」，則作「蘗」是也，當從婺本。又絜、潔、潔可通，不必強分彼此也。

28. 頁十左　泛讀如泛泛揚州之泛

　　按：「揚州」，明監本同；八行本作「楊舟」，故宮本、董本同；十行本作「楊州」，靜嘉本、內閣本（元）、東大本（元）、劉本（元）、朝鮮本、閩本同；毛本作「揚舟」。阮記引文「泛讀如泛泛楊州之泛」，云：「閩本同，毛本『州』改『舟』，是也。監、毛本『楊』作『揚』，非也。」盧記同。揚州不知如何可以泛泛，作「楊舟」是也，楊木之舟也，當從八行本，《正字》云「楊，誤『揚』；舟，監本誤『州』」，是也。

29. 頁十一左　物者財也

　　按：「財」，八行本、故宮本、董本、十行本、靜嘉本、內閣本（元）、東大本（元）、劉本（元）、朝鮮本、閩本、明監本、毛本皆同。阮記云：「浦鏜云：『財』疑『材』誤，下『給財』同。」盧記同。諸本皆同，浦說無據，不可信從。

30. 頁十二右　晉語云味厚寔昔毒

　　按：八行本、故宮本、董本、十行本（正德十二年）、靜嘉本（正德）、內閣本（正德十二年）、東大本（正德十二年）、劉本（正德十二年）、朝鮮本、閩本、明監本、毛本皆同。阮記云：「案：《周語下》作『厚味寔腊毒』，韋解『腊』讀若『昔』。」盧記同。檢《折衷》引《疏》文，亦作「晉語云味厚寔昔毒」，則其時人所見如此，或賈氏所見《國語》與傳世本有異，存疑可也。

31. 頁十二右 故魏都賦云醇酎中山洗涵千日

按：「洗」，十行本（正德十二年）、靜嘉本（正德）同；八行本作「沈」，故宮本、董本、閩本、明監本、毛本同；內閣本（正德十二年）作「沉」，東大本（正德十二年）、劉本（正德十二年）、朝鮮本同。阮記云：「《魏都賦》作『流涵』，此誤，閩、監、毛本改『沈涵』，非，惠校本亦作『沈』。按：作『沈』是也。」盧記同。沈涵乃成語，作「沈」是也，非閩本等所改也。

32. 頁十三右 內則彼云滿此云糟

按：八行本、故宮本、董本、十行本（正德）、靜嘉本（正德）、內閣本（正德）、東大本（正德）、劉本（正德）、朝鮮本、閩本、明監本、毛本皆同。阮記云：「當作『內則彼云糟此云滿』。」盧記同。此處注引鄭司農說，引《內則》作「滿」，檢《禮記‧內則》作「糟」，則相當作「內則彼云糟此云滿」，方合事理，則阮記是也。

33. 頁十四右 之皆有器量者

按：「之」，十行本（正德十二年）、靜嘉本（正德）、內閣本（正德十二年）、東大本（正德十二年）、劉本（正德十二年）、朝鮮本、閩本、明監本、毛本同；八行本作「云」，故宮本、董本同。阮記云：「惠校本『之』作『云』，此誤，又闕『器量』二字，據閩、監、毛本補。」盧記同。云某某者，乃《疏》文引述書法，作「云」是也，當從八行本，《正字》云「云，誤『之』」，是也。

34. 頁十四右 注酌至品

按：十行本（正德十二年）、靜嘉本（正德）、內閣本（正德十二年）、東大本（正德十二年）、劉本（正德十二年）、朝鮮本、閩本、明監本、毛本皆同。阮記云：「案：當作『注酌器至多品』。」盧記同。此十行本系統《疏》文標起止，注云「酌器所用……而貴多品」，諸本皆作「注酌至品」，亦符《疏》文取經、注首尾數字之例，阮記之說，純屬猜測，不可信從。

35. 頁十四右 云三貳三益副之也皆

按：「皆」，十行本（正德十二年）、靜嘉本（正德）、內閣本（正德十二年）、東大本（正德十二年）、劉本（正德十二年）、朝鮮本、閩本、明監本、毛本同；八行本作「者」，故宮本、董本同。阮記云：「浦鏜云：『者』誤『皆』。」

盧記同。云某某者，乃《疏》文引述書法，作「者」是也，當從八行本，殿本改作「者」，是也，浦說是也。

36. 頁十四右　子春後鄭亦與之國

按：「國」，十行本（正德十二年）、靜嘉本（正德）、朝鮮本同；八行本作「同」，故宮本、董本同；內閣本（正德十二年）作「辨」，東大本（正德十二年）、劉本（正德十二年）、閩本、明監本、毛本同。阮記引文「子春後鄭亦與之同」，云：「此本『同』誤『國』，惠校本訂正，閩、監、毛本改『辨』非。」盧記同。考八行本《疏》文云：「鄭司農云『三貳三益副之也』者，先鄭之意，注酒於尊中為副，子春、後鄭亦與之同」，揆諸文義，作「同」是也，作「國」者，或因形近而譌，內閣本此頁為正德十二年印面，已作「辨」，則非閩本等所改，阮記非也。

37. 頁十四右　弟子用注周旋而貳者

按：「用注」，十行本（正德十二年）、靜嘉本（正德）、內閣本（正德十二年）、東大本（正德十二年）、劉本（正德十二年）、朝鮮本、閩本、明監本、毛本同；八行本作「來往」，故宮本、董本同。阮記云：「惠校本『用注』作『來注』，此誤。」盧記同。揆諸文義，作「來往」是也，當從八行本，阮記是也。

38. 頁十五右　是云引郊特牲云

按：「云」，十行本、內閣本（元）、靜嘉本、東大本（元）、劉本（元）、朝鮮本、閩本、明監本、毛本同；八行本作「以」，故宮本、董本同。阮記云：「浦鏜云：上『云』當作『以』。」盧記同。是以者，所以也，作「以」是也，當從八行本，殿本改作「以」，是也，浦說是也。

39. 頁十六左　八十月告有者

按：「有」，十行本、靜嘉本、內閣本（元）、東大本（元）、劉本（元）同；八行本作「存」，故宮本、董本、朝鮮本、閩本、明監本、毛本同。阮記、盧記皆無說。此《疏》引注文，經注本鄭注皆作「八十月告存」，《折衷》引注文，亦作「八十月告存」，則《疏》文引之，作「存」是也，當從八行本。

40. 頁十六左　老人有否

　　按：「有」，十行本、靜嘉本、內閣本（元）、東大本（元）、劉本（元）同；八行本作「存」，故宮本、董本、朝鮮本、閩本、明監本、毛本同。阮記、盧記皆無說。八行本《疏》文云「『八十月告存』者，謂月月使報告老人存否」，揆諸文義，作「存」是也，當從八行本。

41. 頁十九右　故酒正云醫酏使其士奉之

　　按：「酏使」，八行本、故宮本、董本、十行本、靜嘉本、內閣本（元）、東大本（元）、劉本（元）、朝鮮本、閩本、明監本、毛本皆同。阮記云：「浦鐺云：『酏使』下脫『糟皆』二字。」盧記同。諸本皆同，此《疏》文節引，非必與原文完全一致，汪記以為此省文非脫文，是也，浦說非也。

42. 頁十九右　凌人掌冰正歲十有二月

　　按：「正」，八行本、故宮本、董本、十行本、靜嘉本、內閣本（元）、東大本（元）、劉本（元）、朝鮮本、閩本、明監本、毛本、婺本、建本、附圖本、纂圖本、互注本、京本、金本、徐本、岳本、唐石經、白文本皆同。阮記云：「唐石經、諸本同。《漢讀考》云：此鄭君用杜說改『政』為『正』。」盧記同。諸本皆同，又檢《折衷》引經文，亦作「正」，原文不誤，段說純屬猜測，不可信從。

43. 頁十九左　謂應十石加至四十石

　　按：「四」，八行本、故宮本、董本、十行本、靜嘉本、內閣本（元）、東大本（元）、劉本（元）、朝鮮本、閩本、明監本、毛本皆同。阮記云：「案：注『三倍其冰』，則應十石者，三倍之為三十石，云『四十』石，誤也。」盧記同。此處三倍其冰，或為再增三倍之義，否則歷代傳本豈能皆誤「三」為「四」？阮記之說，存疑可也。

44. 頁二二左　鮑者於楅室中

　　按：「楅」，內閣本（嘉靖）、東大本（嘉靖）、劉本（嘉靖）、朝鮮本、閩本、明監本、毛本同；八行本作「稫」，故宮本、董本、十行本、靜嘉本同。阮記、盧記皆無說。此《疏》引注文，注文作「稫」，則作「稫」是也，當從八行本。

45. 頁二二左　言楅室者謂楅土為室

按：兩「楅」，內閣本（嘉靖）、東大本（嘉靖）、劉本（嘉靖）、朝鮮本、閩本、明監本、毛本同；八行本作兩「糈」，故宮本、董本、十行本、靜嘉本同。阮記引文「言糈室者謂糈土為室」，云「《漢制考》同，閩、監、毛本『糈』改『楅』。」盧記同。據上條校記，則作「糈」是也，當從八行本。

46. 頁二十三左　二是饋孰陰厭

按：「二」，八行本、故宮本、董本、十行本、靜嘉本、內閣本（元）、東大本（元）、劉本（元）、朝鮮本、閩本、明監本、毛本皆同。阮記云：「浦鏜云：『一』訛『二』。」盧記同。考《疏》文云「天子諸侯尸食前仍有饋獻二，是饋孰、陰厭，陰厭後，尸入室食，乃獻；大夫士則饋孰與黍稷為陰厭，陰厭前無饋獻，以此為異」，此所謂饋獻二，乃指天子諸侯饗尸，饋孰一獻、陰厭一獻，大夫士惟陰孰一獻，無饋厭之獻，此為前後二者之異，故作「二」不誤，又檢《折衷》引《疏》文，亦作「二」，正可為證，原文不誤，浦說非也。

47. 頁二四左　賓尸故於侑

按：「故」，八行本、故宮本、董本、十行本、靜嘉本、內閣本（元）、東大本（元）、劉本（元）、朝鮮本同；閩本作「設」，明監本、毛本同。阮記引文「賓尸設於侑」，云「此本『設』誤『故』，今據閩、監、毛本訂正。」盧記同。故於侑，不知何義，考前《疏》云「正祭不設內羞，故於賓尸設之」，則作「設」是也，檢《折衷》引《疏》文，正作「設」，可證，閩本等改之，是也。

卷六

1. 頁一右　昌本麋臡菁菹

按：「麋」，八行本、故宮本、董本、十行本、靜嘉本、內閣本（元）、東大本（元）、劉本（元）、朝鮮本、毛本、婺本、建本、附圖本、纂圖本、互注本、京本、金本、徐本、岳本、唐石經、白文本同；閩本作「麇」，明監本同。阮記云：「唐石經、余本、嘉靖本、毛本同，閩、監本『麋』誤『麇』。」

盧記同。《釋文》出字「麋觶」、「菁」，又檢《折衷》引經文，亦作「麋」，則作「麋」是也，閩本改作「麇」顯誤，《正字》云「麋，監本誤『麇』」，是也。

2. 頁一右　茆菹麕觶

按：「麕」，十行本、靜嘉本、內閣本（元）、東大本（元）、劉本（元）、朝鮮本、明監本、毛本、婺本、建本、附圖本、纂圖本、唐石經、白文本同；八行本作「麋」，故宮本、董本、京本、金本、岳本同；互注本作「麇」，徐本、閩本同。阮記云：「嘉靖本『麕』誤『麋』。」盧記同。考經文云「朝事之豆，其實韭菹、醓醢，昌本、麋觶，菁菹、鹿觶，茆菹、麕觶」，據賈《疏》，言「麋觶」者，以麋肉為醢，若此處復作「麋觶」，顯然前後重複，則作「麕觶」是也，謂以麕肉為醢也。檢《釋文》出字「茆」、「麕」，又《折衷》引經文，亦作「麕」，則作「麕」是也，當從十行本等，作「麋」、「麇」皆誤。

3. 頁一右　雜以梁麴及鹽

按：「梁」，十行本、靜嘉本、內閣本（元）、東大本（元）、劉本（元）、朝鮮本、閩本、明監本、毛本、建本、互注本、金本同；八行本作「粱」，故宮本、董本、婺本、附圖本、纂圖本、京本、徐本、岳本同。阮記云：「嘉靖本『梁』作『粱』，此從木，訛。」盧記同。木梁如何有麴？顯當作「粱」，檢《折衷》引注文，亦作「粱」，則作「粱」是也，當從八行本，《正字》云「粱，誤『梁』」，浦說、阮記皆是也。

4. 頁一右　塗置瓶中

按：「瓶」，十行本、靜嘉本、內閣本（元）、東大本（元）、劉本（元）、朝鮮本、閩本、明監本、毛本同；八行本作「甀」，故宮本、董本、婺本、建本、附圖本、互注本、京本、金本、徐本、岳本同；纂圖本作「甄」。阮記云：「閩、監、毛本同，宋本、余本、岳本、嘉靖本『瓶』作『甀』，當據以訂正，《公食大夫禮》《疏》引此亦作『甀』。」盧記同。甀者，小口甕也，瓶小不勝為醢之用，作「甀」是也，又檢《折衷》引注文，亦作「甀」，當從八行本，《正字》云「甀，誤『瓶』」，浦說、阮記皆是也。

5. 頁一右　麋骭髓

按：「骭」，八行本、故宮本、董本、十行本、靜嘉本、內閣本（元）、東大本（元）、劉本（元）、朝鮮本、閩本、婺本、建本、附圖本、纂圖本、互

注本、京本、金本、徐本、岳本同；明監本作「肝」，毛本同。阮記云：「宋本、余本、岳本、嘉靖本、閩本同，監、毛本『骬』誤『肝』，《疏》中不誤，《釋文》『骬』字有音。」盧記同。宋元刊本皆同，又檢《折衷》引注文，亦作「骬」，則作「骬」是也，《正字》云「骬，誤『肝』」，浦說、阮記皆是也。

6. 頁一右 菁菹韭菹

按：八行本、故宮本、董本、十行本、靜嘉本、內閣本（元）、東大本（元）、劉本（元）、朝鮮本、閩本、明監本、毛本、婺本、建本、附圖本、纂圖本、互注本、京本、金本、徐本、岳本皆同。阮記云：「賈《疏》本作『菁菹韭菁』，一本作『韭』字作『菲』，今本作『韭菹』者，涉上經誤也……○按：韭菹已見上，不當以韭菹釋菁菹……是先鄭作『菁菹韭菁菹』也，韭華謂之韭菁，漢人語尚如此，後人奪下『菁』字，賈時不誤，《疏》內當作『又菁菹韭菁菹者』，而轉寫亦奪『菁』字。」盧記同。諸本皆同，又檢《折衷》引注文，亦作「菁菹韭菹」，原文不誤，段說純屬猜測，不可信從。

7. 頁二右 故云聲如豚拍

按：「豚拍」，十行本、靜嘉本、內閣本（元）、東大本（元）、劉本（元）、朝鮮本、閩本、明監本、毛本同；八行本作「鍛鑄」，故宮本、董本同。阮記云：「浦鏜云：『鍛鑄』誤『豚拍』。」盧記同。此《疏》引鄭注，注云「聲如鍛鑄」，鍛即鍛字，則當從八行本，浦說是也。加記不知宋槧「段」多作「叚」，故謂作「鍛」者誤，甚非。

8. 頁二右 芹菹

按：「芹」，八行本、故宮本、董本、十行本、靜嘉本、內閣本（元）、東大本（元）、劉本（元）、朝鮮本、閩本、明監本、毛本、婺本、建本、附圖本、纂圖本、互注本、京本、金本、徐本、岳本、唐石經、白文本皆同。阮記云：「唐石經、諸本同，《釋文》『芹』：《說文》作『萱』，云菜類蒿也。」盧記同。諸本皆同，又檢《折衷》引經文，亦作「芹」，原文不誤，《釋文》所引，或為別本也。

9. 頁二右 箈菹

按：「箈」，八行本、故宮本、董本、十行本、靜嘉本、內閣本（元）、東大本（元）、劉本（元）、朝鮮本、閩本、明監本、毛本、婺本、建本、附圖

本、纂圖本、互注本、京本、金本、徐本、岳本、唐石經、白文本皆同。阮記云：「唐石經、諸本同，《釋文》『箈』：《爾雅》作『⿱竹忩』，同。」盧記同。諸本皆同，又檢《折衷》引經文，亦作「箈」，原文不誤，《釋文》所引，或為別本也。

10. 頁二左　此箈字既下為之

按：「既」，十行本、靜嘉本、內閣本（元）、東大本（元）、劉本（元）、朝鮮本、閩本、明監本、毛本同；八行本作「既竹」，故宮本、董本同。阮記云：「浦鏜云：『既』字下當脫『竹』字。」盧記同。箈字從竹，故《疏》云「竹下」，無「竹」則語義不明，「竹」字不可闕也，當從八行本，浦說是也。

11. 頁四右　此謂報切節皆齏類

按：「節」，十行本、靜嘉本、內閣本（元）、東大本（元）、劉本（元）、朝鮮本、閩本、明監本、毛本同；八行本作「即」，故宮本、董本同。阮記云：「浦鏜云：『節』疑『即』字誤。」盧記同。節皆齏類，不知何義，注云「細切為齏，全物若牒謂菹」，則切者為齏，《疏》引《少儀》「云『麋為辟雞，兔為宛脾，皆牒而切之』者」，麋、兔俱切之，故云「此謂報切，即皆齏類」，則作「即」字是也，當從八行本，浦說是也。

12. 頁六右　籩豆俎簋之屬

按：「俎」，八行本、故宮本、董本、十行本（正德）、靜嘉本（正德）、內閣本（正德）、東大本（正德）、劉本（正德）、朝鮮本、閩本、明監本、毛本皆同。阮記云：「浦鏜云：『俎』當『簠』字誤。」盧記同。諸本皆同，原文不誤，浦說無據，純屬猜測，不可信從。

13. 頁七右　林浴所以自潔清

按：「潔」，十行本、靜嘉本、內閣本（元）、東大本（元）、劉本（元）、朝鮮本、閩本、明監本、毛本同；八行本作「絜」，故宮本、董本、婺本、建本、纂圖本、互注本、金本、徐本、岳本同；附圖本作「潔」，京本同。阮記云：「余本、嘉靖本『潔』作『絜』，《釋文》『潔清』。」盧記無說。絜、潔、潔，三字可通，宋刊八行本、經注本多作「絜」，《釋文》出「絜清」，則作「絜」似勝。

14. 頁七右　故書柜為柜

按：「柜」，十行本、靜嘉本、內閣本（元）、東大本（元）、劉本（元）、朝鮮本、閩本、明監本、毛本、互注本同；八行本作「拒」，故宮本、董本、婺本、建本、附圖本、纂圖本、京本、金本、徐本、岳本同。阮記云：「嘉靖本『柜』作『拒』。」盧記同。宋刊八行本、經注本多作「拒」，《釋文》出「為拒」，又檢《折衷》引注文，亦作「拒」，作「拒」是也，當從八行本。

15. 頁八右　子都與鄭考叔爭車子都扳棘以逐之

按：「鄭」，十行本、靜嘉本、內閣本（元）、東大本（元）、劉本（元）、朝鮮本、閩本、明監本、毛本同；八行本作「穎」，故宮本、董本同。「扳」，十行本、靜嘉本、內閣本（元）、東大本（元）、劉本（元）、朝鮮本、閩本、明監本、毛本同；八行本作「拔」，故宮本、董本同。阮記云：「惠校本『鄭』作『穎』，『扳』當作『拔』。」盧記同。此《疏》引魯隱公元年《左傳》，檢之，作「穎」、「拔」，又檢《折衷》引《疏》文，作「穎」、「拔」，則作「穎」、「拔」是也，穎、穎可通也。

16. 頁八右　君命大夫與士肆鄭云肆習也

按：「肆」，十行本、靜嘉本、內閣本（元）、東大本（元）、劉本（元）、朝鮮本、毛本同；八行本作「肄」，故宮本、董本、閩本、明監本同。阮記云：「毛本同，閩、監本『肆』作『肄』，案：《禮記釋文》『大夫與士肄』，本又作『肆』，同。古肄習字多作『肆』，此與《釋文》又作本合。」盧記同。此《疏》引《禮記·曲禮》鄭注，檢之，正作「肄」，與八行本等合，作「肄」是也，作「肆」非也，「肄」「肆」二字相近，易于混淆，非為別本也，阮記誤也。

17. 頁八右　掌舍主當之

按：「當」，八行本、故宮本、董本、十行本、靜嘉本、內閣本（元）、東大本（正德）、劉本（正德）、朝鮮本、閩本、明監本、毛本皆同。阮記云：「浦鏜云：『當』蓋『掌』字誤，下『當取』同。」盧記同。諸本皆同，原文不誤，浦說無據，純屬猜測，不可信從。

18. 頁八左 帝者在幄幕內之丞塵

按：「丞」，十行本、靜嘉本、內閣本（元）、東大本（元）、劉本（元）同；八行本作「承」，故宮本、董本、朝鮮本、閩本、明監本、毛本皆同。阮記云：「閩、監、毛本『丞』作『承』。」盧記同。考注云「玄謂帝主在幕若幄中坐上承塵」，《疏》文本之，顯當作「承塵」，作「承」是也，當從八行本。

19. 頁八左 綃幕魯也

按：「綃」，八行本、故宮本、董本、十行本、靜嘉本、內閣本（元）、東大本（元）、劉本（元）、朝鮮本、閩本、明監本、毛本皆同。阮記云：「浦鏜云：『綃』，《檀弓》作『幧』，注『幧讀如綃』。」盧記同。諸本皆同，原文不誤，或賈氏所見本《檀弓》如此。

20. 頁十左 重帝復帝

按：「復」，十行本、靜嘉本、內閣本（元）、東大本（元）、劉本（元）、朝鮮本、閩本、明監本、毛本、互注本同；八行本作「複」，故宮本、董本、婺本、建本、附圖本、纂圖本、京本、金本、徐本、岳本同。阮記云：「閩、監、毛本同，宋本、余本『復』作『複』。」盧記同。宋刊八行本、經注本皆作「複」，又檢《折衷》引注文，亦作「複」，作「複」是也，當從八行本。《正字》云「複，誤『復』」，是也。

21. 頁十一右 云祀五帝於四郊者

按：「祀」，八行本、故宮本、董本、十行本（正德）、靜嘉本（正德）、內閣本（正德）、東大本（正德）、劉本（正德）、朝鮮本、閩本、明監本、毛本皆同。阮記、盧記皆無說。諸本皆同，不知阮本為何於此圈字。

22. 頁十一右 案外宗伯祀五帝於四郊是也

按：明監本、毛本同；八行本作「案小宗伯兆五帝於四郊是也」，故宮本、董本同；十行本（正德）作「案外」，以下為墨條，靜嘉本（正德）、內閣本（正德）、東大本（正德）、劉本（正德）同，閩本同，惟末尾有「也」字，朝鮮本作「案外」，以下闕。阮記云：「浦鏜云：『小』誤『外』，『兆』誤『祀』。案：『宗伯』以下，此本、閩本闕，今據監本、毛本補，下闕者準此。」盧記同。考《小宗伯》職云「兆五帝於四郊」，則當從八行本，浦說是也。

23. 頁十一右　季夏於六月

　　按：明監本、毛本同；八行本作「季夏六月」，故宮本、董本同；十行本（正德）為墨條，靜嘉本（正德）、內閣本（正德）、東大本（正德）、劉本（正德）、閩本同，朝鮮本闕。阮記引文「季夏六月」，云：「惠校本同，監本『夏』下剜擠『於』字，毛本排入，此本及閩本闕，然以字數計之，不衍也。」盧記同。既是季夏，何有「於六月」之說，「於」字顯誤，當從八行本。

24. 頁十一左　欲於幄中待事辨否及府

　　按：「辨否及府」，十行本（正德）作「办否及府」，靜嘉本（正德）、內閣本（正德）、東大本（正德）、劉本（正德）同；閩本作「辨否及府」，明監本、毛本同；朝鮮本作「亦否及府」；八行本作「辨否及時節」，故宮本、董本同。阮記云：「閩、監、毛本『辦』作『辨』，此本作『办』，惠校本作『辨』，今訂正。浦鏜云：『及府』當衍。」盧記同。及府，不知何義，八行本《疏》文云「言待事者，欲於幄中待事辨否，及時節」，文從字順，當從八行本，殿本亦補「及時節」三字，甚是。

25. 頁十一左　案聘禮記所云次或以帷或及席

　　按：明監本、毛本同；八行本作「案聘禮記所云次或以帷或以席」，故宮本、董本同；十行本（正德）作「聘禮記」，下為墨條，靜嘉本（正德）、內閣本（正德）、東大本（正德）、劉本（正德）同，閩本同，惟多「所云次」「以帷」五字，朝鮮本作「聘禮記」，下闕。阮記云：「此本缺，據監、毛本補，浦鏜云：上『或』字衍，作『或及席』三字非記文，疑有訛。按：上『或』字、『或及席』三字，閩本實闕。」盧記同。或及席，不知何義，八行本《疏》文云「案《聘禮記》所云次，或以帷，或以席」，文從字順，當從八行本，殿本亦作「或以席」，甚是，浦說猜測，不可信從。

26. 頁十二右　案尚成王周官云

　　按：「尚」，十行本、靜嘉本、內閣本（元）、東大本（元）、劉本（元）同；八行本作「尚書」，故宮本、董本、朝鮮本、閩本、明監本、毛本同。阮記云：「閩、監、毛本『尚』下有『書』字。」盧記同。《成王周官》乃篇名，「書」字顯脫，當從八行本也，加記以為當據諸本補，是也。

27. 頁十六左　角柶角七也

　　按：「七」，閩本、毛本同；八行本作「匕」，故宮本、董本、十行本、靜嘉本、內閣本（元）、東大本（元）、劉本（元）、朝鮮本、明監本、婺本、建本、附圖本、纂圖本、互注本、京本、金本、徐本、岳本同。阮記引文「角柶角匕也」，云：「宋本、嘉靖本同，此本及閩、監、毛本『匕』誤『七』，今訂正。」盧記同。角七，不知何物，顯誤，《疏》文引注，正作「角匕」，檢《折衷》引注文，亦作「匕」，作「匕」是也，當從八行本。《正字》云「匕，毛本誤『七』」，則浦鏜所見監本亦作「匕」，不誤，阮記謂監本作「七」，不知其所據何本，疑誤。

28. 頁十六左　復於四郊以綏

　　按：「綏」，八行本、故宮本、董本、十行本、靜嘉本、內閣本（元）、東大本（元）、劉本（元）、朝鮮本、閩本、明監本、毛本、婺本、建本、附圖本、纂圖本、互注本、京本、金本、徐本、岳本皆同。阮記云：「段玉裁云：綏，鄭當作『綏』。」盧記同。諸本皆同，原文不誤，檢《折衷》引注文，亦作「綏」，正可為證，段說純屬猜測，絕不可從。

29. 頁十七右　凡褻器

　　按：「褻」，十行本、靜嘉本、內閣本（嘉靖）、東大本（嘉靖）、劉本（嘉靖）、互注本、白文本同；八行本作「褻」，故宮本、董本、朝鮮本、閩本、明監本、毛本、婺本、建本、附圖本、纂圖本、京本、金本、徐本、岳本、唐石經同。阮記云：「余本同，唐石經、嘉靖本、閩、監、毛本『褻』作『褻』，字從『埶』，非從『執』也，當據以訂正。」盧記同。宋本多作「褻」，檢《折衷》引經文，亦作「褻」，則作「褻」是也，當從八行本。

30. 頁十八右　替牛耳桃茢

　　按：「替」，明監本、毛本同；八行本作「贊」，故宮本、董本、閩本同；十行本（正德）為墨條，靜嘉本（正德）、內閣本（正德）、東大本（正德）、劉本（正德）同，朝鮮本闕。阮記引文「贊牛耳桃茢」，云：「監、毛本『贊』作『替』。」盧記同。此《疏》引《戎右》職，經云「贊牛耳桃茢」，則作「贊」是也，當從八行本。《正字》云「贊，誤『替』」，是也。

31. 頁十八右　以桃荊沸之

　　按：「沸」，閩本、明監本、毛本同；八行本作「拂」，故宮本、董本同；十行本（正德）為墨條，靜嘉本（正德）、內閣本（正德）、東大本（正德）、劉本（正德）同，朝鮮本闕。阮記云：「惠校本『沸』作『拂』，此誤。」盧記同。此《疏》引《戎右》鄭注，其云「以桃荊拂之」，則作「拂」是也，當從八行本，阮記是也。

32. 頁十八右　故哀公十七年吳晉爭先

　　按：「七」，十行本（正德）、靜嘉本（正德）、內閣本（正德）、東大本（正德）、劉本（正德）、朝鮮本、閩本、明監本、毛本同；八行本作「三」，故宮本、董本同。阮記云：「惠校本作『十三年』。按：依《左傳》是十七年，惠所校宋本注疏誤耳。」盧記同。檢《左傳》哀公十三年「秋七月辛丑，盟，吳晉爭先」，則吳晉爭先確在哀公十三年，非十七年，阮記按語謂在十七年，無乃荒唐之甚者乎！

33. 頁十八右　名正法上於下曰饋

　　按：「名」，十行本（正德）、內閣本（正德）、東大本（正德）、劉本（正德）同；八行本作「若」，故宮本、董本、明監本、毛本同；靜嘉本（正德）為墨條，閩本同，朝鮮本闕。「饋」，十行本（正德）、內閣本（正德）、東大本（正德）、劉本（正德）、朝鮮本、閩本、明監本、毛本同；八行本作「賜」，故宮本、董本同；靜嘉本（正德）為墨條。阮記云：「惠校本『名』作『若』、『饋』作『賜』，當訂正。」盧記同。名正法，不知何義，考八行本《疏》文云「若正法，上於下曰賜，下於上曰獻」，文從字順，又檢《折衷》引《疏》文，亦作「若」、「賜」，正可為證，則當從八行本。

34. 頁十八左　以齊大國專

　　按：「國專」，閩本、明監本、毛本同；八行本作「於魯」，故宮本、董本同；十行本（正德）為墨條，靜嘉本（正德）、內閣本（正德）、東大本（正德）、劉本（正德）同，朝鮮本闕。阮記云：「惠校本『國專』作『於魯』，此非。」盧記同。齊大國專，不知何義，考八行本《疏》文云「齊大於魯」，文從字順，又檢《折衷》引《疏》文，亦作「於魯」，正可為證，則當從八行本。

35. 頁十九右 即是注云

　　按：「即是」，閩本、明監本、毛本同；八行本作「故彼」，故宮本、董本同；十行本（正德）為墨條，靜嘉本（正德）、內閣本（正德）、東大本（正德）、劉本（正德）同，朝鮮本闕。阮記云：「惠校本作『案彼注云』，此本『案彼』二字實闕，閩、監、毛本改作『即是』，與上文正互誤。」盧記同。考八行本《疏》云「故彼注云『受藏之府若內府也』」，文從字順，此處十行本系統未刻，閩本試以文義補之，非也，當從八行本。

36. 頁十九右 諸侯朝覲所獻國珍

　　按：「覲」，十行本（正德）、靜嘉本（正德）、內閣本（正德）、東大本（正德）、劉本（正德）、朝鮮本同；八行本作「聘」，故宮本、董本、閩本、明監本、毛本、婺本、建本、附圖本、纂圖本、互注本、京本、金本、徐本、岳本同。阮記云：「此本《疏》中釋經亦作『朝覲』，下釋注仍作『朝聘』。案：宋本、余本、嘉靖本、閩、監、毛本皆作『聘』字，賈《疏》引覲禮以釋朝，引聘禮以釋聘，明『聘』字是也。」盧記同。宋刊注疏本、經注本皆作「聘」，《疏》文明釋聘禮之儀，作「聘」是也，又檢《折衷》引注文，亦作「聘」，正可為證，則當從八行本。加記謂岳本作「覲」，其所據岳本為明嘉靖翻刻本，今四部叢刊本岳本亦為嘉靖翻刻本作「聘」，不作「覲」，疑加藤誤著。

37. 頁十九左 謂使公卿大夫聘問諸侯

　　按：「大夫」，閩本、明監本、毛本同；八行本作「已下」，故宮本、董本同；十行本（正德）為墨條，靜嘉本（正德）、內閣本（正德）、東大本（正德）、劉本（正德）同，朝鮮本闕。阮記云：「惠校本作『公卿以下』，此本『以下』二字實闕，閩、監、毛本改作『大夫』。」盧記同。考八行本《疏》云「謂使公卿已下聘問諸侯」，文從字順，此處十行本系統未刻，閩本試以文義補之，非也，當從八行本。阮記謂惠校本作「以下」，不知惠校確作「以下」，亦或阮記譌「已」作「以」，疑誤。加記謂浙本作「以下」，其所據浙本為董康影印本，今董康影印本作「已下」，不作「以下」，加記誤引。

38. 頁二十右 不復識本制

　　按：「本」，八行本、故宮本、董本、十行本（正德）、靜嘉本（正德）、內閣本（正德）、東大本（正德）、劉本（正德）、朝鮮本、閩本、明監本、毛

本、婺本、建本、附圖本、纂圖本、互注本、京本、金本、徐本、岳本皆同。
阮記云：「賈《疏》本作『不復識舊制』。按：此賈改字以申其義耳。」盧記
同。諸本皆同，又檢《折衷》引注文，亦作「本」，正可為證，則原文不誤，
阮記按語是也。

39. 頁二十右　貨布長二尺五寸

按：「二尺五寸」，十行本（正德）、靜嘉本（正德）、內閣本（正德）、東
大本（正德）、劉本（正德）、朝鮮本、閩本、明監本、毛本、互注本同；八
行本作「二寸五分」，故宮本、董本、婺本、建本、附圖本、纂圖本、金本、
徐本、岳本同；京本作「三尺五寸」。阮記云：「岳本、嘉靖本、《漢制考》、
賈《疏》皆作『二寸五分』，此誤，當訂正。」盧記同。貨布豈有長達二尺五
寸之理？顯誤，作「二寸五分」是也，又檢《折衷》引注文，亦作「二寸五
分」，正可為證，則當從八行本。《正字》云「分、寸，誤『尺』、『寸』」，是
也，阮記是也。

39. 頁二十右　足枝長八分

按：「枝」，八行本、故宮本、董本、十行本（正德）、靜嘉本（正德）、
內閣本（正德）、東大本（正德）、劉本（正德）、朝鮮本、閩本、明監本、毛
本、婺本、建本、附圖本、纂圖本、互注本、京本、金本、徐本、岳本皆同。
阮記云：「此本《疏》中『枝』作『支』，誤。」盧記同。諸本皆同，又檢《折
衷》引注文，亦作「枝」，正可為證，則原文不誤。

40. 頁二十右　右又曰貨左文曰泉

按：八行本作「右文曰貨左曰泉」，故宮本、董本、十行本（正德）、靜嘉
本（正德）、內閣本（正德）、東大本（正德）、劉本（正德）、朝鮮本、婺本、
建本、附圖本、纂圖本、互注本、京本、金本、徐本、岳本同；閩本作「右文
曰貨左文曰泉」，明監本、毛本同。阮記引文「右文曰貨左曰泉」，云：「宋本、
嘉靖本、《漢制考》同，閩、監、毛本『左』下衍『文』。案：此本右下『文』
字剜擠，蓋上云『右文曰貨左文曰布』，此蒙上，故云『右曰貨左曰泉』，二『文』
字皆衍。」盧記同。宋元刊本皆作「右文曰貨左曰泉」，又檢《折衷》引注文，
亦作「右文曰貨左曰泉」，正可為證，則當從八行本，閩本「左」下補「文」
字，非也，阮記謂兩「文」皆衍，亦非也。阮本改「文」作「又」，誤甚。

41. 頁二十右　*邦者國也布如泉也*

　　按：十行本（正德）、靜嘉本（正德）、內閣本（正德）、東大本（正德）、劉本（正德）、朝鮮本、閩本、明監本、毛本同；八行本作「邦國也布泉也」，故宮本、董本同。阮記云：「惠校本作『邦國也布泉也』，此衍。」盧記同。揆諸文義，阮記是也，當從八行本。

42. 頁二十左　*至孝文有司言榆莢三銖輕易姦詐請鑄五銖至王莽*

　　按：「文」，八行本、故宮本、董本、十行本（正德）、靜嘉本（正德）、內閣本（正德）、東大本（正德）、劉本（正德）、朝鮮本、閩本、明監本、毛本皆同。阮記云：「《漢制考》云：武帝鑄五銖，《疏》謂孝文作五銖，誤也。」盧記同。諸本皆同，原文不誤，文中未及文帝鑄五銖錢，阮記所引王說甚非，又檢《折衷》引《疏》文，亦作「文」，正可為證。《正字》云「武帝，誤『孝文』」，亦非。

43. 頁二十左　*形如錢*

　　按：「錢」，閩本、明監本、毛本同；八行本作「刀」，故宮本、董本同；十行本（正德）為墨條，靜嘉本（正德）、內閣本（正德）、東大本（正德）、劉本（正德）同，朝鮮本闕。阮記云：「《漢制考》作『形如刀』，此本『刀』字實闕，閩、監、毛本改作『錢』。」盧記同。形如錢，不知何義，錢如何可形？顯誤，作「刀」是也，又檢《折衷》引《疏》文，亦作「刀」，正可為證，則當從八行本。此處十行本系統未刻，閩本試以文義補之，非也，《正字》云「刀，誤『錢』」，是也。

44. 頁二十左　*以黃金錯其文曰一刀直直五千*

　　按：十行本（正德）、靜嘉本（正德）、內閣本（正德）、東大本（正德）、劉本（正德）、朝鮮本同；八行本作「以黃金錯其文曰一刀直五千」，故宮本、董本同；閩本作「以黃金鏤其文曰一刀直直一千」，明監本、毛本同。阮記云：「惠校本、《漢制考》同，『直』字不複，衍，閩、監、毛本『錯』誤『鏤』，『五』誤『一』。」盧記同。揆諸文義，當從八行本，又檢《折衷》引《疏》文，亦作「以黃金錯其文曰一刀直五千」，正可為證，閩本等誤甚。《正字》云「《續漢志》作『錯』。直五千，誤『直直一千』」，是也。

45. 頁二十左　異作泉公

　　按：八行本作「異作泉布」，故宮本、董本、閩本、明監本、毛本同；十行本（正德）作「異作泉也」，靜嘉本（正德）、內閣本（正德）、東大本（正德）、劉本（正德）、朝鮮本同。阮記引文「異作泉布」，云：「惠校本『異』作『直』，當訂正，《漢制考》亦誤。」盧記同。異作泉布者，特作異形之泉布也，又檢《折衷》引《疏》文，亦作「異作泉布」，正可為證，則當從八行本。阮記謂惠校本「異」作「直」，因謂當作「直」，誤甚。阮本譌「布」為「公」，誤甚。

46. 頁二十左　其中有大布次布

　　按：「中」，十行本（正德）、靜嘉本（正德）、內閣本（正德）、東大本（正德）、劉本（正德）、朝鮮本、閩本、明監本、毛本同；八行本作「布」，故宮本、董本同。阮記云：「《漢制考》『中』作『布』。」盧記同。揆諸文義，作「布」是也，又檢《折衷》引《疏》文，亦作「布」，正可為證，則當從八行本。

47. 頁二十左　元鳳年更造貨布

　　按：「元」，八行本、故宮本、董本、十行本（正德）、靜嘉本（正德）、內閣本（正德）、東大本（正德）、劉本（正德）、朝鮮本、閩本、明監本、毛本皆同。阮記云：「惠校本、《漢制考》『元』作『天』，此誤。」盧記同。元鳳為漢昭帝年號，天鳳為王莽年號，王莽改易幣制，則作「天」是也，然諸本皆作「元」，則此譌由來已久也。

48. 頁二十左　莽以劉有金刃

　　按：「刃」，十行本（正德）、靜嘉本（正德）、內閣本（正德）、東大本（正德）、劉本（正德）、朝鮮本、閩本、明監本、毛本同；八行本作「刀」，故宮本、董本同。阮記云：「惠校本、《漢制考》『刃』作『刀』，此誤。」盧記同。劉字從刀不從刃，作「刀」是也，又檢《折衷》引《疏》文，亦作「刀」，正可為證，則當從八行本，阮記是也。

49. 頁二十一右　問行用常知多少而已

　　按：「常」，十行本（正德）、靜嘉本（正德）、內閣本（正德）、東大本（正德）、劉本（正德）、朝鮮本、閩本、明監本、毛本同；八行本作「當」，故宮

本、董本同。阮記云：「浦鏜云：當，誤『常』。」盧記同。揆諸文義，作「當」是也，又檢《折衷》引《疏》文，亦作「當」，正可為證，則當從八行本。《正字》云「當，誤『常』」，是也。

卷七

1. 頁一左 _云式據用財言之

　　按：「云」，十行本、靜嘉本、內閣本（嘉靖）、東大本（嘉靖）、劉本（嘉靖）、朝鮮本、閩本、毛本同；單疏本作「云九」，八行本、故宮本、董本、明監本同。阮記云：「閩、毛本同，案：『云』當作『九』，監本『云』下剜擠『九』字，非。」盧記同。考單疏本《疏文》云：「又云『九事謂九式』者，云『九式』，據用財言之；『九事』，據用財所為之事：其理一也。」則作「云九」是也，「九」字，不可闕也，則當從單疏本，監本所補是也，阮記之說誤矣。

2. 頁三左 釋曰_言會者

　　按：「言」，單疏本、八行本、故宮本、董本、十行本、靜嘉本、內閣本（嘉靖）、東大本（嘉靖）、劉本（嘉靖）、朝鮮本、閩本、明監本、毛本皆同。阮記云：「惠校本『言』作『及』，此誤。」盧記同。諸本皆同，原文不誤，「言某者」，為賈《疏》釋經、注書例，「言」字不可闕也，不知惠氏據何本以校，絕不可信，阮記誤矣。

3. 頁三左 以_巳之入財之數

　　按：「巳」，單疏本、內閣本（嘉靖）、東大本（嘉靖）、劉本（嘉靖）、明監本、毛本同；八行本作「已」，故宮本、董本、十行本、靜嘉本、朝鮮本、閩本同。阮記云：「閩本『巳』作『己』，此誤。」盧記同。巳、已、己，三字筆畫微別，古人刊刻或可通用，阮記之說，不可信從，揆諸文義，此處當作「已經」之「已」。

4. 頁四左 及_{至也}至歲終會計之時

　　按：「至也」，單疏本、八行本、故宮本、董本、十行本、靜嘉本、內閣本（嘉靖）、東大本（嘉靖）、劉本（嘉靖）、朝鮮本、閩本、明監本、毛本皆

同。阮記云：「惠挍本無『至也』。」盧記同。諸本皆同，原文不誤，不知惠氏據何本以挍，絕不可信。

5. 頁七右　著于侯中

按：「于」，八行本、故宮本、董本、十行本、靜嘉本、內閣本（嘉靖）、東大本（嘉靖）、劉本（嘉靖）、朝鮮本、閩本、明監本、毛本、婺本、建本、附圖本、纂圖本、互注本、京本、金本、徐本、岳本皆同。阮記云：「余本『于』作『於』，當訂正。《釋文》標『著於』二字。」盧記同。諸本皆同，作「于」是也。

6. 頁九右　大侯者豻侯也

按：「豻」，內閣本（嘉靖）、東大本（嘉靖）、劉本（嘉靖）同；單疏本作「熊」，八行本、故宮本、董本、十行本、靜嘉本、朝鮮本、閩本、明監本、毛本同。阮記云：「閩、監、毛本作『熊侯也』，與《大射》注合。此作『豻侯』。」盧記無「此作豻侯」四字，餘同。此《疏》引《大射》鄭注，檢注云「大侯，熊侯也」，則作「熊」是也，當從單疏本。

7. 頁十一左　行道曰齋

按：單疏本、八行本、故宮本、董本、十行本（正德）、靜嘉本（正德）、內閣本（正德）、東大本（正德）、劉本（正德）、朝鮮本、閩本、明監本、毛本皆同。阮記云：「浦鏜云：『行道』下脫『之財用』三字。」盧記同。諸本皆同，原文不誤，浦說純屬猜測，不可信從。

8. 頁十一左　先鄭意一部書

按：「書」，單疏本、八行本、故宮本、董本、十行本（正德）、靜嘉本（正德）、內閣本（正德）、東大本（正德）、劉本（正德）、朝鮮本、閩本、明監本、毛本皆同。阮記云：「案：『書』下當脫『內』。」盧記同。諸本皆同，原文不誤，阮氏純屬猜測，不可信從。

9. 頁十三右　漢法又有官禁云

按：「官」，單疏本、八行本、故宮本、董本、十行本、靜嘉本、內閣本（元）、東大本（元）、劉本（元）、朝鮮本同；閩本作「宮」，明監本、毛本同。阮記云：「《漢制考》同。閩、監、毛本『官』作『宮』o按：當是『宮』

字。」盧記同。宋元刊本皆作「官」，作「官」是也，當從單疏本，阮記按語非也。

10. 頁十四右　皆內告后

按：「內」，十行本、靜嘉本、內閣本（元）、東大本（元）、劉本（元）、朝鮮本同；單疏本作「內宰」，八行本、故宮本、董本、閩本、明監本、毛本同。阮記引文「皆內宰告后」，云：「此本脫『宰』，據閩、監、毛本補。」盧記同。告后者，內宰也，「宰」字不可闕，當從單疏本。

11. 頁十五右　案大行人云上公三饗

按：「大行人」，單疏本、八行本、故宮本、董本、十行本（正德十二年）、靜嘉本（正德）、內閣本（正德十二年）、東大本（正德十二年）、劉本（正德十二年）、朝鮮本、閩本、明監本、毛本皆同。阮記云：「浦鏜云：『掌客』誤『大行人』。」盧記同。諸本皆同，案：《大行人》明云「上公之禮……廟中將幣三享」，則原文不誤，浦說誤甚。

12. 頁十五左　明后亦致牢禮於賓

按：「賓」，單疏本、八行本、故宮本、董本、十行本（正德十二年）、靜嘉本（正德）、內閣本（正德十二年）、東大本（正德十二年）、劉本（正德十二年）、朝鮮本、閩本、明監本、毛本皆同。阮記云：「惠校本『賓』下有『客』，此脫。」盧記同。諸本皆同，賓者，即賓客也，原文不誤，阮記所引惠校本不知所據何本，絕不可信。

13. 頁十六右　陰陽相承之義次司次也

按：「承」，十行本（正德十二年）、靜嘉本（正德）、內閣本（正德十二年）、東大本（正德十二年）、劉本（正德十二年）、朝鮮本、閩本、明監本、毛本、纂圖本、互注本、京本同；八行本作「成」，故宮本、董本、婺本、建本、附圖本、金本、徐本、岳本同。「司」，十行本（正德十二年）、靜嘉本（正德）、內閣本（正德十二年）、東大本（正德十二年）、劉本（正德十二年）、朝鮮本、閩本、明監本、毛本、纂圖本、互注本、京本同；八行本作「思」，故宮本、董本、婺本、建本、附圖本、金本、徐本、岳本同。阮記云：「閩、監、毛本同，宋本、余本、嘉靖本『承』作『成』、『司』作『思』，賈《疏》

本同。浦鏜云：釋曰『彼處破思為司字解之』，則此仍作『思』字也。」盧記同。陰陽相輔而相成，何能相承？揆諸文義，作「成」是也，當從八行本，《正字》云「成，誤『承』」，是也。又《疏》文所引作「思次」，則作「思」是也，當從八行本，《正字》未見阮記所引之文，不知其何所據也。

14. 頁十六左　此案左氏昭公傳

按：「昭公」，單疏本、八行本、故宮本、董本、十行本（正德十二年）、靜嘉本（正德）、內閣本（正德十二年）、東大本（正德十二年）、劉本（正德十二年）、朝鮮本、閩本、明監本、毛本皆同。阮記云：「浦鏜云：『昭公』下當脫『三年』。」盧記同。諸本皆同，原文不誤，不著年者，省文也，浦說無據，純屬猜測，不可信從。加記以為三年不必脫文，是也。

15. 頁十七右　案馬職云禁原蠶者

按：「職」，十行本、靜嘉本、內閣本（元）、東大本（元）、劉本（元）、朝鮮本同；單疏本作「質」，八行本、故宮本、董本、閩本、明監本、毛本同。阮記云：「浦鏜云：『質』誤『職』。」盧記同。《周禮》有「馬質」職，云「禁原蠶者」，則作「質」是也，當從單疏本，浦說是也。

16. 頁十七左　稍食則月請是也

按：「請」，單疏本、八行本、故宮本、董本、十行本、靜嘉本、內閣本（元）、東大本（元）、劉本（元）、朝鮮本、閩本、明監本、毛本皆同。阮記云：「案：『月請』乃『月俸』之誤。」盧記同。諸本皆同，原文不誤，阮記之說無據，純屬猜測，不可信從。

17. 頁十八右　係於王言之

按：「係」，十行本、靜嘉本、內閣本（元）、東大本（元）、劉本（元）、朝鮮本、閩本、明監本、毛本同；單疏本作「繫」，八行本、故宮本、董本同。阮記云：「案：『係』當依注作『繫』。」盧記同。下《疏》云「必繫王而言者」、「故繫王而言也」，以後例前，則作「繫」是也，當從單疏本，阮記是也。

18. 頁十九右　已下亦是增成鄭義

按：「鄭」，單疏本、八行本、故宮本、董本、十行本（正德六年）、靜嘉本（正德）、內閣本（正德六年）、東大本（正德六年）、劉本（正德六年）、

朝鮮本、閩本、明監本、毛本皆同。阮記云：「案：『鄭』上當脫『先』字。」
盧記同。諸本皆同，此「鄭」即「先鄭」，前文屢言「先鄭」，此處似為省文
也，存疑可也。

19. 頁二十右　遺小臣往以物問遺之

　　按：「遺」，十行本、靜嘉本、內閣本（元）、東大本（元）、劉本（元）、
朝鮮本、閩本、明監本、毛本同；單疏本作「遣」，八行本、故宮本、董本同。
阮記云：「浦鏜云：上『遺』字當『遣』字誤。」盧記同。揆諸文義，作「遣」
是也，當從單疏本，浦說是也。

20. 頁二十二左　謂男女沒入斯宮為嬪者也

　　按：十行本（正德六年）、靜嘉本（正德）、內閣本（正德六年）、東大本
（正德六年）、劉本（正德六年）、朝鮮本、閩本、明監本、毛本同；單疏本
作「謂男女沒入縣官為奴者也」，八行本、故宮本、董本同。阮記云：「惠校
本作『男女沒入縣官為奴者也』，此誤。」盧記同。阮本此句與十行本諸本同，
諸本俱為正德六年補刊印面，「斯宮」不知何義，顯為「縣官」之譌，此謂女
宮，如何可為嬪？「嬪」字顯為「奴」字之譌，或為補刊時此處文字漫漶，
故誤補也，則當從單疏本，阮記是也。

21. 頁二十二左　掌樂宮之宿戒

　　按：「樂宮」，十行本（正德六年）、靜嘉本（正德）、內閣本（正德六年）、
東大本（正德六年）、劉本（正德六年）、朝鮮本、閩本、明監本、毛本同；
單疏本作「女宮」，八行本、故宮本、董本同。阮記云：「惠校本作『女官』。」
盧記「女官」作「女宮」，餘同。此《疏》引《世婦》職，檢之，正作「女宮」，
則作「宮」是也，當從單疏本，《正字》云「女，誤『樂』」，是也。

22. 頁二十三左　以其躋止行人人

　　按：「人人」，十行本、靜嘉本、內閣本（元）、東大本（元）、劉本（元）、
朝鮮本、閩本同；單疏本作「人」，八行本、故宮本、董本、明監本、毛本同。
阮記引文「以其躋止行人」，云：「毛本同，閩本『人』字複衍，監本先衍，
後刊落。」盧記同。揆諸文義，「人」字顯複衍，當從單疏本，阮記謂監本先
衍後刪，未見其跡也。

卷八

1. 頁一右 涖者臨也內羞謂房中之羞

按：「者」，十行本（正德）、靜嘉本（正德）、內閣本（正德）、東大本（正德）、劉本（正德）、朝鮮本、閩本、明監本、毛本同；八行本無，故宮本、董本、婺本、建本、附圖本、纂圖本、互注本、京本、金本、徐本、岳本同。「謂」，十行本（正德）、靜嘉本（正德）、內閣本（正德）、東大本（正德）、劉本（正德）、朝鮮本、閩本、明監本、毛本同；八行本無，故宮本、董本、婺本、建本、附圖本、纂圖本、互注本、京本、金本、徐本、岳本同。阮記云：「閩、監、毛本同，宋本、余本、嘉靖本無『者』字、『謂』字，是也，岳本無『謂』字，有『者』字。」盧記同。宋刊注疏本、經注本皆無「者」、「謂」，無者是也，當從八行本，阮記是也，有者似自正德年間補刊十行本始。阮記謂岳本有「者」字，今檢明翻刻岳本無，不知其所據何本。

2. 頁一右 案春官世婦官卿云掌女宮之宿戒及祭祀比其具

按：「官」，十行本（正德）、靜嘉本（正德）、內閣本（正德）、東大本（正德）、閩本、明監本、毛本同；單疏本作「宮」，八行本、故宮本、董本、朝鮮本同；劉本（正德）此字漫漶。阮記云：「盧文弨云：『宮』誤『官』。」盧記同。考《酒人》注云「世婦謂宮卿之官，掌女宮之宿戒及祭祀，比其具」，則作「宮」是也，當從單疏本，盧說是也。

3. 頁一右 謂穅餌粉餈

按：「穅」，十行本（正德）、靜嘉本（正德）、內閣本（正德）、東大本（正德）、劉本（正德）、朝鮮本、毛本同；單疏本作「糗」，八行本、故宮本、董本、閩本、明監本同。阮記云：「毛本同，誤也，閩、監本『穅』作『糗』。」盧記同。考《籩人》職云「羞籩之實，糗餌粉餈」，注云「鄭司農云：糗，熬大豆與米也」，則當從米不從禾也，作「糗」是也，當從單疏本，《正字》云「糗，毛本誤從禾」，是也。加記此條漏列。

4. 頁一左 故知此王使往可知也

按：「可知」，單疏本、八行本、故宮本、董本、十行本（正德）、靜嘉本（正德）、內閣本（正德）、東大本（正德）、劉本（正德）、朝鮮本、閩本、

明監本、毛本皆同。阮記云：「浦鏜云：『可知』，衍。」盧記同。諸本皆同，原文不誤，浦說無據，純屬猜測，不可信從。

5. 頁一左 掌三六卿之弔勞

　　按：「六」，單疏本、八行本、故宮本、董本、十行本（正德）、靜嘉本（正德）、內閣本（正德）、東大本（正德）、劉本（正德）、朝鮮本、閩本、明監本、毛本皆同。阮記云：「浦鏜云：經作『孤卿』。」盧記同。諸本皆同，原文不誤，浦說無據，純屬猜測，不可信從。

6. 頁一左 則有妬疾自專之事

　　按：「疾」，單疏本、八行本、故宮本、董本、十行本（正德）、靜嘉本（正德）、內閣本（正德）、東大本（正德）、劉本（正德）、朝鮮本、閩本、明監本、毛本皆同。阮記云：「案：『疾』當『嫉』字誤。」盧記同。諸本皆同，原文不誤，阮記無據，純屬猜測，不可信從。

7. 頁二右 又漢制度皆戴辟

　　按：「辟」，十行本、靜嘉本、內閣本（嘉靖）、東大本（嘉靖）、劉本（嘉靖）、朝鮮本、閩本、明監本、毛本同；單疏本作「璧」，八行本、故宮本、董本同。阮記云：「《縫人》注『辟』作『璧』，此誤。」盧記同。辟如何可戴？作「璧」是也，當從單疏本，阮記是也。

8. 頁四右 非直破貴賤

　　按：「破」，十行本、靜嘉本、內閣本（嘉靖）、東大本（嘉靖）、劉本（嘉靖）、朝鮮本、閩本同；單疏本作「殊」，八行本、故宮本、董本、明監本、毛本同。阮記云：「閩本同，誤也，監本、毛本『破』作『殊』，當訂正。」盧記同。破貴賤，不知何義，前《疏》引《內司服》注正作「殊貴賤」，則作「殊」是也，當從單疏本，阮記是也。加記漏列單疏本版本信息，應補。

9. 頁七左 緣衣

　　按：八行本、故宮本、董本、十行本、靜嘉本、內閣本（嘉靖）、東大本（嘉靖）、劉本（嘉靖）、朝鮮本、閩本、明監本、毛本、婺本、建本、附圖本、纂圖本、互注本、京本、金本、徐本、岳本、唐石經、白文本皆同。阮

記云：「唐石經、諸本同，《釋文》：緣衣，或作褖，同，吐亂反。」盧記同。
考單疏本《疏》文云「自褘衣至緣衣是六」，則其所見本作「緣」，諸本皆同，
作「緣」是也，《續通解》卷二十五引《內司服》經文，正作「緣」，亦可為
證，《釋文》所引，或為別本也。

10. 頁七左　婦人尚專一

按：「一」，八行本、故宮本、董本、十行本、靜嘉本、內閣本（嘉靖）、
東大本（嘉靖）、劉本（嘉靖）、朝鮮本、閩本、明監本、毛本、婺本、建本、
附圖本、纂圖本、互注本、京本、金本、徐本、岳本皆同。阮記云：「案：『一』
當作『壹』。」盧記同。考單疏本《疏》文云「云『婦人尚專一』」，則其所見
本作「一」，諸本皆同，原文不誤，阮記無據，純屬猜測，不可信從。《正字》
云「監本『一』字闕」，不知其所據何本也。

11. 頁九左　大師雞鳴于簮下

按：「雞」，單疏本、八行本、故宮本、董本、十行本（正德六年）、靜嘉
本（正德）、內閣本（正德六年）、東大本（正德六年）、劉本（正德六年）、
朝鮮本、閩本、明監本、毛本皆同。阮記云：「浦鏜云：『雞』上脫『奏』。」
盧記同。大師《雞鳴》，不辭，考《玉海》卷一百三引《禮疏》，《續通解》卷
二十五引《疏文》，俱作「大師雞鳴于簮下」，無「奏」字，則浦說存疑可也。

12. 頁十二右　鄭知此中內命婦唯有女御者

按：「此」，十行本（正德）、靜嘉本（正德）、內閣本（正德）、東大本（正
德）、劉本（正德）、朝鮮本、閩本、明監本、毛本同；單疏本作「凡」，八行
本、故宮本、董本同。阮記云：「惠挍本『此』作『凡』，此誤。」盧記同。
考經文云「凡祭祀」，鄭注云「凡者，凡女御與外命婦也」，《疏》文釋注，其
「凡」字正本經注之「凡」字，作「凡」是也，當從單疏本，阮記是也。

13. 頁十二右　唯有鞠衣已上

按：「上」，十行本（正德）、靜嘉本（正德）、內閣本（正德）、東大本（正
德）、劉本（正德）、朝鮮本、閩本、明監本、毛本同；單疏本作「下」，八行
本、故宮本、董本同。阮記云：「惠挍本『上』作『下』，此誤。」盧記同。
考單疏本《疏》文云「據上文外內命婦服，唯有鞠衣以下」，上經云「辨外內

命婦之服，鞠衣、展衣、緣衣、素沙」，此即所謂「上文」者，據此，外內命婦服皆為鞠衣以下，非以上，則作「下」是也，當從單疏本，阮記是也。

14. 頁十二右　案特牲主婦纚笄綃衣

　　按：「綃」，單疏本、八行本、故宮本、董本、十行本（正德）、靜嘉本（正德）、內閣本（正德）、東大本（正德）、劉本（正德）、朝鮮本、明監本、毛本同；閩本作「宵」。阮記云：「惠校本作『宵衣』，與《禮記》合。」盧記同。諸本多作「綃」，此或為賈《疏》所見本，豈其必與傳世本作「宵」者同也。又，「主婦纚笄」云云，出《儀禮・特牲饋食禮》，非《禮記》，阮記誤甚。

15. 頁十五左　牟追夏后氏之道也

　　按：「牟」，八行本、故宮本、董本、十行本（正德）、靜嘉本（正德）、內閣本（正德）、東大本（正德）、劉本（正德）、朝鮮本、閩本、明監本、毛本、婺本、建本、附圖本、纂圖本、互注本、京本、金本、徐本、岳本皆同。阮記云：「諸本同，《釋文》『母追』，此作『牟』，非。」盧記同。諸本皆同，原文不誤，《釋文》所引，或為別本也，阮記非也。

16. 頁十五左　服之以桑也

　　按：「以」，八行本、故宮本、董本、十行本（正德）、靜嘉本（正德）、內閣本（正德）、東大本（正德）、劉本（正德）、朝鮮本、閩本、明監本、毛本、婺本、建本、附圖本、纂圖本、互注本、京本、金本、徐本、岳本皆同。阮記云：「《詩》《君子偕老・正義》及《雞鳴・正義》，皆引作『服之以告桑也』，此脫『告』字。」盧記同。考單疏本《疏》文云「云『服之以桑也』」者，無「告」字，則其所見本與諸本皆同，北宋版《通典》卷六十二引《追師》鄭注，亦作「服之以桑」，則無「告」者是也，《詩疏》有者，或為孔氏所加，不足為據也。

17. 頁十六右　亦謂助后而服之也

　　按：「后」，單疏本、八行本、故宮本、董本、十行本（正德）、靜嘉本（正德）、內閣本（正德）、東大本（正德）、劉本（正德）、朝鮮本、閩本、明監本、毛本同。阮記云：「惠校本『后』上有『王』，此脫。」盧記同。諸本皆同，原文不誤，《續通解》卷二十五引《疏》，「亦謂助后而服之也」，無「王」字，亦可為證，阮記所引惠校，不知所據何本也，不可信從。

18. 頁十八右 *屨自明矣*

　　按：「自」，八行本、故宮本、董本、十行本（元）、靜嘉本、內閣本（元）、東大本（元）、劉本（元）、朝鮮本、閩本、明監本、毛本、婺本、建本、附圖本、纂圖本、互注本、京本、金本、徐本、岳本皆同。阮記云：「宋本『自』作『目』，是，『屨目』即經之某鳥某屨也。」盧記同。單疏本標起止「注屨自至皮時」，又云「云『屨自明矣』」，則其所見本亦作「自」，諸本皆同，原文不誤，《續通解》卷二十八引注文，亦作「自」，阮記所謂宋本不知何指，非也。

19. 頁二十左 *黑與繶南北相對尊祭服故對方為繢次也*

　　按：「繶」，十行本（正德）、靜嘉本（正德）、內閣本（正德）、東大本（正德）、劉本（正德）、朝鮮本、閩本、明監本、毛本同；單疏本作「繡」，八行本、故宮本、董本同。阮記云：「惠按宋本『繶』作『繡』，此誤。」盧記同。考經文云「屨人掌王及后之服屨。為赤鳥、黑鳥，赤繶、黃繶」，注云「鳥屨有絇、有繶、有純者，飾也」，則繶為屨鳥之飾，豈可與顏色之黑則相對？與黑相對者，繡也，注云「士爵弁繡屨，黑絇、繶、純」，繡、黑相對也，作「繡」是也，當從單疏本，《正字》云「繡，誤『繶』」，浦說、阮記皆是也。

20. 頁二十左 *以其黑飾從繢之次*

　　按：「黑」，十行本（正德）、靜嘉本（正德）、內閣本（正德）、東大本（正德）、劉本（正德）、朝鮮本、閩本、明監本、毛本同；單疏本作「鳥」，八行本、故宮本、董本同。阮記云：「浦鏜云『鳥』誤『黑』。」盧記同。黑色如何有飾，有飾者鳥也，作「鳥」是也，當從單疏本，浦說是也。

21. 頁二十左 *上公夫人得服褖衣者*

　　按：「褖」，十行本（正德）、靜嘉本（正德）、內閣本（正德）、東大本（正德）、劉本（正德）、朝鮮本、閩本、明監本、毛本同；單疏本作「褘」，八行本、故宮本、董本同。阮記云：「浦鏜云『褘』誤『褖』。」盧記同。考注云「王后吉服六，唯祭服有鳥，玄鳥為上，褘衣之鳥也」，王后服褘衣，則著玄鳥，則服褘衣則得玄鳥，故《疏》云「故知是王后玄鳥之飾也，上公夫人得服褘衣者，亦得玄鳥也」，此「亦」字，正見同服褘衣之義，下《疏》亦云「若上公夫人用褘衣」，則作「褘」是也，當從單疏本，《續通解》卷二十八引《疏》文，亦作「褘」，正可為證，浦說是也。

22. 頁二十左　不云繶純

　　按：「繶」，單疏本、八行本、故宮本、董本、十行本（正德）、靜嘉本（正德）、內閣本（正德）、東大本（正德）、劉本（正德）、朝鮮本、閩本、明監本、毛本皆同。阮記云：「浦鏜云『繶』上脫『絢』。」盧記同。諸本皆同，原文不誤，《續通解》卷二十八引《疏》文，亦作「不云繶純」，正可為證，浦說非也。

23. 頁二十二右　此據外內命夫

　　按：「夫」，單疏本、八行本、故宮本、董本、十行本、靜嘉本、內閣本（嘉靖）、東大本（嘉靖）、劉本（嘉靖）、朝鮮本、閩本、明監本、毛本皆同。阮記云：「浦鏜云：下脫『命婦』。」盧記同。諸本皆同，原文不誤，《續通解》卷二十八引《疏》文，亦作「此據外內命夫」，正可為證，浦說非也。

24. 頁二十二左　則旌斿有是綏者

　　按：「是」，八行本、故宮本、董本、十行本、靜嘉本、內閣本（嘉靖）、東大本（嘉靖）、劉本（嘉靖）、朝鮮本、閩本、明監本、毛本、婺本、建本、附圖本、纂圖本、互注本、京本、金本、徐本、岳本皆同。阮記云：「《漢讀考》『是』作『徒』，云：作『是』誤。」盧記同。單疏本云「『旌斿有是綏』」，則其所見本亦作「是」，諸本皆同，原文不誤，阮記所引段說純屬猜測，不可信從。

25. 頁二十三右　祭天地於郊用玉路

　　按：「地」，單疏本、八行本、故宮本、董本、十行本（正德）、靜嘉本（正德）、內閣本（正德）、東大本（正德）、劉本（正德）、朝鮮本、閩本、明監本、毛本皆同。阮記云：「浦鏜云：『地』衍。」盧記同。諸本皆同，原文不誤，浦說非也。

26. 頁二十三右　實小宗伯

　　按：「實」，單疏本、八行本、故宮本、十行本（正德）、靜嘉本（正德）、內閣本（正德）、東大本（正德）、劉本（正德）、朝鮮本、閩本、明監本、毛本同；董本作「案」。阮記云：「浦鏜云：『實』當『案』字誤。」盧記同。諸本皆同，存疑可也，董本改作「案」，不知其何據。

卷九

1. 頁一左　其實五中雖不含十二

　　按：「二」，八行本、故宮本、董本、十行本、靜嘉本、內閣本（元）、東大本（元）、劉本（元）、朝鮮本、閩本、明監本、毛本皆同。阮記云：「浦鏜云：下當脫『十二中』三字。」盧記同。諸本皆同，原文不誤，浦說純屬猜測，不可信從。

2. 頁三右　以其天子所父事二老者同名

　　按：「二」，十行本（正德十二年）、靜嘉本（正德）、內閣本（正德十二年）、東大本（正德十二年）、劉本（正德十二年）、朝鮮本、閩本、毛本同；八行本作「三」，故宮本、董本、明監本同。阮記云：「惠校本『二』作『三』，此誤。」盧記同。古有三老，作「二」顯誤，當從八行本，《正字》云「『二』當『三』字誤」，是也。

3. 頁三左　上以釋訖

　　按：「以」，八行本、故宮本、董本、十行本（正德十二年）、靜嘉本（正德）、內閣本（正德十二年）、東大本（正德十二年）、劉本（正德十二年）、朝鮮本、閩本、明監本、毛本皆同。阮記云：「浦鏜云：『以』當『已』字誤。」盧記同。諸本皆同，以、已可通，原文不誤，浦說純屬猜測，不可信從。

4. 頁七右　以其周公聖

　　按：「公聖」，八行本、故宮本、董本、十行本、靜嘉本、內閣本（元）、東大本（元）、劉本（元）、朝鮮本、閩本、明監本、毛本皆同。阮記云：「案：『聖』上脫『為』。」盧記同。諸本皆同，原文不誤，阮記純屬猜測，不可信從。

5. 頁十四右　以其林麓作平地盜竊林木多者

　　按：「林木多者」，十行本、靜嘉本、內閣本（元）、東大本（元）、劉本（元）、朝鮮本、閩本、明監本、毛本同；八行本作「材木多者」，故宮本、董本同。阮記云：「惠校本『林』作『材』，浦鏜云：『多者』二字當誤倒。」盧記同。林、材可通，存疑可也。「多者」二字，諸本皆同，原文不誤，浦說純屬猜測，不可信從。

6. 頁十五右 周有焦護

　　按：「護」，十行本、靜嘉本、內閣本（元）、東大本（元）、劉本（元）、朝鮮本、閩本、明監本、毛本同；八行本作「穫」，故宮本、董本同。阮記云：「惠校本『護』作『穫』，與《爾雅·釋文》正合，今本作『護』，非。」盧記同。檢敦煌殘卷伯二六六一號《爾雅注》作「護」，南宋監本《爾雅》亦作「護」，則阮記謂今作「護」為非實大謬不然，絕不可信，作「護」不誤，作「穫」者或為別本也。

卷十

1. 頁一右 墳衍原隰之名物

　　按：「原」，八行本、故宮本、董本、十行本（正德）、靜嘉本（正德）、內閣本（正德）、東大本（正德）、劉本（正德）、朝鮮本、閩本、明監本、毛本、婺本、建本、附圖本、纂圖本、互注本、京本、金本、徐本、岳本、唐石經、白文本皆同。阮記云：「唐石經、諸本同。《釋文》『原』本亦作『邍』。案：《周禮》原隰，字多作『邍』，此當本作古字，因注作『原』而改。」盧記同。諸本皆同，《釋文》所引，或為別本，阮記之說，不可信從。

2. 頁一左 案職方九州皆直川

　　按：「直」，十行本（正德）、靜嘉本（正德）、內閣本（正德）、東大本（正德）、劉本（正德）、朝鮮本、閩本、明監本、毛本同；八行本作「有」，故宮本、董本同。阮記云：「案：『直』當『有』字之誤。」盧記同。直川，不知何義，作「有」是也，當從八行本，阮記是也。

3. 頁二左 溝為封樹

　　按：「溝」，八行本、故宮本、董本、十行本、靜嘉本、內閣本（嘉靖）、東大本（嘉靖）、劉本（嘉靖）、朝鮮本、閩本、明監本、毛本皆同。阮記云：「惠校本『溝』下有『上』，此脫。」盧記同。諸本皆同，原文不誤，阮記純屬猜測，不可信從，不知惠校所據何本。

4. 頁三右 經直云壇壇即壝埒

　　按：「壇」，十行本（正德）、靜嘉本（正德）、內閣本（正德）、東大本（正

德）、劉本（正德）、朝鮮本、閩本、明監本、毛本同；八行本作「壝」，故宮本、董本同。阮記云：「案：『壇』亦『壝』之訛。」盧記同。八行本《疏》文云「經直云壝，壝即堳埒」，文從字順，與「壇」何涉？作「壝」是也，當從八行本，阮記是也。

5. 頁三右　君南面於北墉下

　　按：「面」，八行本、故宮本、董本、十行本（正德）、靜嘉本（正德）、內閣本（正德）、東大本（正德）、劉本（正德）、朝鮮本、閩本、明監本、毛本皆同。阮記云：「浦鏜云：『鄉』誤『面』，案：『面』或『向』之訛。」盧記同。諸本皆同，原文不誤，浦說、阮記純屬猜測，不可信從。

6. 頁三右　故云各以其土地所宜木

　　按：「土地」，十行本（正德）、靜嘉本（正德）、內閣本（正德）、東大本（正德）、劉本（正德）、朝鮮本、閩本、明監本、毛本同；八行本作「野」，故宮本、董本同。阮記云：「惠挍本『土地』作『野之』，此非。」盧記同。經云「各以其野之所宜木」，《疏》文本之，作「野」是也，當從八行本，阮記謂當從惠挍，不知惠挍所據何本，非也。

7. 頁三右　則無后土及田土之神

　　按：「土」，十行本（正德）、靜嘉本（正德）、內閣本（正德）、東大本（正德）、劉本（正德）、朝鮮本、閩本同；八行本作「正」，故宮本、董本、明監本、毛本同。阮記云：「閩本同，誤也，當從監、毛本作『田正』。」盧記同。前《疏》云「故云社稷后土及田正之神」，下《疏》云「使后土田正二神」，則作「正」是也，當從八行本，阮記是也。

8. 頁四右　以土計貢稅之法

　　按：「土」，八行本、故宮本、董本、十行本、靜嘉本、內閣本（嘉靖）、東大本（嘉靖）、劉本（嘉靖）、朝鮮本、閩本、明監本、婺本、建本、附圖本、纂圖本、互注本、京本、金本、徐本、岳本同；毛本作「上」。阮記云：「毛本『土』誤『上』。按：毛本不誤，新印本乃誤。」盧記無說。諸本多同，原文不誤，《正字》云「土，誤『上』」，是也。阮記按語云毛本新印本乃誤，不知所謂非新印本者究為何指，殆不可信。加記引阮本作「上」，阮本作「土」，不作「上」，誤矣。

9. **頁四左** 此云貉狐

按：「貉」，十行本、靜嘉本、朝鮮本、毛本同；八行本作「貂」，故宮本、董本內、閣本（嘉靖）、東大本（嘉靖）、劉本（嘉靖）、閩本、明監本同。阮記云：「毛本同，誤也，當從閩、監本作『貂狐』。」盧記同。此《疏》文所謂「此」，乃指鄭注，鄭注云「毛物貂狐」，則作「貂」是也，當從八行本，《正字》云「毛本誤『貉狐』」，是也。

10. **頁六右** 則民不偷

按：「偷」，十行本（正德）、靜嘉本（正德）、內閣本（正德）、東大本（正德）、劉本（正德）、朝鮮本、閩本、明監本、金本同；八行本作「愉」，故宮本、董本、毛本、婺本、建本、附圖本、纂圖本、互注本、京本、徐本、岳本、唐石經、白文本同。阮記云：「閩、監本同，《疏》中改『偷』為『愉』，毛本經作『愉』，注及疏，又偷、愉錯見。案：《釋文》『不愉』，音偷，又音榆，唐石經、宋本、余本、岳本、嘉靖本皆作『愉』，注疏本或改作『偷』，俗字也。」盧記同。宋刊經注本、注疏本皆作「愉」，作「愉」是也，當從八行本等，阮記謂「偷」為俗字，或是。

11. **頁十右** 案土人職云土圭尺有五寸

按：「土」，十行本（正德十二年）、靜嘉本（正德）、內閣本（正德十二年）、東大本（正德十二年）、劉本（正德十二年）、朝鮮本、閩本、明監本、毛本同；八行本作「玉」，故宮本、董本同。阮記云：「浦鏜云『土』誤『玉』。」盧記同。檢《考工記》玉人之事有「土圭尺有五寸」，則作「玉」是也，當從八行本，浦說是也。

12. **頁十左** 據中表之南而言

按：「南」，十行本（正德十二年）、靜嘉本（正德）、內閣本（正德十二年）、東大本（正德十二年）、劉本（正德十二年）、朝鮮本、閩本、明監本、毛本同；八行本作「南表」，故宮本、董本同。阮記云：「浦鏜云『南』下脫『表』。」盧記同。考下《疏》有「據中表之東表而言」、「據中表之北表而言」，則「表」字不可闕，當從八行本，浦說是也。

13. 頁十左　為中表之西表而言

按：「為」，十行本（正德十二年）、靜嘉本（正德）、內閣本（正德十二年）、東大本（正德十二年）、劉本（正德十二年）、朝鮮本、閩本、明監本、毛本同；八行本作「據」，故宮本、董本同。阮記云：「惠挍本『為』作『據』，此誤。」盧記同。考上《疏》有「據中表之東表而言」、「據中表之北表而言」，則作「據」是也，當從八行本，阮記是也。

14. 頁十一右　是地於日為近南云

按：「云」，十行本、靜嘉本、內閣本（元）、東大本（元）、劉本（元）、朝鮮本、閩本、明監本、毛本同；八行本作「云云」，故宮本、董本同。阮記云：「浦鏜云下脫一『云』。」盧記同。考八行本《疏》文：「又云『景短於土圭謂之日南是地於日為近南』云云。」云……云云，前後搭配，「云」字不可闕，當從八行本，浦說是也。

15. 頁十一右　故後鄭增成先鄭之義取云

按：「取」，八行本、故宮本、董本、十行本、靜嘉本、內閣本（元）、東大本（元）、劉本（元）、朝鮮本、閩本、明監本、毛本皆同。阮記云：「惠挍本『取』作『而』，此誤。」盧記同。諸本皆同，原文不誤，不知惠挍所據，不可信從。

16. 頁十二右　風雨寒暑時是也

按：「雨」，十行本、靜嘉本、內閣本（元）、東大本（元）、劉本（元）、朝鮮本、閩本、明監本、毛本同；八行本作「雨節」，故宮本、董本同。阮記云：「惠挍本『風雨』下有『節』，此脫。」盧記同。此《疏》引《禮器》，檢之正作「風雨節，寒暑時」，則「節」字不可闕，當從八行本，阮記是也。

17. 頁十二左　廣雅云天圜南北二億

按：「圜」，八行本、故宮本、董本、十行本、靜嘉本、內閣本（元）、東大本（元）、劉本（元）、朝鮮本、閩本、明監本、毛本皆同。阮記云：「浦鏜云『圍』誤『圜』。」盧記同。諸本皆同，原文不誤，浦說無據，純屬猜測，不可信從。

18. 頁十七右 遷易東周畿內

　　按：「易」，十行本（正德）、靜嘉本（正德）、內閣本（正德）、東大本（正德）、劉本（正德）、朝鮮本、閩本、明監本、毛本同；八行本作「居」，故宮本、董本同。阮記云：「惠校本『易』作『居』，此誤。」盧記同。遷易，不知何義，揆諸文義，顯當作「居」，當從八行本，阮記是也。

19. 頁十八右 救飢之政

　　按：「飢」，八行本、故宮本、董本、十行本（正德）、靜嘉本（正德）、內閣本（正德）、東大本（正德）、劉本（正德）、朝鮮本、閩本、明監本、毛本、婺本、建本、附圖本、纂圖本、互注本、京本、金本、岳本同；徐本作「饑」。阮記云：「嘉靖本『飢』作『饑』，此非 ○ 按：《說文》則『饑年』字當從『幾』，『飢餓』字作『飢』。」盧記同。檢《說文》，「飢」「餓」二字連文，又「飢」下云「餓也」；「饑」「饉」二字連文，又「饑」下云「穀不孰為饑」；據此，則此處當作「饑」，當從徐本，阮記按語是也。

20. 頁十八右 飢饉則盜賊多

　　按：「飢」，十行本（正德）、靜嘉本（正德）、內閣本（正德）、東大本（正德）、劉本（正德）、朝鮮本、閩本、明監本、毛本、纂圖本、互注本、京本、岳本同；八行本作「饑」，故宮本、董本、婺本、建本、附圖本、金本、徐本同。阮記云：「宋本、嘉靖本『飢』作『饑』，當據以訂正。」盧記同。據上條考正，「饑饉」作「饑」，當從八行本，阮記是也。

21. 頁十九右 令休兵鼓之為

　　按：「令」，十行本（正德）、靜嘉本（正德）、內閣本（正德）、東大本（正德）、劉本（正德）、朝鮮本、閩本、明監本、毛本同；八行本作「今」，故宮本、董本同。阮記云：「惠校本『令』作『今』，此誤。」盧記同。此《疏》引《大司樂》注文，檢之，正作「今」，則作「今」是也，當從八行本，《正字》云「今，誤『令』」，是也。

22. 頁十九左 案大司樂大札大荒大凶荒凶則亂

　　按：「大荒大凶荒凶則亂」，十行本（正德）、靜嘉本（正德）、內閣本（正德）、東大本（正德）、劉本（正德）、朝鮮本、閩本、明監本、毛本同；八行

本作「大荒大凶荒凶別者」，故宮本、董本同。阮記云：「惠挍本作『凶荒別者』，此作『則亂』，誤也。案：《大司樂》，無大荒。」盧記同。考八行本《疏》文云：「此鄭云『荒，凶年』，則荒與凶一也。案：《大司樂》大札大荒大凶，荒、凶別者，其實荒、凶是一，故《宗伯》云『以荒禮哀凶札』，是凶、荒不異，《司樂》凶、荒別文者，以凶為凶年，以荒為荒亂，兼見斯義，故凶、荒別文也。」文從字順，若作「則亂」，則文辭語滯，作「荒凶別者」是也，當從八行本。阮記引惠挍作「凶荒別者」，不知其所據何本，疑誤。

23. 頁十九左　司農凶荒別文者

按：「農」，十行本（正德）、靜嘉本（正德）、內閣本（正德）、東大本（正德）、劉本（正德）、朝鮮本、閩本、明監本、毛本同；八行本作「樂」，故宮本、董本同。阮記云：「案：『農』當作『樂』字之誤。」盧記同。前《疏》引《大司樂》，則此處顯當作「樂」，當從八行本，阮記是也。

24. 頁二十左　若今廢疾者

按：「廢」，八行本、故宮本、董本、十行本（正德）、靜嘉本（正德）、內閣本（正德）、東大本（正德）、劉本（正德）、朝鮮本、閩本、明監本、毛本皆同。阮記云：「《漢制考》作『癈疾』。」盧記同。諸本皆同，原文不誤，廢、癈可通也。

25. 頁二十一左　司徒以布五教

按：「五」，八行本、故宮本、董本、十行本、靜嘉本、內閣本（元）、東大本（元）、劉本（元）、朝鮮本、閩本、明監本、毛本、附圖本、纂圖本、互注本、京本、岳本同；婺本作「王」，建本、金本、徐本同。阮記云：「閩、監、毛本同，誤也。宋本、嘉靖本作『王教』，此本《疏》中引注亦作『王教』，當據以訂正。」盧記同。《疏》文引注作「司徒以布五教」，宋人王與之《周禮訂義》卷十六引鄭注亦作「司徒以布五教」，則作「五」是也，原文不誤，阮記之說，不可信從。

26. 頁三十右　歲終自周季冬也

按：「自」，八行本、故宮本、董本、十行本、靜嘉本、內閣本（元）、東大本（元）、劉本（元）、朝鮮本、閩本、明監本、毛本、婺本、建本、附圖

本、纂圖本、互注本、京本、金本、徐本、岳本皆同。阮記云:「浦鏜云『是』誤『自』,盧文弨曰:『自』疑『目』。案:『自』當『為者』之誤。」盧記同。諸本皆同,原文不誤,《天官》「宰夫之職」鄭注亦云「歲終自周季冬」,可前後互證也,浦說、阮記皆非也。

卷十一

1. 頁一右 老幼廢疾

按:「廢」,靜嘉本、內閣本(元)、東大本(元)、劉本(元)、朝鮮本、閩本、明監本、毛本、建本、京本、徐本同;八行本作「癈」,故宮本、董本、婺本、附圖本、纂圖本、互注本、金本、岳本、唐石經、白文本同。阮記云:「唐石經、宋本、岳本『廢』作『癈』,注中同,凡『興廢』字與『癈疾』字劃然有別,此作『廢』,非。」盧記同。檢《說文》,釋廢為「屋頓」,《六書故》卷二十五云「屋頓也,引之為興廢之廢,病不可事,謂之廢疾」,則廢即癈,二者可通,阮記之說,豈其必然?

2. 頁九左 據稅於王者而言

按:「據稅於」,八行本、故宮本、董本、靜嘉本(正德)、內閣本(正德)、東大本(正德)、劉本(正德)、朝鮮本、閩本、明監本、毛本皆同。阮記云:「惠挍本作『據一丘稅入於王者而言』。」盧記同。諸本皆同,原文不誤,不知惠挍所據何本也。

3. 頁十一右 謂施民者之職

按:「者之」,八行本、故宮本、董本、靜嘉本、內閣本(元)、東大本(元)、劉本(元)、朝鮮本、閩本、明監本、毛本皆同。阮記云:「浦鏜云:『者之』疑『之九』誤。」盧記同。諸本皆同,原文不誤,浦說純屬猜測,不可信從。

4. 頁十二左 有功則賞之

按:「賞」,靜嘉本、內閣本(元)、東大本(元)、劉本(元)、朝鮮本、閩本、明監本、毛本同;八行本作「賞賜」,故宮本、董本同。阮記云:「惠挍本作『則賞賜之』。」盧記同。考前《疏》云「有罪則誅責之」,誅責與賞賜,正相對成文,「賜」之不可闕,當從八行本。

5. 頁十三右　修法糾職

　　按：「修」，靜嘉本、內閣本（元）、東大本（元）、劉本（元）、朝鮮本同；八行本作「脩」，故宮本、董本、閩本、明監本、毛本同。阮記云：「閩、監、毛本『修』作『脩』，此與經中作『脩』異。」盧記同。修、脩可通，然作「脩」似勝。

6. 頁十六右　及葬執纛

　　按：「纛」，八行本、故宮本、董本、靜嘉本、內閣本（元）、東大本（元）、劉本（元）、朝鮮本、閩本、明監本、毛本、建本、附圖本、纂圖本、互注本、京本、白文本同；婺本作「纛」，金本、徐本、岳本、唐石經同。阮記云：「閩、監、毛本同，唐石經、宋本、嘉靖本『纛』作『纛』，《釋文》『執纛』，桃報反，葉鈔本作『執纛』，則作『纛』非。」盧記同。檢《釋文》出字「執纛」，纛、纛可通，阮記之說，非必然也。加記漏列異文，當補。

7. 頁十八右　玄謂前後屯兵

　　按：「玄」，單疏本、八行本、故宮本、董本、靜嘉本、內閣本（元）、東大本（元）、劉本（元）、朝鮮本、閩本、明監本、毛本皆同。阮記云：「首一字當衍。」盧記同。諸本皆同，原文不誤，阮記純屬猜測，不可信從。

8. 頁十九右　器者

　　按：「者」，八行本、故宮本、董本、靜嘉本、內閣本（元）、東大本（元）、劉本（元）、朝鮮本、閩本、明監本、毛本、婺本、建本、附圖本、京本、金本、岳本同；徐本作「者也」。阮記云：「嘉靖本下有『也』字，此脫，當補。」盧記同。諸本皆同，惟徐本有「也」字，阮記以為當據之補，不知有何依據，實不可信也。

9. 頁十九左　執長弓

　　按：「長」，靜嘉本、內閣本（元）、東大本（元）、劉本（元）、朝鮮本、閩本、明監本、毛本同；單疏本作「張」，八行本、故宮本、董本同。阮記云：「惠挍本『長』作『張』，此誤。」盧記同。此《疏》引《鄉射》《大射》，檢《儀禮‧鄉射禮》，正作「執張弓」，鄭注「執張弓，言能用之也」，《大射儀》同，則作「張」是也，當從單疏本，《正字》云「張，誤『長』」，是也。加記漏列單疏本版本信息，當補。

卷十二

1. 頁二左 以禮賢者能者賓客之舉

按：「之舉」，靜嘉本、內閣本（嘉靖）、東大本（嘉靖）、劉本（嘉靖）、朝鮮本、閩本同；單疏本作「舉之」，八行本、故宮本、董本、明監本、毛本同。阮記云：「閩本同，此本『舉』字剜擠，蓋本作『賓客之』，無『舉』字，監、毛本改作『賓客舉之』，非。」盧記同。之舉，不辭，揆諸文義，作「舉之」是也，當從單疏本。加記漏列單疏本版本信息，當補，又加記云「浙本作『舉之』，監本據此，非改作，阮校非是」，監本如何據浙刊八行本？若此處可據，為何他處不據？監本或據他本，或據文意改閩本，此殆無可疑，阮記此說不誤，加記之說誤甚，然阮記謂作「舉之」為非，則誤矣。

2. 頁二左 其身有道藝

按：「其」，靜嘉本、內閣本（嘉靖）、東大本（嘉靖）、劉本（嘉靖）、朝鮮本、閩本、明監本、毛本同；單疏本作「以其」，八行本、故宮本、董本同。阮記云：「惠校本上有『以』字，此脫。」盧記同。考單疏本《疏》文云「能者，政令行，以其身有道藝則政教可行」，揆諸文義，「以」字絕不可闕，當從單疏本，阮記是也。

3. 頁八左 一年十度讀法者

按：「十」，靜嘉本（正德）、內閣本（正德）、東大本（正德）、劉本（正德）、朝鮮本、閩本、明監本、毛本同；單疏本作「七」，八行本、故宮本、董本同。阮記引文「一年七度讀法者」，云：「閩、監、毛本『七』誤『十』。」盧記同。考單疏本《疏》文云「此黨正，四孟及下文春、秋祭禜，并正歲，一年七度讀法者……黨正去民彌親故七讀」，四孟加春、秋、正歲，數正為七，作「七」是也，當從單疏本，《正字》云「七，誤『十』」，是也。

4. 頁十一左 云各掌其族之戒令政事

按：「事」，靜嘉本、內閣本（元）、東大本（元）、劉本（元）、朝鮮本、閩本、明監本、毛本同；單疏本作「事者」，八行本、故宮本、董本同。阮記云：「惠校本下有『者』字，此脫。」盧記同。此引經而釋之，例有「者」字，「者」字絕不可闕，當從單疏本，阮記是也。

5. 頁十二左　云則未知此世所為蠮螉之醢與

　　按：「為」，靜嘉本（正德）、內閣本（正德）、東大本（正德）、劉本（正德）、朝鮮本、閩本、明監本、毛本同；單疏本作「云」，八行本、故宮本、董本同。阮記云：「惠校本『為』作『云』，此誤。」盧記同。此《疏》引注文，注文云「則未知此世所云蠮螉之醢與」，則作「云」是也，當從單疏本，阮記是也。加記漏列單疏本版本信息，當補。

6. 頁十九右　下云以鼖鼓鼓役事

　　按：「鼖」，靜嘉本（正德）、內閣本（正德）、東大本（正德）、劉本（正德）、朝鮮本、閩本、明監本、毛本同；單疏本作「鼛」，八行本、故宮本、董本同。阮記云：「惠校本作『鼛鼓』，此誤。」盧記同。下經云「以鼛鼓鼓役事」，《疏》文云下，正指此，則作「鼛」是也，當從單疏本，阮記所引惠校，不知其據何本也。

7. 頁二十右　門社杜軍以鼓為正

　　按：「門社」，靜嘉本、內閣本（元）、東大本（元）、劉本（元）、朝鮮本、閩本、明監本、毛本同；單疏本作「則在」，八行本、故宮本、董本同。阮記云：「惠校本『門社』作『則在』，此誤。」盧記同。門杜，不知何義，考單疏本《疏》文云「則在軍以鼓為正」，揆諸文義，作「則在」是也，當從單疏本，阮記是也。

8. 頁二十右　凡作樂則先擊鍾

　　按：「則」，靜嘉本、內閣本（元）、東大本（元）、劉本（元）、朝鮮本、閩本、明監本、毛本同；單疏本作「皆」，八行本、故宮本、董本同。阮記云：「惠校本『則』作『皆』，此誤。」盧記同。揆諸文義，作「皆」是也，當從單疏本，阮記是也。

9. 頁二十三右　鄭司農云皇舞象羽舞者

　　按：「象」，靜嘉本（正德）、內閣本（正德）、東大本（正德）、劉本（正德）、朝鮮本、閩本、明監本、毛本同；單疏本作「蒙」，八行本、故宮本、董本同。阮記云：「惠校本『象』作『蒙』，此誤。」盧記同。此《疏》引注文，注文云「鄭司農云皇舞蒙羽舞」，則作「蒙」是也，當從單疏本，或因字形與「蒙」相近而譌作「象」，《正字》云「蒙，誤『象』」，是也。

卷十三

1. 頁三右 祈求福之牛也

按：「祈」，八行本、故宮本、董本、靜嘉本、內閣本（元）、東大本（元）、劉本（元）、朝鮮本、閩本、明監本、毛本、婺本、附圖本、纂圖本、互注本、京本、金本、徐本、岳本同；建本作「所」。阮記云：「宋本『祈』作『所』，案：上云求牛禱於鬼神，此復云祈求福，詞意煩複，宋本作『所』，是也。」盧記同。考單疏本《疏》文引注文，「云『求牛禱於鬼神祈求福之牛也』者」，則賈氏所見本亦作「祈」，與諸本同，唯建本作「所」，或因與「祈」字形近而譌，作「祈」是也，阮記之說，純屬猜測，不可信從。

2. 頁四右 皆共牢積禮膳之牛也

按：「積禮」，朝鮮本、閩本同，靜嘉本（正德）作「積礼」，內閣本（正德）、東大本（正德）、劉本（正德）同；單疏本作「礼積」，八行本作「禮積」，故宮本、董本、明監本、毛本同。阮記云：「閩本同，監、毛本作『牢禮積膳』，此誤倒。」盧記同。考經文云「共其牢禮積膳之牛」，《疏》文引述之，顯當作「禮積」，當從單疏本等，阮記是也。加記謂單疏本作「禮積」，誤矣。

3. 頁九右 餘地既九等之人所受以為公邑也

按：「既」，單疏本、八行本、故宮本、董本、靜嘉本（正德）、內閣本（正德六年）、東大本（正德六年）、劉本（正德六年）、朝鮮本、閩本、明監本、毛本皆同。阮記云：「浦鏜云『既』當『即』字譌。」盧記同。諸本皆同，原文不誤，浦說純屬猜測，不可信從。

4. 頁十八右 以山澤山貢不同

按：「山」，靜嘉本、內閣本（元）、東大本（元）、劉本（元）、朝鮮本、閩本、明監本、毛本同；單疏本作「出」，八行本、故宮本、董本同。阮記云：「浦鏜云『山貢』當『所貢』字譌。」盧記同。山貢，不辭，揆諸文義，作「出」是也，當從單疏本，浦說純屬猜測，不可信從。加記以為作「山」乃因與「出」形近而譌，是也。

5. 頁二十一左　如穀不熟

　　按：「熟」，靜嘉本、內閣本（元）、東大本（元）、劉本（元）、朝鮮本、閩本、明監本、毛本同；單疏本作「孰」，八行本、故宮本、董本同。阮記云：「浦鏜云『足』誤『熟』。」盧記同。孰、熟可通，浦說無據，不可信從。

6. 頁二十二右　徙有庠也

　　按：「徙」，靜嘉本（正德）、內閣本（正德）、東大本（正德）、劉本（正德）、朝鮮本、閩本、明監本、毛本、附圖本、纂圖本、互注本、京本、金本同；八行本作「徒」，故宮本、董本、婺本、建本、徐本、岳本同。阮記云：「閩、監、本同，誤也，宋本、岳本、嘉靖本『徙』作『徒』，當據以訂正。」盧記同。徙有庠，不辭，揆諸文義，作「徒」是也，考單疏本《疏》文引注云「云『盧若今野候徒有庠也』者」，則賈氏所見本亦作「徒」，則當從八行本，《正字》云「徒，誤『徙』」，是也。

卷十四

1. 頁七左　鼜則不得入

　　按：「鼜」，毛本同；八行本作「擊」，故宮本、董本、靜嘉本、內閣本（元）、東大本（元）、劉本（元）、朝鮮本、閩本、明監本同。阮記引文「擊則不得入」，云：「閩、監本同，誤也，毛本『擊』作『鼜』，當據以訂正。」盧記同。此《疏》引《小雅・車攻》《毛傳》，檢宋刊巾箱本、十行本《毛傳》皆作「擊」，與此所引合，阮本、毛本改作「鼜」，不知其何據，阮記謂當作「鼜」，加記謂八行本作「鼜」，並誤。

2. 頁七左　類一首

　　按：「類」，靜嘉本、內閣本（元）、東大本（元）、劉本（元）、朝鮮本、閩本同；八行本作「建類」，故宮本、董本、明監本、毛本同。阮記引文「建類一首」，云：「此本及閩本脫『建』，據監、毛本補。」盧記同。此《疏》引《說文》，《說文》有云「建類一首」，「建」字不可闕，當從八行本，阮記是也。

3. 頁八左 辨其能而可任於國事者

按:「辨」,靜嘉本(正德)、內閣本(正德十二年)、東大本(正德十二年)、劉本(正德十二年)、朝鮮本、閩本同;八行本作「辨」,故宮本、董本、明監本、毛本、婺本、建本、附圖本、纂圖本、互注本、京本、金本、徐本、岳本、唐石經、白文本同。阮記引文「辨其能而可任於國事者」,云:「此本及閩本『辨』誤『辨』,今據唐石經、諸本訂正。」盧記同。宋刊經注本、注疏本皆作「辨」,考八行本《疏》文引經文,「『辨其能而可任於國事者』」,則賈氏所見本亦作「辨」,與諸本同,作「辨」是也,當從八行本,阮記是也。

4. 頁九左 使事官之作也

按:「之作」,靜嘉本、內閣本(元)、東大本(元)、劉本(元)、朝鮮本、閩本、明監本同;八行本作「作之」,故宮本、董本、毛本、婺本、建本、附圖本、纂圖本、互注本、京本、金本、徐本、岳本同。阮記云:「閩、監本同,宋本、嘉靖本、毛本皆云『使事官作之也』,此誤倒,當據以訂正。」盧記同。使之作,不辭,使作之,是也,當從八行本,阮記是也。

5. 頁十右 知書其罪狀以其稱明刑

按:「狀」,靜嘉本、內閣本(正德十二年)、東大本(正德十二年)、劉本(正德十二年)、朝鮮本、閩本同;八行本作「狀者」,故宮本、董本、明監本、毛本同。阮記云:「閩本同,監本『狀』下剜增『者』字,毛本遂排入o按:有『者』字是。」盧記同。知某者,乃《疏》文釋義書法,「者」字顯不可闕,當從八行本,阮記按語是也。

6. 頁十二右 故逆之海外

按:「逆」,靜嘉本(正德)、內閣本(正德十二年)、東大本(正德十二年)、劉本(正德十二年)、朝鮮本、閩本、明監本、毛本同;八行本作「迸」,故宮本、董本同。阮記云:「浦鏜云『逆』當『避』字誤。」盧記同。迸即屏也,迸之海外即屏之海外也,作「迸」是也,當從八行本,作「逆」者或因形近而譌,浦說純屬猜測,不可信從。內閣本、東大本、劉本相應內容板心為頁十三,而頁十二則為下頁相應內容,故此元刊明修三本板心頁碼皆誤倒。

7. 頁十四左　然則三十之男二十之女中春之月者

　　按：「中春之月」，八行本、故宮本、董本、靜嘉本（正德）、內閣本（正德十二年）、東大本（正德十二年）、劉本（正德十二年）、朝鮮本、閩本、明監本、毛本皆同。阮記云：「浦鏜云『中春之月』四字疑衍文。」盧記同。諸本皆同，浦說無據，不可信從。

8. 頁十四左　中男三十而娶

　　按：「中」，八行本、故宮本、董本、靜嘉本（正德）、內閣本（正德十二年）、東大本（正德十二年）、劉本（正德十二年）、朝鮮本、閩本、明監本、毛本皆同。阮記云：「《經義雜記》曰：『中』下脫『古』字，據《大戴禮記》補。」盧記同。諸本皆同，原文如此，存疑可也。

9. 頁十五右　以感時而親迎

　　按：「感」，八行本、故宮本、董本、靜嘉本、內閣本（嘉靖）、東大本（嘉靖）、劉本（嘉靖）、朝鮮本、閩本、明監本、毛本皆同。阮記云：「《經義雜記》作『以昏時』，云『感』字誤。」盧記同。諸本皆同，原文如此，存疑可也。

10. 頁十五右　秋班時位也

　　按：八行本、故宮本、董本、靜嘉本、內閣本（嘉靖）、東大本（嘉靖）、劉本（嘉靖）、朝鮮本、閩本、明監本、毛本皆同。阮記云：「《經義雜記》作『春班爵位』，云舊作『秋班時位』誤也。」盧記同。諸本皆同，原文如此，存疑可也。

11. 頁十五左　在塗見采蕨者

　　按：「蕨」，明監本、毛本同；八行本作「鼈」，故宮本、董本、靜嘉本、內閣本（嘉靖）、東大本（嘉靖）、劉本（嘉靖）、朝鮮本、閩本同。阮記引文「作塗見采鼈」，云：「閩本同，監、毛本『鼈』改『蕨』，非。」盧記同。此《疏》引《毛詩‧草蟲》鄭箋，檢之，正作「鼈」，作「鼈」是也，當從八行本，阮記是也。

12. 頁十五左　舊詩云

　　按：「詩」，八行本、故宮本、董本、靜嘉本、內閣本（嘉靖）、東大本（嘉

　靖）、劉本（嘉靖）、朝鮮本、閩本、明監本、毛本皆同。阮記云：「《經義雜記》作『舊說云』，此誤。」盧記同。諸本皆同，原文如此，存疑可也。

13. 頁十五左　及冰未定納

　按：「未」，八行本、故宮本、董本、靜嘉本、內閣本（嘉靖）、東大本（嘉靖）、劉本（嘉靖）、朝鮮本、閩本、明監本、毛本皆同。阮記云：「《經義雜記》作『及冰未泮』，此脫『泮』字。」盧記同。諸本皆同，原文如此，存疑可也。

14. 頁十六右　感事而出

　按：「出」，八行本、故宮本、董本、靜嘉本、內閣本（嘉靖）、東大本（嘉靖）、劉本（嘉靖）、朝鮮本、閩本、明監本、毛本皆同。阮記云：「《經義雜記》作『感事而悲』，此誤。」盧記同。諸本皆同，原文不誤，阮記之說，不可信從。

15. 頁十六左　此純帛交祭義蠶事以為純服故論語云

　按：靜嘉本、內閣本（嘉靖）、東大本（嘉靖）、劉本（嘉靖）、朝鮮本、閩本、明監本、毛本同；八行本作「此純帛及祭義蠶事以為純服故論語云」，故宮本、董本同。阮記引文「此純帛及祭義蠶事以為純服故論語云」，云：「此本『及』字剜改作『交』，閩、監、毛本承其誤，今據惠校本訂正，浦鏜云『故』當『又』之誤。」盧記同。揆諸文義，作「及」是也，當從八行本，阮記是也。「故」者，諸本皆同，浦說純屬猜測，不可信從。

16. 頁十七右　依士禮用玄纁

　按：「士」，靜嘉本、內閣本（嘉靖）、東大本（嘉靖）、劉本（嘉靖）、朝鮮本、閩本、明監本、毛本同；八行本作「此」，故宮本、董本同。阮記云：「惠校本作『依此禮』，此作『士』，誤。」盧記同。揆諸文義，作「此」是也，當從八行本，阮記是也。

17. 頁十七左　不可掃也

　按：「掃」，靜嘉本、內閣本（元）、東大本（元）、劉本（元）、朝鮮本、閩本、明監本、毛本、婺本、建本、附圖本同；八行本作「埽」，故宮本、董本、京本、金本、徐本、岳本同；纂圖本、互注本漫漶。阮記引文「不可埽

也」，云：「宋本、嘉靖本同，閩、監、毛本『埽』作『掃』，非。」盧記同。宋刊經注本，掃、埽並有，則二字可通，阮記強分是非，豈可信從？

18. 頁十八左　彼云次與敘下

按：「云」，靜嘉本（正德）、內閣本（正德）、東大本（正德）、劉本（正德）、朝鮮本、閩本、明監本、毛本同；八行本作「文」，故宮本、董本同。阮記云：「惠校本作『彼文』，此誤。」盧記同。揆諸文義，作「文」是也，當從八行本，阮記是也。

19. 頁十八左　故并思次同名為次

按：八行本、故宮本、董本、靜嘉本（正德）、內閣本（正德）、東大本（正德）、劉本（正德）、朝鮮本、閩本、明監本、毛本皆同。阮記云：「案：『思次』當為『思介』。」盧記同。諸本皆同，原文不誤，阮記之說純屬猜測，不可信從。

20. 頁二十右　掌於市之罰布之等藏之

按：八行本、故宮本、董本、靜嘉本、內閣本（元）、東大本（元）、劉本（元）、朝鮮本、閩本、明監本、毛本皆同。阮記云：「浦鏜云『以』誤『於』，『征』誤『罰』。」盧記同。諸本皆同，原文不誤，浦說純屬猜測，不可信從。

21. 頁二十左　資若冬資綿夏資絺之類

按：「綿」，閩本、明監本、毛本同；八行本作「絺」，故宮本、董本、靜嘉本、朝鮮本同；內閣本（元）、東大本（元）、劉本（元）漫漶。「絺」，閩本、明監本、毛本同；八行本作「綀」，故宮本、董本、靜嘉本、內閣本（元）、東大本（元）、劉本（元），朝鮮本作「綿」。阮記引文「資若冬資絺夏資綀之類」，云：「閩、監、毛本改『資若冬資綿夏資絺』，誤甚。」盧記同。《考工記》鄭注引杜子春云「冬資絺」，又《國語‧越語》：「大夫種進對曰：臣聞之賈人夏則資皮，冬則資絺，旱則資舟，水則資車。」則作「資若冬資絺夏資綀之類」是也，當從八行本，阮記是也。

22. 頁二十左　見此百姓

按：「姓」，靜嘉本、內閣本（元）、東大本（元）、劉本（元）、朝鮮本、閩本、明監本、毛本同；八行本作「族」，故宮本、董本同。阮記云：「惠校

本『百姓』作『百族』，此誤。」盧記同。考八行本《疏》文云「欲見此百族異於秋官司寇戒於百族，彼百族是府史以下，此據市人稱百族」，前後皆言「百族」，揆諸文義，則作「族」是也，當從八行本，阮記是也。

23. 頁二十二右 何得各有地之敘乎

　　按：「有」，八行本、故宮本、董本、靜嘉本（正德）、內閣本（正德）、東大本（正德）、劉本（正德）、朝鮮本、閩本、明監本、毛本皆同。阮記云：「浦鏜云『有』當『於』字誤。」盧記同。諸本皆同，原文不誤，浦說純屬猜測，不可信從。

24. 頁二十二右 謂物行苦者

　　按：「苦」，靜嘉本（正德）、內閣本（正德）、東大本（正德）、劉本（正德）、朝鮮本、閩本、明監本、毛本、婺本、附圖本、纂圖本、互注本、京本同；八行本作「沽」，故宮本、董本、建本、金本、徐本、岳本同。阮記云：「閩、監、毛本同，宋本、岳本、嘉靖本『苦』作『沽』。」盧記同。宋刊經注本、注疏本皆有作「沽」者，作「沽」是也。

25. 頁二十三右 因云物貴者

　　按：「因云」，八行本、故宮本、董本、靜嘉本、內閣本（嘉靖）、東大本（嘉靖）、劉本（嘉靖）、朝鮮本、閩本、明監本、毛本皆同。阮記云：「浦鏜云『因云』字當誤倒。」盧記同。諸本皆同，原文不誤，浦說純屬猜測，不可信從。

卷十五

1. 頁一右 此知人民奴婢也者

　　按：八行本、故宮本、董本、靜嘉本、內閣本（嘉靖）、東大本（嘉靖）、劉本（嘉靖）、朝鮮本、閩本、明監本、毛本皆同。阮記云：「浦鏜云『此知』二字當誤倒。案：『人民』下當脫『為』。」盧記同。諸本皆同，鄭注云「人民，奴婢也」，《疏》文正引而釋之，不知何誤之有？浦說純屬猜測，阮記引之，誤甚。

2. 頁三左 憲長縣之

按：「長」，靜嘉本、纂圖本、互注本同；八行本作「表」，故宮本、董本、內閣本（嘉靖）、東大本（嘉靖）、劉本（嘉靖）、朝鮮本、閩本、明監本、毛本、婺本、建本、附圖本、京本、金本、徐本、岳本同。阮記云：「余本同，誤也。宋本、嘉靖本、閩、監、毛本『長』作『表』，當據正。」盧記同。考《釋文》出音「表縣」，又《疏》文云「鄭云憲謂表縣之」，則賈氏所見本亦作「表」，又《小司徒》鄭注明謂「憲表縣之」，作「表」是也，當從八行本，阮記是也。

3. 頁七右 凡國之財用取具焉

按：「國」，靜嘉本、內閣本（嘉靖）、東大本（嘉靖）、劉本（嘉靖）、朝鮮本、閩本、京本、金本、白文本同；八行本作「國事」，故宮本、董本、毛本、婺本、建本、附圖本、纂圖本、互注本、徐本、岳本、唐石經同；明監本作「事國」。阮記引文「凡國事之財用取具焉」，云：「唐石經、宋本、嘉靖本、毛本同，監本『國事』倒作『事國』，此本及閩本脫『事』字，今補正。」盧記同。考《疏》文云「云『凡國事之財用取具焉』者」，則賈氏所見本作「國事」，作「國事」是也，當從八行本，阮記是也。加記於此條下案語云「未補正」，蓋謂阮記云「今補正」，而阮本仍作「國」，故未補正也，然阮記所云「今補正」乃指阮記引文「凡國事之財用取具焉」，確已補正，盧記照抄阮記，引文亦作「凡國事之財用取具焉」，加氏殆不解其中原委，徑謂「未補正」，疏矣。

4. 頁九右 二事雙言也

按：「二」，靜嘉本、內閣本（嘉靖）、東大本（嘉靖）、劉本（嘉靖）、朝鮮本、閩本、明監本、毛本同；八行本作「一」，故宮本、董本同。阮記云：「惠挍本『二』作『一』，此誤。」盧記同。考下《疏》云「關下亦有邸客舍，其出布如市之廛者，案：上文廛人有廛布，鄭云廛邸舍，此關亦有邸舍，商人於關停止則有稅」，則商人出入關時，若止於邸舍，則需納稅，故八行本《疏》文云「云『與其征廛』者，征謂稅，廛謂邸舍，一事雙言也」，所謂「一事」乃指納稅，所謂「雙言」乃指征、廛，征即稅，此一言；廛謂邸舍，宿於邸舍，必納其稅，此亦一言：故謂一事雙言也。作「一」是也，當從八行本，阮記是也。

5. 頁十二左　云道路者主治五溝五涂之官謂鄉遂大夫也謂以其授節非
　　　　　官不可

　　按：「謂」，八行本、故宮本、董本、靜嘉本、內閣本（元）、東大本（元）、劉本（元）、朝鮮本、閩本、明監本、毛本皆同。阮記云：「浦鏜云下『謂』當作『者』。」盧記同。諸本皆同，揆諸文義，原文不誤，浦說純屬猜測，不可信從。

卷十六

1. 頁五左　上經稍聚待賓客據二百里

　　按：「二」，八行本、故宮本、董本、靜嘉本、內閣本（嘉靖）、東大本（嘉靖）、劉本（嘉靖）、朝鮮本、閩本、明監本、毛本皆同。阮記云：「案：『二』當作『三』。」盧記同。諸本皆同，原文不誤，阮記之說純屬猜測，不可信從。

2. 頁六左　施讀為弛也

　　按：「讀」，靜嘉本、內閣本（嘉靖）、東大本（嘉靖）、劉本（嘉靖）、朝鮮本、閩本、附圖本、纂圖本、互注本、京本、岳本同；八行本作「讀亦」，故宮本、董本、明監本、毛本、婺本、建本、金本、徐本同。阮記云：「岳本、閩本同，誤也。宋本、余本、嘉靖本、監、毛本『施讀』下有『亦』字，當據補。」盧記同。考《疏》文云「云『施讀亦為弛也』」者，上《遂人》注已云『施讀為弛』，故此云『亦』，據此，則「亦」字不可闕，當從八行本，阮記是也。

3. 頁八右　以睪為監

　　按：「監」，八行本、故宮本、董本、靜嘉本、內閣本（嘉靖）、東大本（嘉靖）、劉本（嘉靖）、朝鮮本、閩本、明監本、毛本皆同。阮記云：「段玉裁云『監』當作『緊』。」盧記同。諸本皆同，原文不誤，段說純屬猜測，不可信從。

4. 頁十五右　以當地稅民益國之事者

　　按：八行本、故宮本、董本、靜嘉本、內閣本（元）、東大本（元）、劉

本（元）、朝鮮本、閩本、明監本、毛本皆同。阮記云：「此句當有脫誤。」盧記同。諸本皆同，原文不誤，民益國之事，民納稅以益國家之政事，文義曉然，《正字》云「疑有脫字」，阮記本之，浦說純屬猜測，不可信從。

5. 頁十五左　一羽有名

按：「羽」，靜嘉本、內閣本（元）、東大本（元）、劉本（元）、朝鮮本、閩本、纂圖本、互注本、京本同；八行本作「羽則」，故宮本、董本、明監本、毛本、婺本、建本、附圖本、金本、徐本、岳本同。阮記云：「宋本、岳本、嘉靖本『羽』下有『則』字，此脫。」盧記同。考八行本《疏》文引注文有「則」字，賈氏所見本有「則」字，「則」字不可闕，當從八行本，阮記是也。加記漏列此條，應補。

6. 頁十五左　一羽有名蓋失之矣者

按：「羽」，靜嘉本、內閣本（元）、東大本（元）、劉本（元）、朝鮮本、閩本、明監本、毛本同；八行本作「羽則」，故宮本、董本同。阮記云：「惠校本『羽』下有『則』。」盧記同。下疏云「一羽則有名」，「則」字不可闕，當從八行本。

7. 頁二十二右　計九穀之數足國

按：「國」，靜嘉本、內閣本（嘉靖）、東大本（嘉靖）、劉本（嘉靖）、朝鮮本、閩本、明監本、毛本同；八行本作「國用」，故宮本、董本同。阮記云：「惠校本下有『用』，此脫。」盧記同。足國，不辭，所足者，國用也，「用」字不可闕，當從八行本，《正字》云「脫『用』字」，是也。

8. 頁二十三右　齊盛謂黍稷稻粱之屬

按：「齊」，八行本、故宮本、董本、靜嘉本（正德）、明監本、毛本、婺本、建本、附圖本、纂圖本、互注本、金本、徐本、岳本同；京本作「齋」；內閣本、東大本、劉本、朝鮮本、閩本皆闕。阮記云：「《釋文》音經『其齊』音資，注同，本亦作『粢』。案：經作『齊』，注作『粢』，此當作『粢盛』。」盧記同。諸本多同，作「齊」是也，阮記無據，不可信從。

卷十七

1. 頁三右 可謂別職同官者也

按：「可」，單疏本、八行本、故宮本、董本、靜嘉本、內閣本（元）、東大本（元）、劉本（元）、朝鮮本、閩本、明監本、毛本皆同。阮記云：「浦鏜云『可』疑『所』字誤。」盧記同。諸本皆同，原文不誤，浦說純屬猜測，不可信從。

2. 頁三左 故其職云掌陳器

按：「陳」，靜嘉本、內閣本（元）、東大本（元）、劉本（元）、朝鮮本、閩本、明監本、毛本同；單疏本作「祼」，八行本、故宮本、董本同。阮記云：「浦鏜云『祼』誤『陳』。」盧記同。陳器，不知所指，顯誤，下《鬱人》職明謂「掌祼器」，則作「祼」是也，當從單疏本，浦說是也。

3. 頁四左 鋪陳曰筵

按：「陳」，八行本、故宮本、董本、靜嘉本（正德）、內閣本（正德十二年）、東大本（正德十二年）、劉本（正德十二年）、朝鮮本、閩本、明監本、毛本、婺本、建本、附圖本、纂圖本、互注本、京本、金本、徐本、岳本皆同。阮記云：「《釋文》作『鋪之』。按：釋曰所云筵席，惟據鋪之先後為名，則賈本亦作『鋪之』矣，今本作『陳』，非。」盧記同。諸本皆同，《疏》文乃述語，非直引，豈可為據，原文不誤，《釋文》所引乃別本也，阮記之說，非矣。

4. 頁七左 此臣云丘

按：「臣」，單疏本、八行本、故宮本、董本、靜嘉本、內閣本（元）、東大本（元）、劉本（元）、朝鮮本、閩本、明監本、毛本皆同。阮記云：「惠校本『臣』作『直』，此誤。」盧記同。諸本皆同，揆諸文義，存疑可也。

5. 頁九右 云眠瞭目明者以其工

按：靜嘉本（正德）、內閣本（正德）、東大本（正德）、劉本（正德）、朝鮮本、閩本、明監本、毛本同；單疏本作「眠瞭目明者以其扶工」，八行本、故宮本、董本同。阮記云：「惠校本無『云』，『其』下有『扶』，此一衍

一脫。」盧記同。考《眡瞭》職，賈《疏》云「按：序官眡瞭三百人，皆所以扶工，以其扶工之外無事而兼使作樂」，則「扶」字不可闕，當從單疏本，阮記是也。

6. 頁十一左　鞻讀如屨也

按：「如」，八行本、故宮本、董本、靜嘉本（正德）、內閣本（正德十二年）、東大本（正德十二年）、劉本（正德十二年）、朝鮮本、閩本、明監本、毛本、婺本、建本、附圖本、纂圖本、互注本、京本、徐本同；岳本作「為」；金本無。阮記云：「余本、嘉靖本、閩、監、毛本同，誤也。岳本作『鞻讀為屨』，當據正。」盧記同。宋刊經注本、注疏本皆作「如」，鄭注多有「讀如」之語，作「如」是也，原文不誤，岳本作「為」不知所據，不可信從，阮記是之，非也。

7. 頁十五右　宿離不貸

按：「貸」，八行本、故宮本、董本、靜嘉本、內閣本（嘉靖）、東大本（嘉靖）、劉本（嘉靖）、朝鮮本、閩本、明監本、毛本、婺本、建本、纂圖本、互注本、京本、金本、徐本、岳本同；附圖本作「貣」。阮記云：「《釋文》作『不貣』。按：貣是。」盧記同。諸本多同，考《疏》文云「云『宿離不貸』者」，則賈氏所見本亦作「貸」，則原文不誤，《釋文》所引或為別本，阮記按語不可信據也。

8. 頁十六左　皆是事鬼及禮事

按：「鬼」，靜嘉本、內閣本（嘉靖）、東大本（嘉靖）、劉本（嘉靖）、朝鮮本、閩本、明監本、毛本同；單疏本作「鬼神」，八行本、故宮本、董本同。阮記云：「浦鏜云『事鬼』下疑脫『神』字。」盧記同。揆諸文義，「神」字不可闕，當從單疏本，浦說是也。

9. 頁十七右　亦是共鬼之事

按：「鬼」，靜嘉本、內閣本（元）、東大本（元）、劉本（元）、朝鮮本、閩本同；單疏本作「鬼神」，八行本、故宮本、董本、明監本、毛本同。阮記、盧記皆無說。揆諸文義，「神」字不可闕，當從單疏本。

卷十八

1. 頁三右　鄭義大陽不變

按：「大」，單疏本、八行本、故宮本、董本、十行本（正德十二年）、靜嘉本（正德）、內閣本（正德十二年）、東大本（正德十二年）、劉本（正德十二年）、朝鮮本、閩本、明監本、毛本皆同。阮記云：「惠棟云：依《詩正義》『大陽』當作『天陽』。」盧記同。諸本皆同，考《續通解》卷二十一卷二十二、元刊《六經天文編》卷下引賈《疏》皆作「大」，則作「大」是也，原文不誤，惠說不可信從。

2. 頁三右　是土十為木八妻

按：「八」，單疏本、八行本、故宮本、董本、十行本（正德十二年）、靜嘉本（正德）、內閣本（正德十二年）、東大本（正德十二年）、劉本（正德十二年）、朝鮮本、閩本、明監本、毛本皆同。阮記云：「惠棟云：《三統厤》曰：木以天三為土十牡，金以天九為木八牡，陽奇為牡，陰耦為妃，此當云『土十為木三妻』，八與十皆地數，不得為耦也。」盧記同。諸本皆同，考《續通解》卷二十一卷二十二、元刊《六經天文編》卷下引賈《疏》皆作「八」，則作「八」是也，原文不誤，惠說不可信從。

3. 頁三右　五星左旋為緯

按：「左」，十行本（正德十二年）、靜嘉本（正德）、內閣本（正德十二年）、東大本（正德十二年）、劉本（正德十二年）、朝鮮本、閩本、明監本、毛本同；單疏本作「右」，八行本、故宮本、董本同。阮記云：「浦鏜云：『右』誤『左』。」盧記同。考單疏本《疏》文云「言緯者，二十八宿隨天左轉為經，五星右旋為緯」，若作「左旋為緯」顯與上文矛盾，作「右」是也，當從單疏本，浦說是也。

4. 頁四右　常居傍兩星巨辰子位

按：「巨」，單疏本、八行本、故宮本、十行本（正德）、靜嘉本（正德）、內閣本（正德）、東大本（正德）、劉本（正德）、朝鮮本、閩本、明監本、毛本皆同。阮記云：「浦鏜云：『巨』疑『距』字誤。」盧記同。諸本皆同，考《續通解》卷二十一引賈《疏》作「巨」，則作「巨」是也，原文不誤，浦說不可信從。

5. **頁四右** 紫之言中

按：單疏本、八行本、故宮本、十行本（正德）、靜嘉本（正德）、內閣本（正德）、東大本（正德）、劉本（正德）、朝鮮本、閩本、明監本、毛本皆同。阮記云：「浦鏜云：當作『紫之言此宮之言中』，脫四字。」盧記同。諸本皆同，考《續通解》卷二十一引賈《疏》作「紫之言中」，無「此宮之言」四字，則原文不誤，浦說不可信從。

6. **頁四左** 歐陽說曰欽若昊天

按：單疏本、八行本、故宮本、十行本（正德）、靜嘉本（正德）、內閣本（正德）、東大本（正德）、劉本（正德）、朝鮮本、閩本、明監本、毛本皆同。阮記云：「按：此下當脫『春曰昊天』四字。」盧記同。諸本皆同，考《續通解》卷二十一引賈《疏》作「欽若昊天」，無「春曰昊天」四字，則原文不誤，浦說不可信從。

7. **頁五右** 鄭君則以北星也辰也司中也司命也風師也雨師也六者為六宗

按：「北」，十行本（正德）、靜嘉本（正德）、內閣本（正德）、東大本（正德）、劉本（正德）、朝鮮本、閩本、明監本、毛本同；單疏本作「此」，八行本、故宮本、董本同。阮記云：「按：『北』為『此』之誤。」盧記同。北星，不知所指，考上《疏》云「此經星辰與司中、司命、風師、雨師，鄭君以為六宗」，此處正與上文相應，則作「此」是也，當從單疏本，阮記是也。

8. **頁九左** 次言獻是朝踐節

按：「獻」，單疏本、八行本、故宮本、十行本、靜嘉本、內閣本（嘉靖）、東大本（嘉靖、劉本（嘉靖）、朝鮮本、閩本、明監本、毛本皆同。阮記云：「盧文弨云：當從《通考》重一『獻』字。」盧記同。諸本皆同，考《續通解》卷二十一引賈《疏》作「次言獻是朝踐節」，不重「獻」字，則原文不誤，盧說不可信從。

9. **頁十左** 天神地祇人鬼

按：「祇」，十行本、內閣本（嘉靖）、東大本（嘉靖）、劉本（嘉靖）、朝鮮本、閩本、明監本、毛本同；單疏本作「示」，八行本、故宮本、董本、靜嘉本同。阮記云：「惠棟本作『地示』，當據正。」盧記無說。下《疏》云「天神言煙，地示言血」，則此處作「示」是也，當從單疏本，阮記是也。

10. 頁十一右 大夫不食粱

按：「粱」，十行本、靜嘉本、內閣本（嘉靖）、東大本（嘉靖）、劉本（嘉靖）、朝鮮本、明監本、毛本、建本、纂圖本、互注本、金本、岳本同；八行本作「粱」，故宮本、董本、閩本、婺本、附圖本、京本、徐本同。阮記云：「監、毛本同，誤也，嘉靖本、閩本『粱』作『粱』，當據正。」盧記同。粱如何可食？顯當作「粱」，此引《禮記‧曲禮》，檢之，正作「粱」，當從八行本，阮記是也。

11. 頁十一右 札讀為截謂疫厲

按：「截」，十行本、靜嘉本、內閣本（嘉靖）、東大本（嘉靖）、劉本（嘉靖）、朝鮮本、閩本、明監本、毛本、纂圖本、互注本、京本、岳本同；八行本作「截截」，故宮本、董本、婺本、建本、附圖本、金本、徐本同。阮記云：「余本、閩、監本同，毛本『厲』改『癘』，宋本、嘉靖本重『截』字，與賈《疏》本同。」盧記同。考單疏本《疏》文云「云『札讀為截＝謂疫厉』者」，則賈氏所見本重「截」字，當從八行本。

12. 頁十三右 非謂時常月

按：單疏本、八行本、故宮本、董本、十行本（正德十二年）、靜嘉本（正德）、內閣本（正德十二年）、東大本（正德十二年）、劉本（正德十二年）、朝鮮本、閩本、明監本、毛本皆同。阮記云：「按：疑當作『謂非常時月』。」盧記同。諸本皆同，原文不誤，阮記之說，不可信從也。

13. 頁十六右 以昏冠之禮

按：「昏」，八行本、故宮本、董本、十行本（正德十二年）、靜嘉本（正德）、內閣本（正德十二年）、東大本（正德十二年）、劉本（正德十二年）、朝鮮本、婺本、建本、附圖本、纂圖本、互注本、京本、金本、徐本、白文本同；閩本作「昏」，明監本、毛本、岳本、唐石經同。阮記云：「余本、嘉靖本同，唐石經、閩、監、毛本『昏』作『昏』。按：昏字，依《說文》從氏省為正。」盧記「氏」作「氐」，餘同。昏、昏可通，阮記按語比欲強分是非，豈可信哉？

14. 頁十七左　王使人異往以物賀慶之

按：「人異」，十行本（正德）、靜嘉本（正德）、朝鮮本同；單疏本作「大夫」、八行本、故宮本、董本、明監本、毛本同；內閣本（正德）作「人夫」，東大本（正德）、劉本（正德）、閩本。阮記云：「『異』字誤，閩本改『夫』，監、毛本『人異』改『大夫』。」盧記同。人異、人夫，皆不知何義，揆諸文義，顯當作「大夫」，當從單疏本。非閩本改，正德補板已然，阮記之說誤矣。

15. 頁十八左　則爵弁服

按：「則」，八行本、故宮本、董本、十行本（正德）、靜嘉本（正德）、內閣本（正德）、東大本（正德）、劉本（正德）、朝鮮本、閩本、明監本、毛本、婺本、建本、附圖本、纂圖本、互注本、京本、金本、徐本、岳本皆同。阮記云：「諸本同，浦鏜云：『則』上脫『士』字。」盧記同。諸本皆同，原文不誤，浦說不可信從。

16. 頁十九左　賜之以方百里二百里之地者方三百里以上為成國

按：八行本、故宮本、董本、十行本（正德）、靜嘉本（正德）、內閣本（正德）、東大本（正德）、劉本（正德）、朝鮮本、閩本、明監本、毛本、婺本、建本、附圖本、纂圖本、互注本、京本、金本、徐本、岳本皆同。阮記云：「臧禮堂云：《春秋》襄十四年《正義》引此注云『賜之以方百里二百里三百里之地者方四百里以上為成國』，今本『二百里』下脫『三百里』三字，『四百里』作『三百里』，誤甚，當據此訂正。」盧記同。諸本皆同，考單疏本《疏》文云「云『賜之百里二百里之地』者」、「云『方三百里以上為成國』者」，則賈氏所見本作「賜之百里二百里之地者方三百里以上為成國」，又北宋版《通典》卷三十六引鄭注亦作「賜之以方百里二百里之地也方三百里以上為成國」，原文不誤，《春秋正義》乃誤引，臧說絕不可信。

17. 頁二十右　其伯二百里

按：「二」，十行本（正德十二年）、靜嘉本（正德）、內閣本（正德十二年）、東大本（正德十二年）、劉本（正德十二年）、朝鮮本、閩本、明監本、毛本同；單疏本作「三」，八行本、故宮本、董本同。阮記云：「浦鏜云：『三』誤『二』。」盧記同。考鄭注云「三百里為成國」，單疏本《疏》文云「千乘為成國言之，唯有公及侯，以其伯三百里不得出千乘」，意謂三百里雖以成國，

然非公侯，故不出千乘之賦也，二百里未成國，三百里方成國，則作「三」是也，當從單疏本，浦說是也。

18. 頁二十一左　賈服之等諸侯九州之伯

按：「之等」，單疏本、八行本、故宮本、董本、十行本、靜嘉本、內閣本（嘉靖）、東大本（嘉靖）、劉本（嘉靖）、朝鮮本同；閩本作「云五等」，明監本、毛本同。阮記云：「閩本上『之』字剜擠作『云五』二字，監、毛本承之，誤甚。按：閩、監、毛本是也。」盧記同。宋元刊本皆作「之等」，存疑可也。

19. 頁二十四右　爵大夫皆執鴈

按：「爵」，十行本（正德十二年）、靜嘉本（正德）、內閣本（正德十二年）、東大本（正德十二年）、劉本（正德十二年）、朝鮮本、閩本、明監本、毛本同；單疏本作「爵稱」，八行本、故宮本、董本同。阮記云：「惠校本『爵』下有『稱』。」盧記同。考單疏本《疏》文云「但爵稱孤，皆執皮帛；爵稱卿，皆執羔；爵稱大夫，皆執鴈；爵稱士，皆執雉；庶人已下，雖無命數及爵，皆執鶩」，前有「爵稱孤」，後有「爵稱士」，則此處「爵」後「稱」字不可闕也，當從單疏本。加記漏列單疏本版本信息，當補。

20. 頁二十五左　云象萬物半死者

按：「萬」，十行本（正德）、靜嘉本（正德）、內閣本（正德）、東大本（正德）、劉本（正德）、朝鮮本、閩本、明監本、毛本同；單疏本作「夏」，八行本、故宮本、董本同。阮記云：「惠校本作『夏物』，此誤。」盧記同。此《疏》引鄭注，鄭注云「象夏物半死」，則作「夏」是也，當從單疏本，《正字》云「夏，誤『萬』」，是也。加記漏列單疏本版本信息，當補。

21. 頁二十六右　所以滌蕩邪穢

按：「滌蕩」，八行本、故宮本、董本、十行本（正德十二年）、靜嘉本（正德）、內閣本（正德十二年）、東大本（正德十二年）、劉本（正德十二年）、朝鮮本、閩本、明監本、毛本、婺本、建本、附圖本、纂圖本、互注本、京本、金本、徐本、岳本皆同。阮記云：「《釋文》作『蕩滌』，今本誤倒。」盧記同。諸本皆同，原文不誤，《釋文》所引，或為別本也，阮記之說，豈可信從？

22. 頁二十八左　三者執以從玉

按：「玉」，十行本（正德十二年）、靜嘉本（正德）、內閣本（正德十二年）、東大本（正德十二年）、劉本（正德十二年）、朝鮮本、閩本、明監本、毛本同；單疏本作「王」，八行本、故宮本、董本同。阮記云：「浦鏜云：『王』誤『玉』。」盧記同。此《疏》引《太宰》鄭注，檢之，正作「王」，作「王」是也，當從單疏本，浦說是也。

23. 頁二十九右　王公之禮

按：「王」，十行本（正德）、靜嘉本（正德）、內閣本（正德）、東大本（正德）、劉本（正德）、朝鮮本、閩本、明監本、毛本同；單疏本作「上」，八行本、故宮本、董本同。阮記云：「浦鏜云：『上』誤『王』。」盧記同。此《疏》引《大行人》，檢之，正作「上」，作「上」是也，當從單疏本，浦說是也。

24. 頁三十右　云大喪王及后世子也者

按：「及后」，十行本（正德）、靜嘉本（正德）、內閣本（正德）、東大本（正德）、劉本（正德）、閩本、明監本、毛本同；單疏本作「后及」，八行本、故宮本、董本、朝鮮本同。阮記云：「惠校本作『王后及世子』，此誤。」盧記同。此《疏》引鄭注，鄭注云「大喪王后及世子」，則作「后及」是也，當從單疏本，阮記是也。

25. 頁三十左　發爵賜服順陽義者

按：「者」，閩本、明監本、毛本同；單疏本作「皆」，八行本、故宮本、董本、十行本（正德）、靜嘉本（正德）、內閣本（正德）、東大本（正德）、劉本（正德）、朝鮮本同。阮記云：「浦鏜云『也』誤『者』，惠校本誤『皆』。」盧記同。考單疏本《疏》文云「若諸侯命臣，則因祭宗廟命之，則《祭統》十倫之義，五曰『見爵賞之施焉』，故祭之日，一獻，君降立于阼階之南，＝鄉，所命者再拜，受書以歸，又云『古者於禘也，發爵賜服順陽義』，皆諸侯命臣，必於祭時」，此「皆」字正為上文《祭統》十倫第六（賈《疏》錯為五）、「古者於禘也」云云二者而發，作「皆」是也，當從單疏本，阮記謂作「皆」誤，甚非。

26. 頁三十左 *當時為祭以命之*

按：「時」，十行本（正德）、靜嘉本（正德）、內閣本（正德）、東大本（正德）、劉本（正德）、朝鮮本、明監本、毛本同；單疏本作「特」，八行本、故宮本、董本同；閩本漫漶。阮記云：「監、毛本同，誤也，閩本『時』作『特』，當據正。」盧記同。時為祭，不知何義，考單疏本《疏》文云「若天子命臣，不要作祭時，欲命臣，當特為祭以命之」，特為祭者，特別為祭也，揆諸文義，作「特」是也，當從單疏本，《正字》云「特，誤『時』」，是也。閩本此字左旁漫漶，細察其跡，或為「日」，則仍作「時」非「特」，不知阮記所據何本也。

卷十九

1. 頁二左 *亦順所可知故略不言也*

按：「所」，十行本（正德十二年）、靜嘉本（正德）、內閣本（正德十二年）、東大本（正德十二年）、劉本（正德十二年）、朝鮮本、閩本同；單疏本作「所在」，八行本、故宮本、董本、明監本、毛本同。阮記引文「故略不言也」，云：「毛本脫『也』。」盧記引文「亦順所可知故略不言也」，云：「毛本脫『也』字，『順所』下有『在』字」。順所，不知何義，考鄭注云「順其所在」，《疏》文引述之，故云「亦順所在」，則「在」字不可闕，當從單疏本。加記漏列單疏本版本信息，當補。

2. 頁五右 *掌四時祭祀之事序*

按：「事序」，十行本（正德十二年）、靜嘉本（正德）、內閣本（正德十二年）、東大本（正德十二年）、劉本（正德十二年）、朝鮮本、閩本、明監本、毛本同；單疏本作「序事」，八行本、故宮本、董本同。阮記云：「惠校本作『序事』，此誤倒。」盧記同。此《疏》引經文，經云「序事」，則作「序事」是也，當從單疏本，阮記是也。

3. 頁十右 *鄭大夫讀甕皆為穿*

按：「皆」，八行本、故宮本、董本、十行本（正德十二年）、靜嘉本（正德）、內閣本（正德十二年）、東大本（正德十二年）、劉本（正德十二年）、

朝鮮本、閩本、明監本、毛本、婺本、建本、附圖本、纂圖本、互注本、京本、金本、徐本、岳本皆同。阮記云：「按：『皆』字涉下誤衍。」盧記同。諸本皆同，考單疏本《疏》文云「『鄭大夫讀甕皆為穿』，此經唯有一甕，而云『皆』，并下『冢人』甫甕，皆為穿也」，《疏》文釋注如此明晰，阮記竟謂「皆」字誤衍，其曾細讀《疏》文乎！可謂誤甚者也。

4. 頁十右　聲如腐脆之脺

按：「腐脆之脺」，八行本、故宮本、董本、十行本（正德十二年）、靜嘉本（正德）、內閣本（正德十二年）、東大本（正德十二年）、劉本（正德十二年）、朝鮮本、閩本、明監本、毛本、婺本、建本、附圖本、纂圖本、互注本、金本同；京本作「腐脆之脆」，徐本同；岳本作「腐脆之脆」。阮記云：「余本、閩、監、毛本同，誤也，岳本作『腐脆之脆』，嘉靖本作『腐脆之脆』，當訂正，此上作『脆』下作『脺』，誤。」盧記同。宋元刊本幾皆作「腐脆之脺」，可謂由來已久，存疑可也。

5. 頁十九右　案郊特云

按：「郊特」，十行本（正德十二年）、靜嘉本（正德）、內閣本（正德十二年）、東大本（正德十二年）、劉本（正德十二年）、朝鮮本、閩本同；單疏本作「郊特牲」，八行本、故宮本、董本、明監本、毛本同。阮記無說，盧記補云：「案『云』上當有『牲』字。」「牲」顯不可闕，當從單疏本。加記漏列單疏本版本信息，當補。

6. 頁二十右　百二十貫為築

按：「為」，八行本、故宮本、董本、十行本（正德十二年）、靜嘉本（正德）、內閣本（正德十二年）、東大本（正德十二年）、劉本（正德十二年）、朝鮮本、閩本、明監本、毛本、婺本、建本、附圖本、纂圖本、互注本、京本、金本、徐本、岳本皆同。阮記云：「諸本同……此『築』上『為』字誤衍。」盧記同。諸本皆同，考單疏本《疏》文云「『百二十貫為築』者」，則賈氏所見本亦有「為」字，阮記之說，誤矣。

7. 頁二十二右　壝謂委土為墠壇

按：「墠壇」，八行本、故宮本、董本、十行本（正德）、靜嘉本（正德）、

內閣本（正德）、東大本（正德）、劉本（正德）、朝鮮本、閩本、明監本、毛本、婺本、建本、附圖本、纂圖本、互注本、京本、金本、徐本、岳本皆同。阮記云：「《釋文》作『壇墠』，此倒。」盧記同。諸本皆同，考單疏本《疏》文云「『墠謂委土為墠壇』者」，則賈氏所見本亦作「墠壇」字，《釋文》所引，或為別本也，阮記之說，誤矣。

8. 頁二十二右 **弧人為瓦簋**

　　按：「弧」，十行本（正德）、靜嘉本（正德）、內閣本（正德）、東大本（正德）、劉本（正德）、朝鮮本、閩本、明監本、毛本同；單疏本作「瓬」，八行本、故宮本、董本同。阮記云：「浦鏜云：『瓬』誤『弧』。」盧記同。《周禮·瓬人》云「瓬人為簋」，則作「瓬」是也，當從單疏本，浦說是也。

9. 頁二十四左 **君卿羔之類**

　　按：「君」，十行本（正德）、靜嘉本（正德）、內閣本（正德）、東大本（正德）、劉本（正德）、朝鮮本、閩本、明監本、毛本同；單疏本作「若」，八行本、故宮本、董本同。阮記云：「浦鏜云：『若』誤『君』。」盧記同。考單疏本《疏》文云「此天子以鬯為摯，若卿羔之類，但天子至尊不自執，使介為執致之」，作「君」顯不可通，揆諸文義，作「若」是也，當從單疏本，浦說是也。

卷二十

1. 頁一右 **以詔百官**

　　按：「詔」，十行本、靜嘉本、內閣本（元）、東大本（元）、劉本（元）、朝鮮本、閩本、明監本、毛本、建本、附圖本、纂圖本、互注本、京本、徐本同；八行本作「詔」，故宮本、董本、婺本、金本、岳本、唐石經同；白文本漫漶。阮記云：「《釋文》作『以詔』，唐石經、余本『詔』作『詔』，字從『丩』，此誤。」盧記同。詔、詔字畫微別，古人刊刻，嚴謹或不至於此，故不可謂之誤也，阮記非矣。

2. 頁四右 **案內宰職云贊后薦加豆籩**

　　按：「內宰職」，單疏本、八行本、故宮本、董本、十行本（正德十二年）、

靜嘉本（正德）、內閣本（正德十二年）、東大本（正德十二年）、劉本（正德十二年）、朝鮮本、閩本、明監本、毛本皆同。阮記云：「浦鏜云：『內宗』誤『內宰』。」盧記同。諸本皆同，考《內宗》職云「內宗，掌宗廟之祭祀，薦加豆籩」，無贊后之事，檢《內宰》職云「大祭祀，后祼獻，則贊」，則贊后者，內宰之職也，原《疏》云「案：《內宰》職云『贊后』，薦加豆籩，故知內宗薦之」，「薦加豆籩」四字屬下，原文不誤，浦說大謬不然也。

3. 頁五右　王酳尸因朝踐之尊醴齊

按：「因」，單疏本、八行本、故宮本、董本、十行本（正德十二年）、靜嘉本（正德）、內閣本（正德十二年）、東大本（正德十二年）、劉本（正德十二年）、朝鮮本、閩本、明監本、毛本皆同。阮記云：「浦鏜云：『用』誤『因』。」盧記同。諸本皆同，上《疏》亦云「以其朝獻是王酳尸，因朝踐之尊、醴齊」，則原文不誤，浦說非矣。

4. 頁六左　古廷說罍器

按：「廷」，單疏本、八行本、故宮本、董本、十行本（正德十二年）、靜嘉本（正德）、內閣本（正德十二年）、東大本（正德十二年）、劉本（正德十二年）、朝鮮本、閩本、明監本、毛本皆同。阮記云：「案：《詩・卷耳・正義》作『古毛詩說』，《爾雅・釋器・正義》同，此作『廷』誤，下同。」盧記同。諸本皆同，存疑可也。

5. 頁六左　金飾亡目

按：「亡」，十行本（正德十二年）、靜嘉本（正德）、內閣本（正德十二年）、東大本（正德十二年）、劉本（正德十二年）、朝鮮本、閩本、明監本、毛本同；單疏本作「口」，八行本、故宮本、董本同。阮記云：「浦鏜云：『口』誤『亡』……按：『口』字非。」盧記同。金飾口目者，以金飾其口、目也，作「口」是也，當從單疏本，浦說是也，阮記按語非也。

6. 頁六左　梲栻勺而酌也

按：「梲栻」，十行本（正德十二年）、靜嘉本（正德）、內閣本（正德十二年）、東大本（正德十二年）、劉本（正德十二年）、朝鮮本、閩本、明監本、毛本同；八行本作「涗栻」，故宮本、董本同；婺本作「涗拭」，京本、金本、

徐本、岳本同；建本作「挩拭」，纂圖本、互注本同；附圖本作「梲拭」。阮記云：「閩、監、毛本同，誤也，余本、嘉靖本作『挩拭』，當據正。」盧記同。經云「挩酌」，則注文顯當云「挩酌者，挩拭勺而酌也」，作「挩拭」是也，當從八行本。

7. 頁六左　齊讀皆為粢

按：八行本、故宮本、董本、十行本（正德十二年）、靜嘉本（正德）、內閣本（正德十二年）、東大本（正德十二年）、劉本（正德十二年）、朝鮮本、閩本、明監本、毛本、婺本、建本、附圖本、纂圖本、互注本、京本、金本、徐本、岳本皆同。阮記云：「《漢讀考》『齊』作『齋』，本故書也，此誤。」盧記同。諸本皆同，原文不誤，《漢讀考》所引或為別本，阮記之說，不可信從。

8. 頁七左　故舉常時涕酒之法

按：「常」，十行本（正德十二年）、靜嘉本（正德）、內閣本（正德十二年）、東大本（正德十二年）、劉本（正德十二年）、朝鮮本、閩本、明監本、毛本同；單疏本作「當」，八行本、故宮本、董本同。阮記云：「浦鏜云：『當』誤『常』。」盧記同。常時，不知所指，揆諸文義，作「當」是也，當從單疏本，浦說是也。

9. 頁八左　莞藻次蒲熊

按：「藻」，八行本、故宮本、董本、十行本、靜嘉本、內閣本（嘉靖）、東大本（嘉靖）、劉本（嘉靖）、朝鮮本、閩本、明監本、毛本、婺本、建本、附圖本、纂圖本、互注本、京本、金本、徐本、岳本皆同。阮記云：「《釋文》『莞藻』，本又作『繰』。」盧記同。諸本皆同，原文不誤，《釋文》所引或為別本。

10. 頁九右　其繡白黑采

按：「采」，八行本、故宮本、董本、十行本、靜嘉本、朝鮮本、明監本、毛本、婺本、建本、附圖本、纂圖本、互注本、京本、金本、徐本、岳本同；內閣本（嘉靖）作「文」，東大本（嘉靖）、劉本（嘉靖）、閩本同。阮記云：「余本、嘉靖本、監、毛本同，閩本『采』作『文』，按：賈《疏》引注亦作『文』。」盧記同。宋刊經注本、宋元注疏本皆作「采」，作「采」是也。

11. 頁十九左 天所郊亦猶五帝殊言天者

按：「天」，內閣本（嘉靖）、東大本（嘉靖）、劉本（嘉靖）、朝鮮本、閩本、明監本、毛本同；單疏本作「云」，八行本、故宮本、董本、十行本、靜嘉本同。阮記云：「浦鏜云：『云』誤『天』。」盧記同。考注云「所郊亦猶五帝殊言天」，《疏》文引注而釋之，曰「云某某者」，此通例也，作「云」是也，當從單疏本，浦說是也。

卷二十一

1. 頁十六右 則此奠衣服也者

按：「也者」，十行本、靜嘉本、內閣本（嘉靖）、東大本（嘉靖）、劉本（嘉靖）、朝鮮本、閩本、明監本、毛本同；單疏本作「者也」，八行本、故宮本、董本同。阮記云：「浦鏜云：『也者』蓋誤倒。按：疑作『是也』。」盧記同。也者，不辭，揆諸文義，作「者也」是也，當從單疏本，浦說是也，阮記之說誤矣。

2. 頁十六右 所藏於椁中者

按：「椁」，單疏本、八行本、故宮本、董本、十行本、靜嘉本、內閣本（嘉靖）、東大本（嘉靖）、劉本（嘉靖）、朝鮮本、閩本同；明監本作「槨」，毛本同。阮記云：「閩本同，監、毛本『椁』改『槨』。」盧記同。宋元刊本皆作「椁」，作「椁」是也，當從單疏本，明監本改作「槨」，不知何據。

3. 頁十六右 掌其政令

按：「政」，十行本、靜嘉本、內閣本（嘉靖）、東大本（嘉靖）、劉本（嘉靖）、朝鮮本、閩本、纂圖本、互注本、白文本同；八行本作「禁」，故宮本、董本、明監本、毛本、婺本、建本、附圖本、京本、金本、徐本、岳本、唐石經同。阮記云：「余本、閩本同。《疏》標起止亦云『典祀至政令』，唐石經、嘉靖本、監、毛本作『禁令』……此作『政』，誤。」盧記同。諸本皆同，考單疏本《疏》文標起止作「典祀至禁令」，《疏》云「『掌其禁令』者」，又前經「典祀中士二人下士四人府二人史二人胥四人徒四十人」，《疏》文云「案其職云」掌外祀之兆守皆有域，掌其禁令」，則賈氏所見本正作「禁」，作「禁」是也，當從八行本，阮記是也。

4. 頁十六右　典祀至政令

　　按：「政」，十行本、靜嘉本、內閣本（嘉靖）、東大本（嘉靖）、劉本（嘉靖）、朝鮮本、閩本同；單疏本作「禁」，明監本、毛本同。阮記云：「閩本同，監、毛本改『禁令』，是也。」盧記同。據上條考證可知經文作「禁令」，則《疏》文標起止顯當作「禁令」，當從八行本也，阮記是也。

卷二十二

1. 頁九左　是敷土之事也

　　按：「敷」，單疏本、八行本、故宮本、董本、靜嘉本（正德）、內閣本（正德）、東大本（正德）、劉本（正德）、朝鮮本、閩本、明監本、毛本皆同。阮記云：「按：當作『傅土』。」盧記同。諸本皆同，前《疏》明云「《禹貢》云敷土」，則作「敷」是也，原文不誤，阮記之說，誤矣。

2. 頁十一左　但彼明旦所祭小神用樂無文

　　按：「旦」，單疏本、八行本、故宮本、董本、靜嘉本、內閣本（嘉靖）、東大本（嘉靖）、劉本（嘉靖）、朝鮮本、閩本、明監本、毛本皆同。阮記云：「浦鏜云：『日』誤『旦』。」盧記同。諸本皆同，揆諸文義，原文不誤，浦說誤矣。

3. 頁十八右　無射上生中呂

　　按：「上」，八行本、故宮本、董本、靜嘉本（正德）、內閣本（正德十二年）、東大本（正德十二年）、劉本（正德十二年）、朝鮮本、閩本、明監本、毛本、婺本、建本、附圖本、纂圖本、互注本、京本、金本、徐本、岳本皆同。阮記云：「浦鏜云『下』誤『上』。」盧記同。諸本皆同，檢《續漢書‧律曆志》云「無射九萬八千三百四，上生中呂」，《宋書‧律志》「無射之數四十五，主九月，上生中呂」，北宋版《通典》卷一百四十三「無射上生中呂」，又《大師》鄭注云「無射又上生中呂之上六」，則作「上」是也，原文不誤，浦說謬甚。又《漢書‧律曆志》「參分亡射，損一，下生中呂」，浦說或本此，然《漢志》明云三分無射損一，方為下生中呂，非無射下生中呂，浦氏顯然誤讀原文也。

4. 頁十八左　孫竹竹枝根之末生者

　　按：「末」，靜嘉本（正德）、內閣本（正德十二年）、東大本（正德十二年）、劉本（正德十二年）、朝鮮本、閩本、附圖本、纂圖本同；八行本作「未」，故宮本、董本、明監本、毛本、婺本、建本、互注本、京本、金本、徐本、岳本同。阮記云：「余本、閩本、監、毛本同，宋本、岳本、嘉靖本『末』作『未』，此本《疏》中亦作『未』。按：根未生者，故云孫竹，作『末』，誤也。」盧記同。末生，不知何義，顯當作「未」，當從八行本，阮記是也。末、未字畫微別故易誤也，上海古籍出版社整理本《周禮注疏》以八行本為底本，然此處亦作「末」，誤矣。

5. 頁十八左　字之誤也

　　按：「也」，靜嘉本（正德）、內閣本（正德十二年）、東大本（正德十二年）、劉本（正德十二年）、朝鮮本、閩本、纂圖本、互注本、京本、徐本同；八行本無，故宮本、董本、明監本、毛本、婺本、建本、附圖本、金本、岳本同。阮記云：「惠校本無『也』字。」盧記同。有無「也」字，或為別本之異，阮記於此加圈出校，殊無謂也。

卷二十三

1. 頁一右　維清奏象舞

　　按：「舞」，單疏本、八行本、故宮本、董本、靜嘉本、內閣本（嘉靖）、東大本（嘉靖）、劉本（嘉靖）、朝鮮本、閩本同；明監本作「舞也」，毛本同。阮記云：「惠校本、閩本同，監、毛本下衍『也』。」盧記無說。八行、十行注疏本皆無「也」字，無者是也，當從單疏本，阮記是也。阮本於此加圈，卻無盧記於後說明，疏矣。

2. 頁二左　則皆迎法

　　按：「皆」，靜嘉本、內閣本（嘉靖）、東大本（嘉靖）、劉本（嘉靖）、朝鮮本、閩本同；單疏本作「皆有」，八行本、故宮本、董本、明監本、毛本同。阮記云：「閩本同，監、毛本『皆』下有『有』字。」盧記同。皆迎法，不辭，上《疏》明云「無迎法」、「並無迎法」，無、有相對，有「有」是也，當從單疏本。加記漏列單疏本版本信息，當補。

3. **頁五右** 亦謂祭未至徹祭器之時

按：「未」，靜嘉本、內閣本（嘉靖）、東大本（嘉靖）、劉本（嘉靖）、朝鮮本、閩本、明監本、毛本同；單疏本作「末」，八行本、故宮本、董本同。阮記云：「浦鏜云：『未』誤『末』。」盧記云：「浦鏜云：『末』誤『未』。」祭末方徹祭器，未祭如何可徹祭器？此顯而易見之理，作「末」是也，當從單疏本，檢《正字》云「末，誤『未』」，浦說是也，阮記誤引，盧記正之，是也。

4. **頁十一右** 蕤賓又下生大呂之六四大呂又上生夷則之九五夷則又下生夾鍾之六五夾鍾又上生無射之上九

按：靜嘉本、內閣本（嘉靖）、東大本（嘉靖）、劉本（嘉靖）、朝鮮本、閩本、建本、附圖本同；八行本作「蕤賓又上生大呂之六四大呂又下生夷則之九五夷則又上生夾鍾之六五夾鍾又下生無射之上九」，故宮本、董本、明監本、毛本、婺本、纂圖本、互注本、京本、金本、徐本、岳本同。阮記云：「閩、監、毛本同，誤也，余本、岳本、嘉靖本『下生』皆作『上生』，『上生』皆作『下生』，當據以訂正。」盧記同。檢《續漢書・律曆志》：「大呂十六萬五千八百八十八，下生夷則……夾鍾十四萬七千四百五十六，下生無射……蕤賓十二萬四千四百一十六，上生大呂……夷則十一萬五百九十二，上生夾鍾夷」，北宋版《通典》卷一百四十三「蕤賓上生大呂，大呂下生夷則，夷則上生夾鍾，夾鍾下生無射」，皆與八行本合，則八行本是也，阮記是也。十行本致誤者，或因《漢書・律曆志》有云「參分蕤賓損一下生大呂，參分大呂益一上生夷則，參分夷則損一下生夾鍾，參分夾鍾益一上生亡射」，徒見上、下之字，不覩「三分」之語，故有若此之錯亂也。

5. **頁十七右** 敧狀如木虎

按：「木」，單疏本、八行本、故宮本、董本、靜嘉本、內閣本（嘉靖）、東大本（嘉靖）、劉本（嘉靖）、朝鮮本、閩本、明監本、毛本皆同。阮記云：「浦鏜云：『伏』誤『木』。」盧記同。諸本皆同，原文不誤，浦說無據，不可信從。

卷二十四

1. 頁一左　以是三者皆不編

　　按：「是三」，靜嘉本、內閣本（嘉靖）、東大本（嘉靖）、劉本（嘉靖）、朝鮮本、閩本、明監本、毛本同；單疏本作「其二」，八行本、故宮本、董本同。阮記引文「以是二者皆不編」，云：「閩、監、毛本『二』誤『三』。」盧記無說。考單疏本《疏》文云「鄭云『金謂鍾及鎛』者，以其二者皆不編，獨縣而已」，二者，正指鄭注所謂鍾及鎛也，何「三」之有？作「其二」是也，當從單疏本。浦鏜云「二，誤『三』」，或為阮記所本，浦說是也，然並無版本作「以是二者」，阮記所引不知所據何本，又，阮本於此加圈，卻無盧記於後說明，疏矣。加記引文「以是二者皆不編」，謂「浙本『是』作其，集本脫，疏、浙、訂、集、殿本『二』同」，加記引文作「以是二者」，檢道光六年重校本作「以是二者」，則加記所據阮本或非初刻本也，亦或徑直抄錄阮記也。又單疏本明明作「其二」，加記後者出校單疏本作「二」，卻不云單疏本作「其」，一列一否，令人大惑不解為何疏漏至此也。

2. 頁三左　鼓讀如莊王鼓之鼓

　　按：「之」，八行本、故宮本、董本、靜嘉本、內閣本（嘉靖）、東大本（嘉靖）、劉本（嘉靖）、朝鮮本、閩本、明監本、毛本、婺本、建本、附圖本、纂圖本、互注本、京本、金本、徐本、岳本皆同。阮記云：「《漢讀考》云：莊王鼓之，見宣十二年《公羊傳》，當云『莊王鼓之之鼓』，今脫一『之』字。」盧記同。諸本皆同，考單疏本《疏》文云「『鼓讀如莊王鼓之鼓』者」，則賈氏所見本亦作「鼓之鼓」，原文不誤，阮記所引，不可信從也。

3. 頁三左　掌教龡竽笙塤籥簫箎

　　按：「箎」，靜嘉本、內閣本（嘉靖）、東大本（嘉靖）、劉本（嘉靖）、朝鮮本、閩本、明監本、毛本、附圖本、纂圖本、互注本、京本、金本、白文本同；八行本作「篪」，故宮本、董本、婺本、建本、徐本、岳本、唐石經同。阮記云：「余本、閩、監、毛本同，唐石經、嘉靖本『箎』作『篪』，為是。」盧記同。箎為箎竹，篪為管樂，判然二物，作「篪」是也，當從八行本，阮記是也。

4. 頁六右　為其聲歌是也

按：「為」，單疏本、八行本、故宮本、董本、靜嘉本、內閣本（嘉靖）、東大本（嘉靖）、劉本（嘉靖）、朝鮮本、閩本、明監本、毛本皆同。阮記云：「浦鐘云：『與』誤『為』。」盧記同。諸本皆同，原文不誤，浦說無據，不可信從。

5. 頁八右　先正之業以農為本

按：「正」，靜嘉本（正德）、朝鮮本同；單疏本作「王」，八行本、故宮本、董本、內閣本（正德十二年）、東大本（正德十二年）、劉本（正德十二年）、閩本、明監本、毛本同。阮記、盧記皆無說。先正，不知何義，作「王」是也，當從單疏本。加記不列此條，失校，當補。

6. 頁九右　四夷之樂離謂舞

按：「離謂」，靜嘉本（正德）、朝鮮本同；單疏本作「誰謂」，八行本、故宮本、董本、內閣本（正德）、東大本（正德）、劉本（正德）、閩本同；明監本作「誰」，毛本同。阮記引文「四夷之樂誰謂舞」，云：「閩本同，監、毛本刪『謂』，按：『謂』疑當作『為』。」盧記同。離謂，不知何義，作「誰」是也，誰謂者，謂誰也，當從單疏本。

7. 頁九右　以其下季春云大合祭

按：「祭」，靜嘉本（正德）、內閣本（正德）、東大本（正德）、劉本（正德）、朝鮮本、閩本、明監本、毛本同；單疏本作「樂」，八行本、故宮本、董本同。阮記云：「浦鐘云：『樂』誤『祭』。」盧記同。此《疏》引《禮記・月令》，檢之，正云「季春之月……是月之末，擇吉日大合樂」，鄭注云「大合樂者，所以助陽達物，風化天下也」，則作「樂」是也，當從單疏本，浦說是也。

8. 頁九左　羽籥以其是武之舞

按：「是」，靜嘉本（正德）、內閣本（正德）、東大本（正德）、劉本（正德）、朝鮮本、閩本、明監本、毛本同；單疏本作「文」，八行本、故宮本、董本同。阮記、盧記皆無說。是武之舞，不知何義，文武之舞，是也，作「文」是也，當從單疏本。

9. 頁九左　則所授者受干與羽籥也

按：「受干」，靜嘉本（正德）、內閣本（正德）、東大本（正德）、劉本（正德）、朝鮮本、閩本、明監本、毛本同；單疏本作「授干」，董本同；八行本作「授十」，故宮本同。阮記、盧記皆無說。考單疏本《疏》文云「下文云『祭祀，授舞罷』，則所授者，授干與羽籥也」，揆諸文義，作「授干」是也，當從單疏本，《正字》云「授干，誤『受干』，下凡作『受』字者，並誤」，是也。加記漏列單疏本版本信息，當補。

10. 頁十二右　三少為重錢

按：「重」，單疏本、八行本、故宮本、董本、靜嘉本、內閣本（嘉靖）、東大本（嘉靖）、朝鮮本同；閩本作「單」，明監本、毛本同。阮記云：「閩、監、毛本作『單錢』，當據正。」盧記同。考元人胡一桂《翼傳・外篇》「筮法變卦說」條云：「平菴項氏曰：以京易考之，世所傳火珠林者，即其法也，以三錢擲之，兩背一面為拆，即兩少一多，少陰爻也；兩面一背為單，即兩多一少，少陽爻也；俱面為交，交者拆之聚，即三多，老陰爻也；俱背為重，重者單之積，即三少，老陽爻也；蓋以錢代蓍，一錢當一揲，此後人務徑截以趨卜肆之便，而本意尚可考。」據此，面為多，背為少，俱背為重，俱背者，三背也，三背即三少，故三少為重也，作「重」是也，當從單疏本，閩本改作「單」，不知所據，阮記是之，誤甚。

11. 頁十二右　八為少陰也

按：「為」，單疏本、八行本、故宮本、董本、靜嘉本、內閣本（嘉靖）、東大本（嘉靖）、朝鮮本、閩本同；明監本無，毛本同。阮記云：「閩本同，監、毛本脫『為』。」盧記無說。揆諸文義，「為」字不可闕，當從單疏本。

12. 頁十四左　孝子某以下與前同

按：「子」，單疏本、八行本、故宮本、董本、靜嘉本、內閣本（嘉靖）、東大本（嘉靖）、劉本（嘉靖）、朝鮮本、閩本、明監本、毛本皆同。阮記云：「浦鏜云：『孫』誤『子』。」盧記云：「浦鏜云：『孫子』誤。」此《疏》述《儀禮・少牢饋食禮》，檢之，作「孝孫某」，諸本皆作「孝子某」，或賈氏所見本如此，存疑可也。《正字》云「孫，誤『子』」，阮記所引不誤，盧記摘錄阮記改是為非，誤甚。

13. 頁十六右　正問於龜之事有二則有二則

　　按：「有二則有二則」，靜嘉本、內閣本（嘉靖）、東大本（嘉靖）、劉本（嘉靖）、朝鮮本同；單疏本作「有二則」，八行本、故宮本、董本、明監本、毛本同；閩本作「有二其有二則」。阮記云：「監、毛本刪一『有二則』，閩本上『則』作『其』。」盧記同。有二則有二則，顯為複衍，當從單疏本，閩本所改，不知其據，不可信從。

14. 頁十八右　開開出其占書也

　　按：「開開」，八行本、故宮本、董本、靜嘉本（正德）、內閣本（正德）、東大本（正德）、劉本（正德）、朝鮮本、閩本、明監本、毛本、婺本、附圖本、金本、徐本、岳本同；纂圖本作「開」，互注本、京本同。阮記云：「余本不重『開』字，此衍。」盧記同。宋刊經注本、注疏本多作「開開」，單疏本《疏》文云「云『開＝出其占書也』者」，則賈氏所見本亦重「開」字，則作「開開」是也，阮記之說，實不可信也。

15. 頁十九右　行獵低

　　按：「獵」，靜嘉本（正德）同；單疏本作「頭」，八行本、故宮本、董本、內閣本（正德十二年）、東大本（正德十二年）、劉本（正德十二年）、朝鮮本、閩本、明監本、毛本同。阮記、盧記皆無說。行獵低，不知何義，此《疏》引《爾雅》注，檢之，正作「頭」，作「頭」是也，當從單疏本。

卷二十五

1. 頁一右　占夢

　　按：「夢」，八行本、故宮本、董本、靜嘉本（正德）、內閣本（正德）、東大本（正德）、劉本（正德）、朝鮮本、閩本、明監本、毛本、婺本、建本、附圖本、纂圖本、互注本、京本、金本、徐本、岳本、唐石經、白文本皆同。阮記云：「唐石經、諸本同，《釋文》：占夢，本又作『寢』。按：《說文》『寢』部云：寢寐而有覺也。」盧記同。諸本皆同，單疏本標起止云「占夢至之氣」，則賈氏所見本亦作「夢」，《釋文》所引，明謂別本，原文不誤也。

2. 頁二左　二曰噩夢

按：「噩」，八行本、故宮本、董本、靜嘉本（正德）、內閣本（正德十二年）、東大本（正德十二年）、朝鮮本、閩本、明監本、毛本、婺本、建本、附圖本、纂圖本、互注本、京本、金本、徐本、岳本、唐石經、白文本皆同。阮記云：「《困學紀聞》云：《列子》夢有六候，與《占夢》同，『噩』作『蘁』。按：《說文》引《周禮》作『𤕩㝱』，蓋許慎讀『噩』作『𤕩』。」盧記同。諸本皆同，單疏本《疏》文云「二曰噩夢」，則賈氏所見本亦作「噩」，原文不誤，《說文》所引或為別本也。

3. 頁二左　噩當為驚愕之愕謂驚愕

按：八行本、故宮本、董本、靜嘉本（正德）、內閣本（正德十二年）、東大本（正德十二年）、朝鮮本、閩本、明監本、毛本、婺本、建本、附圖本、纂圖本、互注本、京本、金本、徐本、岳本皆同。阮記云：「葉鈔《釋文》『愕』作『鄂』。按：《釋文》是也。」盧記同。諸本皆同，原文不誤，《釋文》所引，或為別本也。

4. 頁三左　難謂執兵以有難郤也

按：「郤」，婺本、京本、金本、岳本同；八行本作「邻」，故宮本、董本、靜嘉本（正德）、內閣本（正德）、東大本（正德）、劉本（正德）、朝鮮本、閩本、明監本、毛本、建本、附圖本、纂圖本、互注本、徐本同。阮記引文「難謂執兵以有難郤也」，云：「余本『邻』作『郤』，為是。」盧記同。卻者從卩，卩者節也，節制也；邻者從邑，無止步之義。揆諸文義，顯當作「卻」，考單疏本《疏》文云「云『難謂執兵以有難卻也』者」，則賈氏所見本作「卻」，作「卻」是也，當從婺本等，阮記是也，阮本改底本「邻」字為「卻」，甚是。

5. 頁三左　難或為儺杜子春難讀為難問之難

按：「難」，靜嘉本（正德）、內閣本（正德）、東大本（正德）、劉本（正德）、朝鮮本、閩本、明監本、毛本同；八行本作「儺」，故宮本、董本、婺本、建本、附圖本、纂圖本、互注本、京本、金本、徐本、岳本同。阮記云：「閩、監、毛本同，誤也，余本、岳本、嘉靖本上一『難』字作『儺』，當據正。」盧記同。既已明言「難或為儺」，下文自當釋之，則作「儺」是也，考

單疏本《疏》文云「『杜子春云儺讀為難問之難』者」，則賈氏所見本作「儺」，當從八行本，阮記是也。

6. 頁四左　象者如赤鳥也

按：「鳥」，八行本、故宮本、董本、靜嘉本、內閣本（元）、東大本（元）、劉本（元）、朝鮮本、閩本、明監本、毛本、婺本、建本、附圖本、京本、岳本同；纂圖本作「烏」，互注本、金本、徐本同。阮記云：「嘉靖本作『赤烏』。」盧記同。宋刊經注本、注疏本多作「鳥」，考單疏本《疏》文云「『象者如赤鳥也』者」，則賈氏所見本作「鳥」，則作「鳥」是也，當從單疏本。

7. 頁四左　如煇狀也

按：「煇」，八行本、故宮本、董本、靜嘉本、內閣本（元）、東大本（元）、劉本（元）、朝鮮本、閩本、明監本、毛本、婺本、建本、附圖本、纂圖本、互注本、京本、金本、徐本、岳本皆同。阮記云：「《釋文》：如暈，本亦作『煇』，音同。按：日旁氣，字當作『暈』，從日，今本作『十煇』之『煇』，非。」盧記同。諸本皆同，考單疏本《疏》文云「『如煇狀也』者」，則賈氏所見本作「煇」，原文不誤，《釋文》所引，或為別本，阮記據之以為作「煇」非，誤甚。

8. 頁四左　闇日月也

按：「日月」，靜嘉本、內閣本（元）、東大本（元）、劉本（元）、朝鮮本同；八行本作「日月食」，故宮本、董本、閩本、明監本、毛本、婺本、建本、附圖本、纂圖本、互注本、京本、金本、徐本、岳本同。阮記無說，盧記引文「闇日月食也」，補云：「毛本『月』下有『食』字，此本誤脫。」盧記同。日月如何有闇義？「食」字顯不可闕，考單疏本《疏》文云「『闇日月食也』者」，則賈氏所見本作「月食」，則作「日月食」是也，當從八行本，盧記是也。

9. 頁五左　此六辭皆是祈禱之事

按：「辭」，單疏本、八行本、故宮本、董本、靜嘉本（正德）、內閣本（正德）、東大本（正德）、劉本（正德）、朝鮮本、閩本、明監本、毛本皆同。阮記云：「盧文弨曰：《通考》作『六祝』。」盧記同。諸本皆同，《通考》所引不足為據也。

10. 頁六左 告于神以求福

按：「于」，靜嘉本、內閣本（嘉靖）、東大本（嘉靖）、劉本（嘉靖）、朝鮮本、閩本、明監本、毛本、建本同；八行本無，故宮本、董本、婺本、附圖本、纂圖本、互注本、京本、金本、徐本、岳本同。阮記云：「閩、監、毛本同，余本、岳本、嘉靖本無『于』，此衍。」盧記同。考單疏本《疏》文云「『告神以求福』者」，則賈氏所見本無「于」字，無者似勝，然阮記必謂有「于」者為衍，亦不可信也。

11. 頁八左 以錫之命

按：「錫」，靜嘉本、內閣本（嘉靖）、東大本（嘉靖）、劉本（嘉靖）、朝鮮本、閩本、明監本、毛本、建本、附圖本同；八行本作「賜」，故宮本、董本、婺本、纂圖本、互注本、京本、金本、徐本、岳本同。阮記云：「閩、監、毛本同，余本、嘉靖本『錫』作『賜』。」盧記同。宋刊經注本、注疏本多作「賜」，考單疏本《疏》文云「『以賜之命』」，則賈氏所見本作「賜」，作賜是也，當從八行本。

12. 頁八左 不憖遺一老

按：「憖」，朝鮮本、金本同；靜嘉本作「慭」，內閣本（嘉靖）、東大本（嘉靖）、劉本（嘉靖）、閩本、明監本、毛本、建本、附圖本、纂圖本、互注本同；八行本作「憖」，故宮本、董本、婺本、京本、徐本、岳本皆同。阮記云：「閩、監、毛本『憖』作『慭』，皆訛，《釋文》、余本、嘉靖本作『憖』，當據正。」盧記同。此注引《左傳》，檢哀公十六年《傳》文，正作「憖」，當從八行本，阮記是也。

13. 頁八左 嬛嬛予在疚

按：「予」，八行本、故宮本、董本、靜嘉本、內閣本（嘉靖）、東大本（嘉靖）、劉本（嘉靖）、朝鮮本、閩本、明監本、毛本、婺本、建本、附圖本、纂圖本、互注本、京本、金本、徐本、岳本皆同。阮記云：「《釋文》：嬛嬛，求營反，在疚，九又反，不出『予』字。」盧記同。此注引《左傳》，檢哀公十六年《傳》文，作「煢煢余在疚」，余即予也，「予」字不可闕，原文不誤。《釋文》出字為兩辭，不知阮記引之，欲示何義。

14. 頁八左　謂一曰祠者

　　按：「祠」，八行本、故宮本、董本、靜嘉本、內閣本（嘉靖）、東大本（嘉靖）、劉本（嘉靖）、朝鮮本、閩本、明監本、毛本、婺本、建本、附圖本、纂圖本、互注本、京本、金本、徐本、岳本皆同。阮記云：「賈《疏》引注，作『元謂一曰辭』者，按：鄭君從司農，改『祠』為『辭』，故下云『辭之辭也』，此仍作『祠』，非。」盧記同。諸本皆同，經文云「一曰祠也」，注從經文，故云「一曰祠者，交接之辭」，賈《疏》乃述鄭注，非直引也，作「祠」不誤，阮記曲辯，不可信從。

15. 頁九右　齊入輸范氏粟

　　按：「入」，靜嘉本、內閣本（嘉靖）、東大本（嘉靖）、劉本（嘉靖）、朝鮮本、閩本、明監本、毛本同；單疏本作「人」，八行本、故宮本、董本同。阮記云：「浦鏜云：『人』誤『入』。」盧記同。揆諸文義，顯當作「人」，當從單疏本，浦說是也。

16. 頁十右　云是之辭者

　　按：「是」，單疏本、八行本、故宮本、董本、靜嘉本、內閣本（嘉靖）、東大本（嘉靖）、劉本（嘉靖）、朝鮮本、閩本、明監本、毛本皆同。阮記云：「浦鏜云：『是』下脫『禱』。」盧記同。諸本皆同，浦說無據，不可信從。

17. 頁十右　鄭司農云牲號為犧牲皆有名號

　　按：「為」，八行本、故宮本、董本、靜嘉本、內閣本（嘉靖）、東大本（嘉靖）、劉本（嘉靖）、朝鮮本、閩本、明監本、毛本、婺本、建本、附圖本、纂圖本、互注本、京本、金本、徐本、岳本皆同。阮記云：「賈《疏》引注『為』作『謂』，此誤，諸本同。」盧記同。諸本皆同，考單疏本《疏》文云「先鄭云『牲號為犧牲皆有名號』」，則賈氏所見亦作「為」，阮記謂賈《疏》引注作「謂」，不知其所據何本，誤甚。《正字》云「謂，誤『為』」，亦非。

18. 頁十右　梁曰香箕

　　按：「箕」，靜嘉本、內閣本（嘉靖）、東大本（嘉靖）、劉本（嘉靖）、朝鮮本、閩本、明監本、毛本、建本、附圖本同；八行本作「萁」，故宮本、董本、婺本、纂圖本、互注本、京本、金本、徐本、岳本同。阮記云：「賈《疏》、

余本、嘉靖本、閩本『箕』作『其』，《釋文》作『香其』，此從竹，非。」盧記同。此注引《禮記・曲禮》，檢之正作「其」，則作「其」是也，當從八行本。

19. 頁十左　六曰攜祭

按：「攜」，八行本、故宮本、董本、靜嘉本、內閣本（嘉靖）、東大本（嘉靖）、劉本（嘉靖）、朝鮮本、閩本、明監本、毛本、婺本、建本、附圖本、纂圖本、互注本、京本、金本、徐本、岳本、唐石經、白文本皆同。阮記云：「《漢讀考》『攜』字，經注皆作『揳』，云：《儀禮》『揳』字屢見。」盧記同。諸本皆同，《釋文》出字「攜祭」，則原文不誤，阮記所引，不可信從。

20. 頁十一左　注杜子至

按：「至」，靜嘉本（正德）、內閣本（正德）、東大本（正德）、劉本（正德）同；單疏本作「至執授」，朝鮮本、閩本、明監本、毛本皆同。阮記無說，盧記補云：「此本脫『執授』二字。」此標起止，鄭注云「杜子春云……《孝經說》曰：共綏執授」，《疏》文標起止例取前後二字，則當作「注杜子至執授」，「執授」二字不可闕，當從單疏本，盧記所補是也。

21. 頁十三左　其稽稽留之字

按：單疏本、八行本、故宮本、董本、靜嘉本、內閣本（嘉靖）、東大本（嘉靖）、劉本（嘉靖）、朝鮮本、閩本、明監本、毛本皆同。阮記云：「浦鏜云：當從《儀禮經傳通解》作『稽是稽留之義』。」盧記同。諸本皆同，原文不誤，浦說無據，不可信從。

22. 頁二十一左　王七祀五者

按：「祀」，靜嘉本、內閣本（嘉靖）、東大本（嘉靖）、劉本（嘉靖）、朝鮮本、閩本、明監本、毛本同；八行本作「祀祀」，故宮本、董本、婺本、建本、附圖本、纂圖本、互注本、京本、金本、徐本、岳本同。阮記云：「閩、監、毛本同，徐本、余本、嘉靖本疊『祀』字，此脫。」盧記同。考八行本鄭注云「王七祀，祀五者，司命、大厲平生出入，不以告」，意謂王本應七祀，而此處經文云「分禱五祀」，則五祀，乃因其中司命、大厲不祭，故唯有五，揆諸文義，「祀」者不可闕，當從八行本，阮記是也。

卷二十六

1. 頁一右　防謂執披備傾戲

　　按：「戲」，明監本、毛本、婺本、互注本、京本、金本、徐本、岳本同；八行本作「戲」，故宮本、董本同；靜嘉本（正德）作「戲」，內閣本（正德十二年）、東大本（正德十二年）、劉本（正德十二年）、朝鮮本、閩本、建本、附圖本同；纂圖本作「戲」。阮記云：「《釋文》：傾戲，音戲。按：賈《疏》引注作『傾戲』。」盧記同。檢《釋文》出字「傾戲」，小注「音戲」，《集韻》戲有音驅為切，即所謂「音戲」也，作「戲」是也，當從婺本等，明監本所改是也。阮記謂《釋文》作「戲」，不知所據為何本。

2. 頁二右　未通其記

　　按：「記」，單疏本、八行本、故宮本、董本、靜嘉本、內閣本（嘉靖）、東大本（嘉靖）、劉本（嘉靖）、朝鮮本、閩本、明監本、毛本皆同。阮記云：「浦鏜云：『記』當作『說』字誤。」盧記同。諸本皆同，記者記載之義，原文不誤，浦說無據，不可信從。

3. 頁五右　云書亦或為貉者

　　按：「貉」，靜嘉本（正德）、內閣本（正德）、東大本（正德）、劉本（正德）、朝鮮本、閩本、明監本（此頁為抄補）同；單疏本作「禡」，八行本、故宮本、董本、毛本同。阮記云：「閩本同，監、毛本『貉』改『禡』。按：『禡』是也。」盧記同。此《疏》引鄭注，八行本注云「書亦或為禡」，故宮本、董本、毛本、婺本、建本、附圖本、纂圖本、互注本、京本、金本、徐本、岳本同；阮本作「書亦或為貉」，靜嘉本、內閣本（嘉靖）、東大本（嘉靖）、劉本（嘉靖）、朝鮮本、閩本、明監本（此頁為抄補）同。宋刊經注本、注疏本皆作「禡」，《疏》文引之，作「禡」是也，則當從單疏本，阮記按語是也，加記引阮本注文作「書亦或為禡」，誤甚。

4. 頁八右　鄭司農云魯僖公欲焚巫尪以其舞雩不得雨者

　　按：「尪」，單疏本、八行本、故宮本、董本、靜嘉本、內閣本（嘉靖）、東大本（嘉靖）、劉本（嘉靖）、朝鮮本、閩本、明監本、毛本皆同。阮記、盧記皆無說。然阮記引鄭注「魯僖公欲焚巫尪」，云：「余本『尪』作『尪載』，

《音義》同。」盧記同。此《疏》引鄭注，阮本注云「魯僖公欲焚巫尪」，八行本、故宮本、靜嘉本、內閣本（嘉靖）、東大本（嘉靖）、劉本（嘉靖）、朝鮮本、閩本、明監本、毛本、婺本、建本、附圖本、纂圖本、互注本、京本、金本、徐本、岳本同；董本作「魯僖公終楚巫尪」。宋刊經注本、注疏本皆作「尪」，《釋文》出字「巫尪」，無作「尪載」者，則當從單疏本，阮記謂《音義》同所謂余本作「尪載」，誤甚，阮本加圈於《疏》文「尪」之右，而盧記不出校，阮記、盧記出校者顯指注文「尪」，則其加圈之處當在注文「尪」字之右也，當改。加記謂注文浙本作「終楚」，可知其所據所謂浙本乃董本，董本此頁乃翻刻，非影印底本，遂致訛誤也。

5. 頁九左　以其授號文故二者之下

按：「故」，靜嘉本、內閣本（元）、東大本（元）、劉本（元）、朝鮮本、閩本、明監本、毛本同；單疏本作「承」，八行本、故宮本、董本同。阮記云：「浦鏜云：『承』誤『故』。」盧記同。文故，不知何義，揆諸文義，作「承」是也，當從單疏本，浦說是也。

6. 頁九左　故知此六神皆授之號之

按：「之」，單疏本、八行本、故宮本、董本、靜嘉本、內閣本（元）、東大本（元）、劉本（元）、朝鮮本、閩本、明監本、毛本皆同。阮記云：「惠校本無下『之』。」盧記同。諸本皆同，原文不誤，不知惠校所據何本，不可信從。

7. 頁十七右　史以書敘昭穆之俎簋

按：「簋」，八行本、故宮本、董本、靜嘉本、內閣本（嘉靖）、東大本（嘉靖）、劉本（嘉靖）、朝鮮本、閩本、明監本、毛本、婺本、建本、附圖本、纂圖本、互注本、京本、金本、徐本、岳本、唐石經、白文本皆同。阮記云：「《漢讀考》云：簋，當作『軌』。」盧記同。諸本皆同，考單疏本標起止云「大祭至俎簋」，則賈氏所見本亦作「簋」，作「簋」是也，原文不誤，段說絕不可信。

8. 頁十七右　讀禮法者大史與羣執事

按：「讀禮法」，八行本、故宮本、董本、靜嘉本、內閣本（嘉靖）、東大

本（嘉靖）、劉本（嘉靖）、朝鮮本、婺本、建本、附圖本、徐本、岳本同；
閩本作「讀禮灋」，明監本、毛本同；金本作「讀礼法」；纂圖本作「法」，互
注本、京本同。阮記云：「余本脫『讀禮』二字。」盧記同。考單疏本《疏》
文云「鄭知讀禮法」，則賈氏所見本亦作「讀禮法」，「讀禮」二字不可闕，當
從八行本，阮記是也。

9. 頁十七右　言讀定法者

按：「定」，靜嘉本、建本、纂圖本、互注本、京本同；八行本作「禮」，
故宮本、董本、內閣本（嘉靖）、東大本（嘉靖）、劉本（嘉靖）、朝鮮本、閩
本、明監本、毛本、婺本、附圖本、徐本、岳本同，金本作「礼」。阮記引文
「言讀禮法者」，云：「余本『禮』作『定』，蓋『礼』之訛。」盧記同。考單
疏本《疏》文云「言讀禮法者」，則賈氏所見本亦作「禮」，作「禮」是也，
當從八行本。

10. 頁十七右　故書簋或為几鄭司農云几讀為軌

按：八行本、故宮本、董本、靜嘉本、內閣本（嘉靖）、東大本（嘉靖）、
劉本（嘉靖）、朝鮮本、閩本、明監本、毛本、婺本、建本、附圖本、纂圖本、
互注本、京本、金本、徐本、岳本皆同。阮記云：「《漢讀考》云：當作『故
書軌或為九鄭司農云九讀為軌』。」盧記同。諸本皆同，原文不誤，段說絕不
可信。

11. 頁十七右　書亦或為簋古文也

按：八行本、故宮本、董本、靜嘉本、內閣本（嘉靖）、東大本（嘉靖）、
劉本（嘉靖）、朝鮮本、閩本、明監本、毛本、婺本、建本、附圖本、纂圖本、
互注本、京本、金本、徐本、岳本皆同。阮記云：「《漢讀考》云：『或為』下
當有『軌』字，句絕；『簋古文也』四字，句絕。」盧記同。諸本皆同，原文
不誤，段說絕不可信。

12. 頁十七左　事相成也

按：「也」，靜嘉本、內閣本（嘉靖）、東大本（嘉靖）、劉本（嘉靖）、朝
鮮本、閩本、明監本、毛本、建本、附圖本、金本同；八行本無，故宮本、
董本、婺本、纂圖本、互注本、京本、徐本、岳本同。阮記云：「閩、監、毛

本同，余本、岳本、嘉靖本無『也』字。」盧記同。考單疏本《疏》文云「云『事相成』者」，則賈氏所見本亦無「也」字，無者似勝。

13. 頁十七左　辨其敘事以會天位

　　按：「辨其敘事」，八行本、故宮本、董本、閩本、婺本、金本、白文本同；靜嘉本作「辯其敘事」，內閣本（嘉靖）、東大本（嘉靖）、劉本（嘉靖）、朝鮮本、建本、纂圖本、互注本、京本、徐本、岳本、唐石經同；明監本作「辨其序事」，毛本、附圖本同。阮記引文「辯其敘事以會天位」，云：「唐石經、余本、嘉靖本同，閩、監、毛本『辯』作『辨』，注及下同。監本此『敘』誤『序』，注同。」盧記同。考單疏本《疏》文云「云『辨其敘事』者」，則賈氏所見本亦作「辨其敘事」，辨、辯可通，敘、序一義，字異實同也。

14. 頁十八左　日月五星俱赴於牽牛之初

　　按：「赴」，單疏本、八行本、故宮本、董本、靜嘉本（正德）、內閣本（正德十二年）、東大本（正德十二年）、劉本（正德十二年）、朝鮮本、閩本、明監本、毛本皆同。阮記云：「浦鏜云：『起』誤『赴』。」盧記同。諸本皆同，原文不誤，浦說無據，不可信從。

15. 頁二十右　月有盈虧

　　按：「盈虧」，靜嘉本、內閣本（嘉靖）、東大本（嘉靖）、劉本（嘉靖）、朝鮮本、閩本、明監本、毛本、建本、附圖本同；八行本作「虧盈」，故宮本、董本、婺本、纂圖本、互注本、京本、金本、徐本、岳本同。阮記云：「余本、嘉靖本『盈虧』作『虧盈』，此誤倒。」盧記同。考單疏本《疏》文云「云『月有虧盈』者」，則賈氏所見本亦作「虧盈」，作「虧盈」似勝，《正字》云「虧盈，字誤倒」，豈其必然？

16. 頁二十二左　其在所之國兵必昌

　　按：「在所」，單疏本、八行本、故宮本、董本、靜嘉本、內閣本（嘉靖）、東大本（嘉靖）、劉本（嘉靖）、朝鮮本、閩本、明監本、毛本皆同。阮記云：「浦鏜云：『所在』字誤倒。」盧記同。諸本皆同，原文不誤，浦說無據，不可信從。

17. 頁二十三左　五九四十五且變

按：「且變」，單疏本、八行本、故宮本、董本、靜嘉本、內閣本（嘉靖）、東大本（嘉靖）、劉本（嘉靖）、朝鮮本、閩本、明監本、毛本皆同。阮記云：「惠校本作『五九四十五日一變風』，此誤并『日一』為且，又脫『風』。」盧記同。諸本皆同，檢《通解》卷二十五，正作「且變」，則原文不誤，惠校本不知所據，阮記之說，不可信從。

18. 頁二十三左　二驚蟄不見風

按：「二」，單疏本、八行本、故宮本、董本、靜嘉本、內閣本（嘉靖）、東大本（嘉靖）、劉本（嘉靖）、朝鮮本、閩本同；明監本作「二月」，毛本同。阮記無說，盧記云：「毛本『二』下有『月』字。」至二，不辭，檢《通解》卷二十五，正作「二月驚蟄不見風」，與下《疏》「五月芒種不見風」句式同，則「月」字不可闕也，明監本補之，是也。

19. 頁二十四右　訪序事

按：「序」，八行本、故宮本、董本、靜嘉本、內閣本（嘉靖）、東大本（嘉靖）、劉本（嘉靖）、朝鮮本、閩本、明監本、毛本、婺本、建本、附圖本、纂圖本、互注本、京本、金本、徐本、岳本、唐石經、白文本皆同。阮記云：「唐石經、諸本同，按：『序』當作『軌』。」盧記同。諸本皆同，考單疏本標起止云「凡此至序事」，則賈氏所見本亦作「序」，作「序」是也，原文不誤，阮記之說，絕不可信。

20. 頁二十六右　謂若魯之春秋之等孟子又

按：「又」，單疏本作「文」，八行本、故宮本、董本、靜嘉本（正德）、內閣本（正德十二年）、東大本（正德十二年）、劉本（正德十二年）、朝鮮本、閩本、明監本、毛本皆同。阮記云：「按：『又』為『文』之訛。」盧記同。考鄭注云「志，記也，謂若魯之春秋、晉之乘、楚之梼杌」，檢《孟子·離婁下》「晉之乘、楚之檮杌、魯之春秋，一也」，正為鄭注所本，故《疏》文云「『謂若魯之春秋』之等，《孟子》文」，作「文」是也，當從單疏本，《正字》云「文，誤『又』」，乃阮記所本，是也。

卷二十七

1. 頁四右 經直云先

按：「先」，靜嘉本（正德）、內閣本（正德十二年）、東大本（正德十二年）、劉本（正德十二年）、朝鮮本、閩本、明監本、毛本同；單疏本作「朱」，八行本、故宮本、董本同。阮記云：「浦鏜云『朱』誤『先』。」盧記同。考經文云「象路，朱，樊纓七就」，則《疏》文言之，顯當作「朱」，作「朱」是也，當從單疏本，浦說是也。

2. 頁七左 組總有握

按：「握」，八行本、故宮本、董本、靜嘉本、內閣本（元）、東大本（元）、劉本（元）、朝鮮本、閩本、明監本、毛本、婺本、建本、附圖本、纂圖本、互注本、京本、金本、徐本、岳本、唐石經、白文本皆同。阮記云：「唐石經、諸本同，《釋文》『有握』，干、馬皆作『幄』。」盧記同。諸本皆同，考單疏本標起止云「翟車至有幄」，則賈氏所見本作「幄」，考單疏本《疏》文云「云『有幄，則此無蓋矣』者，但蓋所以禦雨，無幄乃施之，今既有幄，故知無蓋矣」，作「幄」是也，《釋文》所引別本是也。

3. 頁八右 輦車組輓

按：「輦」，八行本、故宮本、董本、靜嘉本（正德）、內閣本（正德十二年）、東大本（正德十二年）、劉本（正德十二年）、朝鮮本、閩本、明監本、毛本、婺本、建本、附圖本、纂圖本、互注本、京本、金本、徐本、岳本、唐石經、白文本皆同。阮記云：「唐石經、諸本同，《釋文》作『連車』，云音輦，本亦作『輦』。按……古經當以連為輦，後人按注改之。」盧記同。諸本皆同，原文不誤，《釋文》所引，或為別本也，阮記之說，絕不可信。

4. 頁九左 大夫說經帶于廟門外

按：「大」，八行本、故宮本、董本、靜嘉本（正德）、內閣本（正德十二年）、東大本（正德十二年）、劉本（正德十二年）、朝鮮本、閩本、明監本、毛本同；單疏本作「丈」。阮記云：「浦鏜云『丈』誤『大』。」盧記同。此《疏》引《儀禮·士虞禮》，檢之，正作「丈夫說經帶于廟門」，作「丈」是也，當從單疏本，浦說是也。

5. 頁九左　杜子春輒讀為華藻之藻

　　按：「華藻」，八行本、故宮本、董本、朝鮮本、閩本、明監本、毛本、婺本、建本、京本、金本、徐本、岳本同；靜嘉本作「革藻」，內閣本（元）、東大本（元）、劉本（元）、附圖本、纂圖本、互注本同。阮記云：「《漢讀考》云：疑當作『讀為華率之藻』。」盧記同。宋元經注本、注疏本多作「華藻」，原文不誤，段說純屬揣測，絕不可信。

6. 頁十右　見為蒼文色也

　　按：「文」，靜嘉本、內閣本（元）、東大本（元）、劉本（元）、朝鮮本、閩本、明監本、毛本同；單疏本作「艾」，八行本、故宮本、董本同。阮記云：「浦鏜云『艾』誤『文』。」盧記同。蒼文，不知何義，揆諸文義，作「艾」是也，當從單疏本，浦說是也。

7. 頁十左　孤乘夏篆

　　按：「篆」，八行本、故宮本、董本、靜嘉本、內閣本（元）、東大本（元）、劉本（元）、朝鮮本、閩本、明監本、毛本、婺本、建本、附圖本、纂圖本、互注本、京本、金本、徐本、岳本、唐石經、白文本皆同。阮記云：「《說文》：軘，車約也，從車川聲，《周禮》曰『孤乘夏軘』。按：軘與篆聲相近，蓋賈、許所讀本如是。」盧記同。諸本皆同，《釋文》出字「夏篆」，作「篆」是也，原文不誤，阮記之說，絕不可信。

8. 頁十左　故書夏篆為夏緣

　　按：「緣」，八行本、故宮本、董本、靜嘉本、內閣本（元）、東大本（元）、劉本（元）、朝鮮本、閩本、明監本、毛本、婺本、建本、附圖本、纂圖本、互注本、京本、金本、徐本、岳本皆同。阮記云：「《漢讀考》云：故書作『緣』字，故司農云『夏赤色緣綠色』，今各本作『緣』，此正同《內司服》注之誤，三『緣』字皆當作『綠』。」盧記同。諸本皆同，原文不誤。

9. 頁十左　夏赤也

　　按：「也」，八行本、故宮本、董本、靜嘉本、內閣本（元）、東大本（元）、劉本（元）、朝鮮本、閩本、明監本、毛本、婺本、建本、附圖本、纂圖本、互注本、京本、金本、徐本、岳本皆同。阮記無說，盧記云：「毛本同，按：『也』當『色』譌。」諸本皆同，原文不誤，盧記之說，不可信從。

10. **頁十左** 篆讀為

按：「為」，八行本、故宮本、董本、靜嘉本、內閣本（元）、東大本（元）、劉本（元）、朝鮮本、閩本、明監本、毛本、婺本、建本、附圖本、纂圖本、互注本、京本、金本、徐本、岳本皆同。阮記云：「《漢讀考》云：疑當作『讀如』。」盧記同。此鄭注，諸本皆同，考單疏本《疏》文云「篆讀為」，則賈氏所見本亦作「為」，作「為」是也，原文不誤，段說絕不可從。

11. **頁十左** 不革鞔而漆之

按：「鞔」，八行本、故宮本、董本、靜嘉本、內閣本（元）、東大本（元）、劉本（元）、朝鮮本、婺本、建本、附圖本、纂圖本、互注本、京本、金本、岳本同；閩本作「鞅」，明監本、毛本、徐本同。阮記云：「余本同，嘉靖本、閩、監、毛本『鞔』誤『鞅』。按：『鞔』是。」盧記同。此鄭注，考單疏本《疏》文云「不革鞔而漆之」，則賈氏所見本作「鞔」，作「鞔」是也，阮記按語是也。

12. **頁十五右** 其字當為萃

按：「其」，八行本、故宮本、董本、靜嘉本、內閣本（元）、東大本（元）、劉本（元）、朝鮮本、閩本、明監本、毛本、婺本、建本、附圖本、纂圖本、互注本、京本、金本、徐本、岳本皆同。阮記云：「諸本同。按：其，蓋『萃』之訛。」盧記同。諸本皆同，原文不誤，阮記之說，不可信從。

13. **頁十五左** 故知餘諸侯兵車為之避天子不得以戎路也

按：「為之」，靜嘉本、內閣本（元）、東大本（元）、劉本（元）、朝鮮本、閩本同；單疏本作「並以廣車為之」，八行本、故宮本、董本、明監本、毛本同。阮記引文「故知餘諸侯兵車並以避天子不得以戎路也」，云：「閩本同，監、毛本『並以』下增『廣車為之』四字。」盧記引文「故知餘諸侯兵車避天子不得以戎路也」，云：「閩本『兵車』下增『並以』二字，監、毛本『兵車』下增『並以廣車為之』六字。」揆諸文義，當以「並以廣車為之」為長，當從單疏本。阮記、盧記引文皆與底本異，又與傳世各本異，不知所據，二者謂閩本作「並以」，亦非，可謂舛亂殊甚者也。

14. 頁十七右 師都建旗

按:「師」,八行本、故宮本、董本、靜嘉本、內閣本(元)、東大本(元)、劉本(元)、朝鮮本、閩本、明監本、毛本、婺本、建本、附圖本、纂圖本、互注本、京本、金本、徐本、岳本皆同。阮記云:「唐石經、諸本同。」盧記同。諸本皆同,原文不誤。

15. 頁十八左 以緇長半輻

按:「輻」,靜嘉本(正德)、內閣本(正德)、東大本(正德)、劉本(正德)、閩本、明監本、毛本同;八行本作「幅」,故宮本、董本、朝鮮本、婺本、建本、附圖本、纂圖本、互注本、京本、金本、徐本、岳本皆同。阮記云:「余本、嘉靖本『輻』作『幅』,當訂正。」盧記同。衣物從巾,顯當作「幅」,當從八行本,阮記是也。

16. 頁十九左 高九刃

按:「刃」,單疏本、八行本、故宮本、董本、靜嘉本、內閣本(元)、東大本(元)、劉本(元)、朝鮮本、閩本、明監本同;毛本作「仞」。阮記云:「閩、監本同。毛本『刃』改『仞』,非。」盧記無說。宋元刊本皆作「刃」,毛本改作「仞」不知所據,誤矣,阮記是也。

卷二十八

1. 頁二左 魯語季武子為三軍叔孫昭子曰不可

按:「昭」,單疏本、八行本、故宮本、董本、靜嘉本、內閣本(元)、東大本(元)、劉本(元)、朝鮮本、閩本、明監本、毛本皆同。阮記云:「浦鏜云『穆』誤『昭』。」盧記同。諸本皆同,則賈氏所見本《國語》或作「叔孫昭子」,而與傳世本作「叔孫穆子」不同,存疑可也,浦說豈其必然?

2. 頁二左 鄭答林碩謂二萬之大數

按:「萬」,八行本、故宮本、董本、靜嘉本、內閣本(元)、東大本(元)、劉本(元)、朝鮮本、閩本、明監本、毛本同,單疏本作「万」。阮記云:「盧文弨云:《詩·閟宮·正義》『二萬』作『二軍』,是。」盧記同。諸本皆同,原文不誤,盧說不可信從。

3. 頁三左　言眾舉中言之也

按：「眾」，單疏本、八行本、故宮本、董本、靜嘉本（正德）、內閣本（正德六年）、東大本（正德六年）、劉本（正德六年）、朝鮮本、閩本、明監本、毛本皆同。阮記云：「盧文弨云：『言眾』當作『言師』。」盧記同。諸本皆同，原文不誤，盧說不可信從。

4. 頁三左　軍以軍為名

按：「軍」，單疏本、八行本、故宮本、董本、靜嘉本（正德）、內閣本（正德六年）、東大本（正德六年）、劉本（正德六年）、朝鮮本、閩本、明監本、毛本皆同。阮記云：「浦鏜云：上『軍』，為『多』之誤。」盧記同。諸本皆同，原文不誤，浦說純屬猜測，不可信從。

5. 頁九右　按禮記郊特牲及士冠記

按：「記」，單疏本、八行本、故宮本、董本、靜嘉本（正德）、內閣本（正德六年）、東大本（正德六年）、劉本（正德六年）、朝鮮本、閩本、明監本、毛本皆同。阮記云：「惠挍本作『士冠禮』，又云宋板是『記』字 o 按：今見《儀禮‧士冠禮》『記』中。」盧記同。諸本皆同，作「記」不誤，阮記按語是也。

6. 頁十左　右者參乘

按：「右」，靜嘉本（正德）、內閣本（正德六年）、東大本（正德六年）、劉本（正德六年）、朝鮮本、閩本、明監本、建本、纂圖本、互注本、京本、金本、岳本同；八行本作「古」，故宮本、董本、毛本、婺本、徐本同。阮記云：「閩、監本同，誤也。余本、嘉靖本、毛本『右』作『古』，當據以訂正。」盧記同。此鄭注，考單疏本標起止云「注古者至右焉」，《疏》文云「云『古者參乘』者」，則賈氏所見本作「古」，作「古」是也，當從八行本，阮記是也。

7. 頁十左　巾車玉路有五

按：「玉」，單疏本、故宮本、董本、靜嘉本（正德）、內閣本（正德六年）、東大本（正德六年）、劉本（正德六年）、朝鮮本、閩本、明監本、毛本同；八行本作「王」。阮記云：「浦鏜云『王』誤『玉』。」盧記同。考《巾車》明云「王之五路，一曰玉路」，則作「王」是也，當從八行本，浦說是也。

8. 頁十一右　充金路為王

按：單疏本作「充金路為主」，八行本、故宮本、董本、明監本同；靜嘉本（正德）作「充金路為玉」，內閣本（正德六年）、東大本（正德六年）、劉本（正德六年）、朝鮮本、閩本同；毛本作「充玉路為主」。阮記引文「充金路為玉」，云：「閩本同，誤也。監、毛本『金』作『玉』，『玉』作『主』，當據正。」盧記同。考經文云「齊右，下大夫二人」，鄭注云「充玉路金路之右」，而下《齊右》職云「齊右，掌祭祀會同」，鄭注云「齊車金路，王自整齊之車也」，惟言「金路」，不及「玉路」，故此處《疏》文釋其原由曰「充金路為主」，金路為主，玉路次之也，據此，則當從單疏本，諸本皆非也，《正字》「充玉路為主」，云「玉，監本誤『金』」，則浦氏所見監本亦作「充金路為主」，而非阮記所謂監本作「充玉路為主」。又，浦說、阮記皆不解文義，所云皆非也。

卷二十九

1. 頁二左　次國三之

按：「之」，靜嘉本、東大本（元）、劉本（元）、朝鮮本、閩本、明監本同；單疏本作「之一」，八行本、故宮本、董本、毛本同；內閣本此頁闕。阮記云：「按：下脫『一』字。」盧記同。考單疏本《疏》文云「大國貢半，次國三之一，小國四之一」，則「一」字顯不可闕，當從單疏本，《正字》云「監本脫『一』字」，乃阮記所本，浦說是也。

2. 頁四右　衛公出奔楚

按：「公」，單疏本作「侯」，八行本、故宮本、董本、靜嘉本、內閣本（嘉靖）、東大本（嘉靖）、劉本（嘉靖）、朝鮮本、閩本、明監本、毛本同。阮記無說，盧記補云：「毛本『衛公』作『衛侯』，疑『公』上脫『成』字。」考注文明云「衛侯」，下《疏》亦云「衛侯」，則作「衛侯」是也，當從單疏本，盧記所疑無據，不可信從。

3. 頁五左　蓋中國稍遠

按：「蓋」，靜嘉本（正德）、內閣本（正德）、東大本（正德）、劉本（正德）、朝鮮本、閩本、明監本、毛本同；單疏本作「去」，八行本、故宮本、

董本同。阮記云：「惠挍本『蓋』作『去』，此誤。」盧記同。蓋中國，不知何義，揆諸文義，作「去」是也，當從單疏本，阮記是也。

4. 頁六右　不通中國之言也

按：「言」，靜嘉本、內閣本（嘉靖）、東大本（嘉靖）、劉本（嘉靖）、朝鮮本、閩本、明監本、毛本同；單疏本作「名」，八行本、故宮本、董本同。阮記云：「惠挍本『言』作『名』，此誤。」盧記同。考單疏本《疏》云「其實通稱，唯蠻服以外，直據彼為號，不通中國之名也」，應不知中國稱名之法，故據彼為號也，作「名」是也，當從單疏本，阮記是也。

5. 頁六左　地即據下地之下

按：「下」，靜嘉本、內閣本（嘉靖）、東大本（嘉靖）、劉本（嘉靖）、朝鮮本、閩本、毛本同；單疏本作「上」，八行本、故宮本、董本、明監本同。阮記云：「閩本同，誤也。當從監、毛本作『下地之上』。」盧記同。考經文云「凡令賦以地與民制之，上地食者參之二，其民可用者家三人；中地食者半，其民可用者二家五人；下地食者參之一，其民可用者家二人」，又前《疏》引《小司徒》注云「有夫有婦，然後為家，自二人以至於十人為九等，七、六、五者為其中。則地有上中下，各分為三等。九等：則十口食上上，九口食上中，八口食上下，七人食中上，六人食中中，五人食中下，四人食下上，三人食下中，二人食下下」，經云下地「家二人」，二家四人，「四人食下上」，故《疏》當云「下地」「即據下地之上」，作「上」是也，當從單疏本，阮記謂毛本作「上」，不知其所據何本。

6. 頁八右　雖卑同其號

按：「卑」，八行本、故宮本、董本、靜嘉本、內閣本（元）、東大本（元）、劉本（元）、朝鮮本、閩本、明監本、毛本、婺本、建本、附圖本、纂圖本、互注本、京本、金本、徐本、岳本皆同。阮記云：「《通典》『卑』下有『亦』，此脫。」盧記同。諸本皆同，《通典》所引或為別本，阮記之說，絕不可信。

7. 頁十左　凡軍有三種

按：「軍」，單疏本、八行本、故宮本、董本、靜嘉本、內閣本（元）、東大本（元）、劉本（元）、朝鮮本、閩本、明監本、毛本皆同。阮記云：「浦鏜

云『軍』下脫『實』。」盧記同。諸本皆同，原文不誤，浦說純屬猜測，不可信從。

8. 頁十四右　上文教載旗

　　按：「載」，靜嘉本（正德）、內閣本（正德）、東大本（正德）、劉本（正德）、朝鮮本、閩本、明監本、毛本同；單疏本作「戰班」，八行本、故宮本、董本同。阮記云：「浦鏜云：『戰頒』二字誤『載』，從《儀禮通解續》校。」盧記同。上經云「中秋，教治兵，如振旅之陳，辨旗物之用」，所謂治兵即教戰，所謂辨旗物即班旗，則當作「戰班」，當從單疏本，浦說微誤。

9. 頁十四右　云詩曰以社以方者詩大雅

　　按：「大」，單疏本、八行本、故宮本、董本、靜嘉本（正德）、內閣本（正德）、東大本（正德）、劉本（正德）、朝鮮本、閩本、明監本、毛本皆同。阮記云：「浦鏜云『小雅』之訛。」盧記同。以社以方，《小雅・甫田》詩句，則「大」字確為「小」之譌，浦說是也。

10. 頁十九右　擊則不得入

　　按：「擊」，單疏本、八行本、故宮本、董本、靜嘉本、內閣本（元）、東大本（元）、劉本（元）、朝鮮本、閩本、明監本同；毛本作「繫」。阮記云：「閩、監本同，誤也。惠校本『擊』作『轚』，當據正，毛本誤『繫』。」盧記同。宋元刊本皆作「擊」，作「擊」不誤，阮記之說，不可信從。

11. 頁二十二左　宣十二年楚令尹蒍艾獵城所

　　按：單疏本作「宣十一年楚令尹蒍艾獵城沂」，八行本、故宮本、董本同；靜嘉本作「宣十一年楚令尹蒍艾獵城所」，內閣本（元）、東大本（元）、劉本（元）、朝鮮本、閩本、明監本、毛本同。阮記云：「浦鏜云『沂』誤『所』。」盧記同。此《疏》引《左傳》，檢《左傳》宣公十一年「令尹蒍艾獵城沂」，杜注：「艾獵，孫叔敖也。沂，楚邑。」則當從單疏本，阮本誤「沂」為「所」，「一」為「二」，浦氏、阮記皆疏矣。

卷三十

1. 頁一右　此下字脫滅札爛文闕

　　按：董本、靜嘉本、內閣本（元）、東大本（元）、劉本（元）、朝鮮本、閩本、明監本、毛本、建本、附圖本、纂圖本、互注本、京本、岳本同；八行本作「此下字脫滅札爛又闕」，故宮本、婺本、金本、徐本同。阮記云：「余本、毛本同，嘉靖本『文』作『又』。按：此本《疏》云『以此知此下脫滅札爛又闕也』，又云『札爛又闕者以其下經簡札為韋編折爛闕落』，則『文』為『又』之誤，無疑，而『字』字亦當為衍文。」盧記同。「文」顯為「又」字之譌，當從八行本，阮記謂「字」為衍文，純屬猜測，絕不可信。

2. 頁一右　興購求遺書不得也

　　按：「興」，靜嘉本、內閣本（元）、東大本（元）、劉本（元）、朝鮮本同；單疏本作「漢興」，八行本、故宮本、董本、閩本、明監本、毛本同。阮記無說，盧記補云：「按：『興』字上當有『漢』字。」注云「漢興求之不得」，《疏》文本之，「漢」字絕不可闕，當從單疏本，盧記所補是也。

3. 頁一右　凡小至祭祀

　　按：「祭祀」，靜嘉本、內閣本（元）、東大本（元）、劉本（元）同；單疏本作「之法」，朝鮮本同；閩本作「之灋」，明監本、毛本同。阮記、盧記皆無說。此《疏》文標起止，經文云「凡小至之灋」，則標起止作「凡小至祭祀」顯誤，當從單疏本。

4. 頁六左　傅火曰燔

　　按：「傅」，董本、靜嘉本、內閣本（嘉靖）、東大本（嘉靖）、劉本（嘉靖）、朝鮮本、閩本、明監本、毛本同；單疏本作「傅」，八行本、故宮本同。阮記云：「閩、監、毛本同，誤也。宋本『傅』作『傅』，即今附近之附。」盧記同。此《疏》引《大雅・生民》，《毛傳》云「傅火曰燔」，作「傅」是也，當從單疏本，阮記是也。

5. 頁九右　法羊殽饔積膳之羊

　　按：「殽饔」，八行本、故宮本、董本、靜嘉本（正德）、內閣本（正德）、東大本（正德）、劉本（正德）、朝鮮本、閩本、明監本、毛本、婺本、金本、

建本、附圖本、纂圖本、互注本、京本、徐本、岳本皆同。阮記云：「《釋文》『殽饔』作『食饗』，云音嗣，本又作『殽饔』。」盧記同。諸本皆同，《釋文》所引，或為別本也。

6. 頁十右 九月本黃昏心星伏在戌上

　　按：「黃」，八行本、故宮本、董本、靜嘉本（正德）、內閣本（正德）、東大本（正德）、劉本（正德）、朝鮮本、閩本、明監本、毛本、婺本、金本、建本、附圖本、纂圖本、互注本、京本、徐本、岳本皆同。阮記云：「此本《疏》中引注無『黃』字。案：上文亦無『黃』，此衍。」盧記同。諸本皆同，《疏》云「九月本始之黃昏」，則不可謂賈氏所見本無「黃」字也，阮記之說，純屬猜測，不可信從。

7. 頁十三右 其溝上亦皆有道路以相之湊

　　按：「之」，單疏本、八行本、故宮本、董本、靜嘉本（正德）、內閣本（正德）、東大本（正德）、劉本（正德）、朝鮮本、閩本同；明監本作「支」，毛本同。阮記云：「閩本同，余本無『之』，監、毛本改為『支』。按：無者是也。」盧記同。以相之湊，即相湊也，原文不誤，明監本改作「支」，不知何據，又阮本謂余本無「之」，余本為經注本，豈有賈《疏》？阮記誤甚！

8. 頁十五右 詩云維師尚父時維鷹揚

　　按：兩「維」，靜嘉本（正德）、內閣本（正德十二年）、東大本（正德十二年）、劉本（正德十二年）、朝鮮本、閩本、明監本、毛本、纂圖本、互注本、京本、岳本同；八行本皆作「惟」，故宮本、董本、婺本、金本、建本、附圖本、徐本同。阮記云：「惠校本、嘉靖本『維』作『惟』，此從『糸』，非。」盧記同。此注引《大雅・大明》，惟、維可通，阮記以為從糸必非，豈其必然也？

9. 頁十五左 以守壺者為沃漏也

　　按：「以」，靜嘉本（正德）、朝鮮本同；八行本作「以水」，故宮本、董本、內閣本（正德十二年）、東大本（正德十二年）、劉本（正德十二年）、閩本、明監本、毛本、婺本、金本、建本、附圖本、纂圖本、互注本、京本、徐本、岳本同。阮記、盧記皆無說。下注云「以火守壺者」，水、火相對，「水」字不可闕，當從八行本。

10. 頁十六右　以野廬氏無夜行者

　　按：「夜行」，單疏本、八行本、故宮本、董本、靜嘉本（正德）、內閣本（正德）、東大本（正德）、劉本（正德）、朝鮮本、閩本、明監本、毛本皆同。阮記云：「按：『夜行』字當誤倒。」盧記同。諸本皆同，阮記之說，純屬猜測，不可信從。

11. 頁十六右　夏至則晝夜短

　　按：「晝」，靜嘉本（正德）、內閣本（正德）、東大本（正德）、劉本（正德）同；單疏本作「晝長」，八行本、故宮本、董本、朝鮮本、閩本、明監本、毛本同。阮記無說，盧記補云：「按：『晝』下當有『長』字。」晝長夜短，「長」字顯不可闕，當從單疏本，盧記所補是也。

12. 頁十八右　今儒家云四尺曰正二尺曰鵠

　　按：八行本、故宮本、董本、靜嘉本（正德）、內閣本（正德十二年）、東大本（正德十二年）、劉本（正德十二年）、朝鮮本、閩本、明監本、毛本、婺本、金本、纂圖本、互注本、京本、徐本、岳本同；建本作「今儒家云四尺曰正三尺曰鵠」，附圖本同。阮記云：「諸本同。案：《詩·賓之初筵·正義》曰：《周禮》鄭眾、馬融注皆云，十尺曰侯，四尺曰鵠，二尺曰正，四寸曰質。今儒家即指馬季長、鄭仲師也。『正』『鵠』字正互誤，當據以訂正。o按：注於鄭眾注纖悉畢載，皆系之鄭司農，何此處云『儒家』？蓋必各處一說，不容牽合，儒家非仲師也。」盧記同。「正」、「鵠」，諸本皆同，原文不誤，阮記按語是也。

13. 頁十八右　干讀如宜豻豻宜獄之豻

　　按：「如」，八行本、故宮本、董本、靜嘉本（正德）、內閣本（正德十二年）、東大本（正德十二年）、劉本（正德十二年）、朝鮮本、閩本、明監本、毛本、婺本、金本、建本、附圖本、纂圖本、互注本、京本、徐本、岳本皆同。阮記云：「《漢讀考》作讀為，云今本作『讀如』，誤。」盧記同。諸本皆同，原文不誤，段說豈可信從？

14. 頁二十三右　鳧鴈鴇鶉之屬

　　按：「鴇鶉」，八行本、故宮本、董本、婺本、金本、建本、纂圖本、岳本同；靜嘉本（正德）作「鴇鶉」，內閣本（正德）、東大本（正德）、劉本（正

德）、閩本、明監本、毛本同；朝鮮本作「檇鴞」；附圖本作「鷱鴞」；互注本作「鷦鴞」；京本作「鷱鴞」；徐本作「鴇鴞」。阮記云：「閩、監、毛本同。余本『鴇』作『鷱』，嘉靖本作『鷦』，此本作『傷』，皆誤，今訂正。」盧記同。單疏本《疏》文引注云「鄭知『梟鴈鴇鴞』者」，則賈氏所見本作「鴇鴞」，作「鴇鴞」是也，當從八行本也。

卷三十一

1. 頁二右 自古以事任之者

按：「以」，靜嘉本、內閣本（嘉靖）、東大本（嘉靖）、劉本（嘉靖）、朝鮮本、閩本、明監本、毛本；單疏本作「以來」，八行本、故宮本、董本同。阮記云：「惠校本『以』下有『來』。」盧記同。自古以，不辭，「來」字顯不可闕，當從單疏本。

2. 頁三右 云未常仕雖同族不得在王官者

按：「常」，單疏本、八行本、故宮本、靜嘉本（正德）、內閣本（正德十二年）、東大本（正德十二年）、劉本（正德十二年）、閩本、明監本同；董本作「嘗」，朝鮮本、毛本同。阮記云：「惠校本『常』作『嘗』，此誤。」盧記同。宋元刊本皆作「常」，此《疏》引注，注文作「嘗」，《疏》文作「常」，或賈氏所見本正作「常」，阮記必謂作「常」者誤，甚非。

3. 頁三左 但比同士士既摠屬

按：「比同」，單疏本、八行本、故宮本、董本、靜嘉本（正德）、內閣本（正德）、東大本（正德）、劉本（正德）、朝鮮本、閩本、明監本、毛本皆同。阮記云：「浦鏜云『比同』當『此司』之誤。」盧記同。諸本皆同，經文云「掌國中之士治凡其戒令」，鄭注云「國中，城中」，賈《疏》釋曰之云：「『國中之士治』者，謂朝廷之臣及六鄉之臣皆是，所有治功善惡皆掌之，以擬黜陟。此城中士，則卿大夫總皆號為士，若『濟濟多士文王以寧』之類，但比同士，士既總屬，則此一職士者，皆臣總號。惟有『作士適四方』『使為介士』者，是單士，不兼卿大夫。」據此，「但比同士」者，意謂卿大夫但比同士，經文「國中之士」之士，乃為卿大夫、諸士總稱，非單士也。原文文義曉暢，不知何誤之有，浦說大謬不然，阮記引之，亦未深考也。

4. 頁十一左　節服氏皆與君同服故云其服亦如之

　　按：「其服」，單疏本、八行本、故宮本、董本、靜嘉本、內閣本（元）、東大本（元）、劉本（元）、朝鮮本、閩本、明監本、毛本皆同。阮記云：「此本『故云』下，剜擠『其服』二字，閩、監、毛本遂排入，今刪正。」盧記同。諸本皆同，經云「其服亦如之」，《疏》文正引經文，不知何誤之有？豈因十行本「其服」擠入，即可斷為衍文？今單疏本、八行本皆無擠入之跡，阮記此說，大謬不然！

5. 頁十三左　謂窮達者

　　按：「窮達」，靜嘉本、內閣本（元）、東大本（元）、劉本（元）、朝鮮本、閩本、明監本、毛本、纂圖本、互注本、京本同；八行本作「達窮」，故宮本、董本、婺本、建本、附圖本、金本、徐本、岳本同。阮記云：「余本、閩、監、毛本同，誤也。岳本、嘉靖本作『達窮者』，當乙正。」盧記同。經文云「以待達窮者」，注文引述，顯當作「達窮」，又單疏本《疏》文云「後鄭以達窮為朝士者」，則賈氏所見本作「達窮」，作「達窮」是也，當從八行本。

6. 頁十四右　事何得作大僕職乎者

　　按：「乎者」，單疏本、八行本、故宮本、董本、靜嘉本、內閣本（元）、東大本（元）、劉本（元）、朝鮮本、閩本、明監本、毛本皆同。阮記云：「閩本同，監、毛本改『者乎』，非。」盧記無說。宋元刊本皆作「乎者」，原文不誤，阮記是也。

7. 頁十五右　日月之食

　　按：單疏本、八行本、故宮本、董本、靜嘉本、內閣本（元）、東大本（元）、劉本（元）、朝鮮本同；閩本作「日有食之」，明監本、毛本同。阮記云：「閩、監、毛本作『日有食之』，此誤。」盧記同。此《疏》引《左傳》，檢莊公二十五年《左傳》，正作「日有食之」，閩本等改之，是也，浦說是也。

8. 頁十五右　彼四月不合擊鼓之月

　　按：「彼四」，單疏本、八行本、故宮本、董本、靜嘉本、內閣本（元）、東大本（元）、劉本（元）、朝鮮本、閩本、明監本、毛本皆同。阮記云：「浦鏜云：『六』誤『四』，或云『彼』下應有『非』。」盧記同。檢《左傳》莊公

二十五年「夏六月辛未，朔，日有食之，鼓，用牲于社，非常也」，杜注「非常鼓之月」，則此處《疏》文所謂「彼」正指此也，則浦說是也。

9. 頁十八右　羣吏府吏以下

按：「府吏」，靜嘉本（正德）、內閣本（正德）、東大本（正德）、劉本（正德）、朝鮮本、纂圖本、互注本、京本同；八行本作「府史」，故宮本、董本、閩本、明監本、毛本、婺本、建本、附圖本、金本、徐本、岳本同。阮記云：「余本同，誤也。嘉靖本、閩、監、毛本作『府史』，當據正。」盧記同。經云「御僕，掌羣吏之逆」，注云「羣吏，府史以下」，若作「府吏」，則不知與「羣吏」何異？顯非，又單疏本《疏》文標起止「注羣吏府史以下」，又云「府史以下」，則賈氏所見本作「府史」，則作「史」是也，當從八行本，阮記是也。

卷三十二

1. 頁二右　諸侯之繅斿九就

按：「斿」，八行本、故宮本、董本、靜嘉本、內閣本（元）、東大本（元）、劉本（元）、朝鮮本、閩本、明監本、毛本、婺本、建本、附圖本、纂圖本、互注本、京本、金本、徐本、岳本、唐石經、白文本皆同。阮記云：「諸本同，唐石經原刻作『諸侯之繅九就』，後刮磨重刻，『繅』下增『斿』。」盧記同。諸本皆同，原文不誤，阮記之說，不可信從。

2. 頁二左　諸公云繅九就

按：「諸公云」，單疏本、八行本、故宮本、董本、靜嘉本、內閣本（元）、東大本（元）、劉本（元）、朝鮮本、閩本、明監本同；毛本作「諸侯云」。阮記云：「閩、監本同，毛本『公』改『侯』，非。此依注作『公』，當作『云諸公之繅九就』。」盧記同。原文不誤，阮記之說，不可信從。

3. 頁三左　大如緫之麻経

按：「之麻」，八行本、故宮本、董本、靜嘉本、內閣本（元）、東大本（元）、劉本（元）、朝鮮本、閩本、明監本、毛本、婺本、建本、附圖本、纂圖本、互注本、京本、金本、徐本、岳本皆同。阮記云：「按：當乙作『緫麻之経』。」

盧記同。此鄭注，考單疏本《疏》文云「緦麻経，五服之輕者」，五服者，《禮記・學記》鄭注云「五服，斬衰至緦麻之親」，又《儀禮・喪服》，《傳》云「緦麻之経，小功之帶也」，則原文顯當作「大如緦麻之経」。

4. 頁四左　玄冠繰布衣繰帶素蹕

按：靜嘉本、內閣本（元）、東大本（元）、劉本（元）、朝鮮本、閩本、明監本、毛本同；單疏本作「玄冠緇布衣緇帶素韠」，八行本、故宮本、董本同。阮記云：「浦鏜云：『緇』並誤『繰』，『韠』誤『蹕』。」盧記同。考《儀禮・士冠禮》「主人玄冠，朝服，緇帶素韠，即位于門東西面」，又《周禮・司服》鄭注「冠弁委貌，其服緇布衣，亦積素以為裳，諸侯以為視朝之服」，據此，則當從單疏本，浦說是也。

5. 頁六右　釋曰鄭司農所云者是也

按：「也」，單疏本、八行本、故宮本、董本、靜嘉本、內閣本（元）、東大本（元）、劉本（元）、朝鮮本、閩本、明監本、毛本皆同。阮記云：「浦鏜云：下當脫『者』。」盧記同。諸本皆同，原文不誤，浦說純屬猜測，不可信從。

6. 頁十一左　充籠箙以盛矢

按：靜嘉本、內閣本（元）、東大本（元）、劉本（元）、朝鮮本、閩本、明監本、毛本、纂圖本、互注本、京本同；八行本「充籠箙者以矢」，故宮本、董本、婺本、建本、附圖本、金本、徐本、岳本同。阮記云：「余本、閩、監、毛本同，誤也。宋本、嘉靖本作『充籠箙者以矢』。此本《疏》中標注同，與賈《疏》本正合。」盧記同。此鄭注，單疏本標起止「注充籠箙者以矢」，與八行本等合，則當從八行本，阮記是也。

7. 頁十五右　掌馭王路以祀

按：「王」，靜嘉本、內閣本（元）、東大本（元）、劉本（元）、朝鮮本、閩本同；八行本作「玉」，故宮本、董本、明監本、毛本、婺本、建本、附圖本、纂圖本、互注本、京本、金本、徐本、岳本、唐石經、白文本同。阮記云：「閩、監本同，誤也。唐石經、余本、嘉靖本、毛本作『玉路』，當訂正。《石經考文提要》云：宋本、九經宋纂圖互注本、宋附釋音本皆作『玉路』。」盧記同。王路不知如何可掌，顯當作「玉路」，當從八行本。

8. 頁十五右　及犯軷

按：「犯」，八行本、故宮本、董本、靜嘉本、內閣本（元）、東大本（元）、劉本（元）、朝鮮本、閩本、明監本、毛本、婺本、建本、附圖本、纂圖本、互注本、京本、金本、徐本、岳本、唐石經、白文本皆同。阮記云：「《漢讀考》云……範為正字，則犯為假借字。」盧記同。諸本皆同，單疏本《疏》文云「云『及犯軷』者」，則賈氏所見本亦同，原文不誤，段說純屬猜測，不可信從。

9. 頁十五左　為軷壇厚三寸

按：單疏本、八行本、故宮本、董本、靜嘉本、內閣本（元）、東大本（元）、劉本（元）、朝鮮本、閩本、明監本、毛本皆同。阮記云：「浦鏜云：『壞』誤『壇』，『二』誤『三』。」盧記同。諸本皆同，此《疏》引《禮記・月令》，檢之，作「為軷壞厚二寸」，存疑可也。

10. 頁十五左　踰無險難也

按：「踰」，靜嘉本、內閣本（元）、東大本（元）、劉本（元）、閩本、明監本、毛本同；單疏本作「喻」，八行本、故宮本、董本、朝鮮本同。阮記云：「浦鏜云『喻』誤『踰』。」盧記同。既無險難，如何可踰？揆諸文義，作「喻」是也，當從單疏本，浦說是也。

11. 頁十五左　故書軹為斬

按：「斬」，八行本、故宮本、董本、明監本、毛本、婺本、建本、附圖本、纂圖本、互注本、京本、金本、徐本、岳本同；靜嘉本作「斬」，內閣本（元）、東大本（元）、劉本（元）、朝鮮本、閩本同。阮記云：「戴震云……斬、軹、軓、軌四字，經傳中往往訛淆，先儒以其所知改所不知，於是經書、字書不復有『斬』字矣。」盧記同。宋刊經注本、注疏本皆作「斬」，作「斬」是也。

12. 頁十五左　軌為範

按：靜嘉本、內閣本（元）、東大本（元）、劉本（元）、朝鮮本、毛本、建本、纂圖本、互注本、京本、徐本同；八行本作「軓為範」，故宮本、董本、閩本、明監本、婺本、附圖本、金本、岳本同。阮記云：「嘉靖本、毛本同，

誤也。余本、閩、監本『軌』作『軓』。」盧記同。此鄭注，經云「祭軓」，故注謂「軓為範」，《釋文》出「祭軓」，云「音犯」，則作「軓」是也，當從八行本，阮記是也。

13. 頁十六左　革路建太白以即戎車革路也

按：靜嘉本、內閣本（元）、東大本（元）、劉本（元）、朝鮮本同；單疏本作「革路建大白以即戎故云戎車革路也」，八行本、故宮本、董本同；閩本作「革路建大白以即戎戎車革路也」，明監本、毛本同。阮記無說，盧記補云：「毛本重『戎』字，此誤脫。」盧記同。揆諸文義，顯當從單疏本，閩本見原文義不可通，故補「戎」字，意是而文非。

14. 頁十七右　三分二諸侯

按：單疏本、八行本、故宮本、董本、靜嘉本、內閣本（元）、東大本（元）、劉本（元）、朝鮮本、閩本、明監本、毛本皆同。阮記云：「按：『分』下當脫『有』字。」盧記同。諸本皆同，原文不誤，浦說純屬猜測，不可信從。

卷三十三

1. 頁一左　其數三百一十六匹

按：「三」，靜嘉本（正德）、內閣本（正德）、東大本（正德）、劉本（正德）、朝鮮本、閩本、附圖本同；八行本作「二」，故宮本、董本、明監本、毛本、婺本、建本、纂圖本、互注本、京本、金本、徐本、岳本同。阮記云：「閩、監本同，誤也。余本、嘉靖本、毛本作『二百』，當據正。」盧記同。此鄭注，單疏本《云》「云『自乘至廄，其數二百一十六匹，《易》乾為馬，此應乾之筴也』者……乾之六爻，以四乘九，四九三十六，六爻故二百一十六，是為『乾之筴也』」，據此，作「二百」是也，當從八行本，阮記是也。

2. 頁三右　今又就校人之職相校人之職相校甚異何

按：「相校人之職」，靜嘉本（正德）、內閣本（正德）、東大本（正德）、劉本（正德）、朝鮮本同；單疏本無，八行本、故宮本、董本、明監本、毛本同；閩本為墨塊。阮記無說，盧記補云：「毛本無『相校人之職』五字，此本誤衍。」揆諸文義，顯有重複，當從單疏本，盧記所補是也。

3. **頁三右** 此為民出軍賦

按：「為」，單疏本、八行本、故宮本、董本、靜嘉本（正德）、內閣本（正德）、東大本（正德）、劉本（正德）、朝鮮本、閩本、明監本、毛本皆同。阮記云：「盧文弨云：《詩・正義》『為』作『謂』，此誤。」盧記同。諸本皆同，此《疏》引《司馬法》，或賈氏所見本如此，原文不誤，盧說純屬猜測，不可信從。

4. **頁六左** 賈一人

按：「一」，靜嘉本、內閣本（元）、東大本（元）、劉本（元）、朝鮮本、閩本同；八行本作「二」，故宮本、董本、明監本、毛本、婺本、建本、附圖本、纂圖本、互注本、京本、金本、徐本、岳本同。阮記云：「閩本同，誤也。余本、嘉靖本、監、毛本作『二人』，當據正。」盧記同。此鄭注引鄭司農敘《巫馬》職，前經《巫馬・序官》明云「賈二人」，則作「二」是也，當從八行本。

5. **頁十二左** 禹貢云道柯澤

按：「柯」，單疏本、八行本、故宮本、董本、靜嘉本、內閣本（元）、東大本（元）、劉本（元）、明監本、毛本同；朝鮮本作「河」；閩本作「菏」。阮記云：「監、毛本同，誤也。閩本『柯』作『荷』，當據正。」盧記同。考《禹貢・豫州》「導菏澤」，《釋文》「菏，徐音柯」，或賈氏所見本作「柯澤」，阮記必謂之為誤，不可信從。

6. **頁十九右** 日行大分六寸分四

按：「寸」，靜嘉本（正德）、內閣本（正德十二年）、東大本（正德十二年）、劉本（正德十二年）、閩本、明監本、毛本同；單疏本作「小」，八行本、故宮本、董本、朝鮮本同。阮記云：「浦鏜云『小』誤『寸』。」盧記同。大、小相對，大者分六，小者分四，作「小」是也，當從單疏本，浦說是也。

卷三十四

1. **頁四右** 徒十六人

按：靜嘉本、內閣本（嘉靖）、東大本（嘉靖）、劉本（嘉靖）、朝鮮本、

閩本、明監本、毛本同；八行本作「徒十有六人」，故宮本、董本、婺本、蜀本、建本、附圖本、纂圖本、互注本、京本、金本、徐本、岳本、唐石經、白文本同。阮記云：「閩、監、毛本同。唐石經、大字本、岳本、錢鈔本、嘉靖本皆作『徒十有六人』，當據以補正。」盧記同。宋刊經注本、注疏本皆有「有」字，作「徒十有六人」是也，當從八行本，阮記是也。

2. 頁六左　鄭司農云萍讀為蛢

　　按：八行本、故宮本、董本、靜嘉本、內閣本（嘉靖）、東大本（嘉靖）、劉本（嘉靖）、朝鮮本、閩本、明監本、毛本、婺本、蜀本、建本、附圖本、纂圖本、互注本、京本、金本、徐本、岳本皆同。阮記云：「諸本同。按：此當作『蛢讀為萍』。」盧記同。諸本皆同，單疏本《疏》文云「先鄭讀萍為蛢，取音同」，則賈氏所見本亦作「萍讀為蛢」，原文不誤，阮記之說，純屬猜測，不可信從。

3. 頁六左　萍氏主水禁萍之草

　　按：兩「萍」，八行本、故宮本、董本、靜嘉本、內閣本（嘉靖）、東大本（嘉靖）、劉本（嘉靖）、朝鮮本、閩本、明監本、毛本、婺本、蜀本、建本、附圖本、纂圖本、互注本、京本、金本、徐本、岳本皆同。阮記云：「此二『萍』字，皆當作『荓』。」盧記同。諸本皆同，原文不誤，阮記純屬猜測，不可信從。

4. 頁六左　萍氏 o 釋曰

　　按：靜嘉本、內閣本（嘉靖）、東大本（嘉靖）、劉本（嘉靖）、朝鮮本、閩本同；單疏本作「萍氏至八人　釋曰在此者」；八行本作「釋曰在此者」，故宮本、董本同；明監本作「萍氏 o 釋曰在此者」，毛本同。阮記云：「閩本同，監、毛本『釋曰』下有『在此者』三字，按：『萍氏』下當亦脫『至八人』三字。」盧記同。「在此者」三字不可闕，十行本標起止，當從單疏本補「至八人」三字，阮記是也。

5. 頁八右　故彼從之也

　　按：「彼」，內閣本（正德）、東大本（正德）、劉本（正德）、朝鮮本、閩本、毛本同；單疏本作「破」，八行本、故宮本、董本、靜嘉本、明監本（此

頁抄補）同。阮記云：「惠校本『彼』作『破』，此誤。」盧記同。考鄭玄注「翬，鳥翩也」，又引鄭司農云「翬讀為翄翼之翄」，則司農以為翬為翄，故《疏》解鄭玄不從其說之因，「云『翬鳥翩也』者，羽本曰翩，凡鳥有羽翬者，皆有翩，故云『翬鳥翩也』，凡翼翄皆作翄，不作翬」，故破司農之說也，作「破」是也，當從單疏本。

6. 頁八左　芟夷蘊崇之

按：「蘊」，內閣本（正德）、東大本（正德）、劉本（正德）、朝鮮本、閩本、明監本（此頁抄補）、毛本、蜀本、建本、附圖本、金本、岳本同；八行本作「蒕」，故宮本、董本、婺本、纂圖本、互注本、京本、徐本同；靜嘉本漫漶。阮記云：「嘉靖本、惠校本『蘊』作『蒕』，《釋文》出『蒕崇』二字，此作『蘊』，非。」盧記同。此鄭注，蘊、蒕字近可通，單疏本《疏》文云「『芟夷蒕崇之』」，則賈氏所見本作「蒕」，則作「蒕」似勝。

7. 頁十右　枚狀如箸橫銜之為之繣結於項

按：八行本、故宮本、董本、靜嘉本、內閣本（嘉靖）、東大本（嘉靖）、劉本（嘉靖）、朝鮮本、閩本、明監本、毛本、婺本、建本、附圖本、纂圖本、互注本、京本、金本、徐本、岳本同；蜀本作「狀如箸橫銜之為繣結於項」。阮記云：「大字本『繣』上無『之』，此衍。《詩‧東山》《釋文》引此注云『枚如箸橫銜之於口為繣絜於項中』，『繣』上亦無『之』，『枚』下并無『狀』，今本皆衍，『結』作『絜』，古字也，當據以訂正。」盧記同。諸本多同，考單疏本《疏》文云「云『狀如箸橫銜之為之繣結於項』者」，則賈氏所見本亦同，原文不誤，阮記之說，實不可信。

8. 頁十四右　咎由九德者也

按：「由」，靜嘉本、內閣本（正德）、東大本（正德）、劉本（正德）、朝鮮本、閩本同；單疏本作「繇」，八行本、故宮本、董本；明監本作「各由」，毛本同。阮記云：「閩本同，誤也。惠校本作『咎繇』，當據正。監、毛本作『各由』，誤甚。」盧記同。咎繇乃堯舜時大臣，顯當作「繇」，當從單疏本，阮記是也。

9. 頁十九右　王人明絜水火乃成

　　按：「王」，靜嘉本、內閣本（嘉靖）、東大本（嘉靖）、劉本（嘉靖）、朝鮮本、閩本、明監本、毛本同；單疏本作「主」，八行本、故宮本、董本同。阮記云：「浦鏜云『主』誤『王』。」盧記同。王人，不知所指，顯當作「主」，當從單疏本，浦說是也。

卷三十五

1. 頁三左　觀其眸子

　　按：「眸」，靜嘉本（正德）、內閣本（正德）、東大本（正德）、劉本（正德）、朝鮮本、閩本、明監本、毛本、建本、附圖本同；八行本作「牟」，故宮本、董本、蜀本、婺本、纂圖本、互注本、京本、金本、徐本、岳本。阮記云：「閩、監、毛本同，大字本、岳本、嘉靖本『眸』作『牟』，葉鈔《釋文》及錢鈔本載《音義》同，當據正。」盧記同。宋刊經注本、注疏本多作「牟」，作「牟」是也，當從八行本，阮記是也。

2. 頁七左　今宮門有簿籍

　　按：「簿」，靜嘉本（正德）、內閣本（正德）、東大本（正德）、劉本（正德）、朝鮮本、閩本同；八行本作「符」，故宮本、董本、明監本、毛本、蜀本、婺本、建本、附圖本、纂圖本、互注本、京本、金本、徐本、岳本同。阮記云：「閩本同，誤也。大字本、錢鈔本、嘉靖本、監、毛本皆作『符籍』……當據正。」盧記同。宋刊經注本、注疏本皆作「符籍」，作「符」是也，當從八行本，阮記是也。

3. 頁八右　比其類也

　　按：「比」，八行本、故宮本、董本、靜嘉本（正德）、內閣本（正德）、東大本（正德）、劉本（正德）、朝鮮本、閩本、毛本、蜀本、婺本、建本、金本、徐本同；明監本作「此」，附圖本、纂圖本、互注本、京本、岳本同。阮記云：「大字本、錢鈔本、嘉靖本、毛本同，岳本『比』作『此』，監本同，閩本先作『比』後改『此』。」盧記同。宋刊經注本、注疏本多作「比」，《疏》文引注亦作「比其類」，作「比」是也，原文不誤。

4. **頁八右** 周公作以成王令以大義告天下

按：「作以」，八行本、故宮本、董本、靜嘉本（正德）、內閣本（嘉靖）、東大本（嘉靖）、劉本（嘉靖）、朝鮮本同；閩本作「輔相」，明監本、毛本同。阮記云：「惠校本同，閩本剜改作以為『輔相』，監、毛本從之。」盧記同。周公作《大誥》，而以成王之名，令以大義告天下，原文文義曉暢，閩本剜改，甚非。

5. **頁九左** 則以荒辯之法治之

按：「荒辯之法」，八行本、故宮本、董本、蜀本、婺本、建本、附圖本、纂圖本、互注本、京本、金本、徐本、唐石經同；靜嘉本（正德）作「荒辨之法」，內閣本（正德）、東大本（正德）、劉本（正德）同；朝鮮本作「荒辨之瀍」；閩本作「荒辯之瀍」，明監本、毛本、岳本、白文本同。阮記引文「則以荒辨之法治之」，云：「唐石經、大字本、嘉靖本作『荒辯之法』，閩、監、毛本作『荒辯之瀍』，此作『法』承石經之誤，『辯』作『辨』為異，《疏》同，《釋文》亦作『荒辯』。」盧記同。宋刊經注本、注疏本多作「荒辯之法」，辯、辨可通，瀍、法亦同，皆為別本也。

6. **頁九左** 遭飢荒不明判國事有所貶損

按：「不明判」，靜嘉本（正德）、內閣本（正德）、東大本（正德）、劉本（正德）、朝鮮本、閩本同；八行本作「則刑罰」，故宮本、董本、明監本、毛本、蜀本、婺本、建本、附圖本、纂圖本、互注本、京本、金本、徐本、岳本同。阮記、盧記皆無說。不明判，不知何義，顯非，當從八行本，阮本畫圈而無校記，亦非。

7. **頁十左** 郊特牲云廢國之社必屋之

按：「廢」，靜嘉本（正德）、內閣本（嘉靖）、東大本（嘉靖）、劉本（嘉靖）、朝鮮本同；八行本作「喪」，故宮本、董本、閩本、明監本、毛本同。阮記云：「閩、監、毛本『廢』改『喪』。」盧記同。考《禮記・郊特牲》云「是故喪國之社屋之，不受天陽也」，則作「喪」是也，當從八行本。

卷三十六

1. 頁一右 若今官男女也

按：「官」，靜嘉本（正德）、朝鮮本同；八行本作「宦」，故宮本、董本、內閣本（正德）、東大本（正德）、劉本（正德）、閩本、明監本、毛本、蜀本、婺本、建本、附圖本、纂圖本、互注本、京本、金本、徐本、岳本同。阮記云：「諸本『官』作『宦』，此誤。」盧記同。官男女，不知所指，考八行本《疏》文云「云『若今宦男女也』者」，則賈氏所見本亦作「宦」，宦男女者，為宦臣之男女也，作「宦」是也，當從八行本，阮記是也。

2. 頁一右 謂易君命

按：「謂」，靜嘉本（正德）、纂圖本同；八行本作「觸」，故宮本、董本、內閣本（正德）、東大本（正德）、劉本（正德）、朝鮮本、閩本、明監本、毛本、蜀本、婺本、建本、附圖本、互注本、京本、金本、徐本、岳本同。阮記無說，盧記補云：「毛本『謂』作『觸』，當據正。」謂易君命，不知何義，考八行本《疏》文云「云『觸易君命』者，觸君命令不行及改易之」，則賈氏所見本亦作「觸」，作「觸」是也，當從八行本，盧記所補是也。

3. 頁一左 寇賊劫掠

按：「掠」，靜嘉本（正德）、內閣本（正德）、東大本（正德）、劉本（正德）、朝鮮本、閩本、明監本、毛本同；八行本作「略」，故宮本、董本同。阮記云：「惠挍本『掠』作『略』，此誤。」盧記同。此《疏》引鄭注，注作「劫略」，則作「略」是也，當從八行本，阮記是也。

4. 頁二左 若閭帷薄忘有在焉

按：「焉」，八行本、故宮本、董本、靜嘉本（正德）、內閣本（正德）、東大本（正德）、劉本（正德）、朝鮮本、閩本、明監本、毛本、蜀本、婺本、纂圖本、互注本、京本、金本、徐本同；建本作「焉者」，附圖本、岳本同。阮記云：「《漢制考》作『忘有在焉者』，諸本皆脫『者』，當補。」盧記同。宋刊經注本、注疏本多無「者」字，有者或為別本，阮記必以有者為是，豈其必然也？

5. 頁五左 凡邦之盟約大史司會及六官

　　按：八行本、故宮本、董本、靜嘉本、內閣本（嘉靖）、東大本（嘉靖）、劉本（嘉靖）、朝鮮本、閩本、明監本、毛本皆同。阮記云：「惠挍本『之』下有『大』，『大史』下有『內史』二字，此脫。」盧記同。諸本皆同，原文不誤，阮記之說，不可信從。

6. 頁五左 而騁告公

　　按：「騁」，八行本、故宮本、董本、閩本同；內閣本（嘉靖）作「聘」，東大本（嘉靖）、劉本（嘉靖）、朝鮮本、明監本、毛本同；靜嘉本漫漶。阮記云：「閩本同，監、毛本『騁』誤『聘』。」盧記同。此《疏》引襄公二十六年《左傳》，檢之，正作「騁」，杜注「騁，馳也」，則原文不誤，《正字》云「騁，誤『聘』」，阮記或本之，是也。

7. 頁八右 青乏之山其陽多玉

　　按：「乏」，八行本、故宮本、董本、靜嘉本、內閣本（嘉靖）、東大本（嘉靖）、劉本（嘉靖）、朝鮮本、閩本、明監本、毛本皆同。阮記云：「惠挍本作『青丘』。」盧記同。諸本皆同，原文不誤，阮記引惠挍為說，非也。

8. 頁十右 珥當為鮞

　　按：「當為」，八行本、故宮本、董本、靜嘉本、內閣本（嘉靖）、東大本（嘉靖）、劉本（嘉靖）、朝鮮本、閩本、明監本、毛本、蜀本、婺本、建本、附圖本、纂圖本、互注本、京本、金本、徐本、岳本皆同。阮記云：「賈《疏》作『讀為』。」盧記同。諸本皆同，原文不誤，賈《疏》乃述注意，非直引注文，阮記據此為說，殊無謂也，又阮本與「為」旁加圈，而記文乃為「當」字而發，則加圈之字亦非也。

9. 頁十一右 上罪墨象赭衣

　　按：「象」，八行本、故宮本、董本、靜嘉本、內閣本（嘉靖）、東大本（嘉靖）、劉本（嘉靖）、朝鮮本、閩本、明監本、毛本皆同。阮記云：「浦鏜云：『墨象』疑『墨幪』，下同。」盧記同。諸本皆同，原文不誤，浦氏所疑非也，不可信從。

10. **頁十一右** 畫象刑者則尚書象刑

　　按：「刑」，八行本、故宮本、董本、靜嘉本、內閣本（嘉靖）、東大本（嘉靖）、劉本（嘉靖）、朝鮮本、閩本、明監本、毛本皆同。阮記云：「按：上『刑』字當衍。」盧記同。諸本皆同，原文不誤，阮記之說甚非也。

11. **頁十六左** 若周末失道

　　按：「末」，靜嘉本（正德）、內閣本（正德）、東大本（正德）、劉本（正德）、朝鮮本、閩本、明監本、毛本同；八行本作「未」，故宮本、董本同。阮記云：「浦鏜云：『未』誤『末』。」盧記同。《疏》文前引《左傳》古注云「至周失其道，官又在四夷」，賈氏駁之云「若周未失道，官本不在四夷，無解鳥獸之語者，何周公盛明制禮，使夷隸、貉隸與鳥獸之言？」揆諸文義，作「未」是也，當從八行本，浦說是也。

12. **頁十九右** 有相翔者誅之

　　按：「者」，八行本、故宮本、董本、靜嘉本、內閣本（嘉靖）、東大本（嘉靖）、劉本（嘉靖）、朝鮮本、閩本、明監本、毛本、婺本、建本、附圖本、纂圖本、互注本、京本、金本、徐本、白文本同；蜀本作「者則」，岳本、唐石經同。阮記云：「嘉靖本、閩、監、毛本同，唐石經、大字本、岳本『者』下有『則』，當據以補正。」盧記同。宋刊經注本、注疏本多無「則」字，阮記以為當補「則」，豈其必然乎？

13. **頁十九右** 凡道路之舟車擊互者

　　按：「擊」，八行本、故宮本、董本、靜嘉本、內閣本（嘉靖）、東大本（嘉靖）、劉本（嘉靖）、朝鮮本、閩本、明監本、毛本、蜀本、婺本、建本、附圖本、纂圖本、互注本、京本、金本、徐本、岳本、唐石經、白文本皆同。阮記云：「鄭注當本作『舟車擊互』……。按：鄭引經文，不當改字。」盧記同。諸本皆同，原文不誤，阮本於此加圈，不知何義。

14. **頁十九右** 車有輮轅牴周

　　按：「輮」，八行本、故宮本、董本、靜嘉本、內閣本（嘉靖）、東大本（嘉靖）、劉本（嘉靖）、朝鮮本、閩本、明監本、毛本、蜀本、婺本、建本、附圖本、纂圖本、互注本、京本、金本、徐本、岳本皆同。阮記云：「《釋文》

作『環轅』，云本亦作『轅』，同。按：『轅』當依《釋文》作『環』。」盧記同。諸本皆同，原文不誤，《釋文》所引，或為別本，阮記之說，不可信從。

15. 頁二十右　月令曰掩骼埋胔骨之尚有肉者也

按：「胔」，八行本、故宮本、董本、靜嘉本、內閣本（嘉靖）、東大本（嘉靖）、劉本（嘉靖）、朝鮮本、閩本、明監本、毛本、蜀本、婺本、建本、附圖本、纂圖本、互注本、京本、金本、徐本、岳本皆同。阮記云：「浦鏜云『胔』下脫一『胔』字。」盧記同。諸本皆同，原文不誤，浦說無據，不可信從。

16. 頁二十一右　今時揭櫫是也

按：「揭」，靜嘉本（正德）、內閣本（正德）、東大本（正德）、劉本（正德）、閩本、明監本同；八行本作「楬」，故宮本、董本、毛本、蜀本、婺本、建本、附圖本、纂圖本、互注本、京本、金本、徐本、岳本同；朝鮮本作「獦」。阮記云：「閩、監、毛本同，誤也。『揭』字當從諸本作『木』旁。」盧記同。宋刊經注本、注疏本皆作「楬」，作「楬」是也，當從八行本，阮記是也。

17. 頁二十二右　故引之在下文云沈者

按：「文」，靜嘉本（正德）、內閣本（正德）、東大本（正德）、劉本（正德）、朝鮮本、閩本、明監本、毛本同；八行本作「又」，故宮本、董本同。阮記云：「惠校本『文』作『又』，此誤。」盧記同。此「文」不知所指，「沈者」云云乃《疏》引鄭注所引鄭司農語，則作「又」是也，乃鄭司農又云之義，則當從八行本，阮記是也。

18. 頁二十三右　然則夜是明之首

按：「夜」，靜嘉本（正德）、內閣本（正德）、東大本（正德）、劉本（正德）、朝鮮本、閩本、明監本、毛本同；八行本作「晨」，故宮本、董本同。阮記云：「惠校本『夜』作『晨』，此誤。」盧記同。前《疏》明云「晨亦得名旦，《月令》云『旦尾中』，亦得名曰明」，則揆諸文義，為明之首者，顯為「晨」也，當從八行本，阮記是也。

19. 頁二十四右　火辰星在卯南見

按：「火」，靜嘉本（正德）、內閣本（正德）、東大本（正德）、劉本（正德）、朝鮮本、閩本、明監本（抄補）、毛本同；八行本作「大」，故宮本、董

本同。阮記云：「閩、監本同，當從毛本作『大辰』。」盧記同。火辰不知何星，檢昭公十七年《左傳》云「宋，大辰之虛也」，杜注「大辰，大火，宋分野」，下《疏》云是火星出，則可知此處確為「大辰」之星，作「大」是也，當從八行本，毛本作「火」，不作「大」，不知阮記所據何本。

卷三十七

1. 頁一左　師樂也

　　按：「樂」，靜嘉本、內閣本（元）、東大本（元）、劉本（元）同；八行本作「樂師」，故宮本、董本、朝鮮本、閩本、明監本、毛本、蜀本、婺本、建本、附圖本、纂圖本、互注本、京本、金本、徐本、岳本同。阮記無說，盧記云：「毛本作『師樂師也』，此本誤。」此鄭注，師樂也，不知何義，考《疏》云「師知是樂師者」，則作「樂師」是也，當從八行本，阮記是也。

2. 頁三右　讀如潰癰之潰

　　按：「癰」，朝鮮本同；八行本作「癰」、故宮本、董本、互注本同；靜嘉本（正德）作「痈」，內閣本（正德）、東大本（正德）、劉本（正德）同；閩本作「癱」，明監本、毛本、建本、附圖本同；婺本作「瘫」，纂圖本、徐本、岳本同；蜀本、金本、京本漫漶。阮記云：「閩、監、毛本作『潰癱之潰』，嘉靖本『癱』作『瘫』，此作『癰』，訛，此頁係補刻，故多舛誤，不足據。」盧記同。癱、瘫可通，作「癰」顯誤，阮記是也。

3. 頁五右　故書萌作薨

　　按：「薨」，靜嘉本（正德）、內閣本（正德）、東大本（正德）、劉本（正德）、朝鮮本、閩本、明監本同；八行本作「薨」，故宮本、董本、毛本、蜀本、婺本、建本、附圖本、纂圖本、互注本、京本、金本、徐本、岳本同。阮記云：「閩、監本同，誤也。大字本、錢鈔本、嘉靖本、毛本『薨』作『薨』，《釋文》『薨音萌』，當據以訂正，下同。」盧記同。薨字顯誤，作「薨」是也，或因形近而譌，當從八行本，阮記是也。

4. 頁六左　藏逖其中者

　　按：「逖」，靜嘉本（正德）、內閣本（正德）、東大本（正德）、劉本（正

德）、閩本、明監本、毛本同；八行本作「逃」，故宮本、董本、朝鮮本、蜀本、婺本、建本、附圖本、纂圖本、互注本、京本、金本、徐本、岳本同。阮記云：「閩、監、毛本同。『迯』，俗字、大字本、錢鈔本、嘉靖本『迯』作『逃』，當據正。」盧記同。宋刊經注本、注疏本多作「逃」，考《疏》文云「藏逃之類」，則作「逃」是也，當從八行本，阮記是也。

5. 頁七右 被之水上

按：「之」，八行本、故宮本、董本、靜嘉本（正德）、內閣本（正德）、東大本（正德）、劉本（正德）、朝鮮本、閩本、明監本、毛本、婺本、建本、附圖本、纂圖本、互注本、京本、金本、徐本、岳本同；蜀本作「水」。阮記云：「大字本『之』作『水』，按：疑作『被水上』，大字本、今本各衍一字。」盧記同。宋刊經注本、注疏本多同，考《疏》文云「被之水上也」，則原文不誤，阮記非也。

6. 頁七左 與救月之矢射之

按：「矢」，靜嘉本（正德）、內閣本（正德）、東大本（正德）、劉本（正德）、朝鮮本、閩本、明監本、毛本同；八行本作「矢夜」，故宮本、董本、蜀本、婺本、建本、附圖本、纂圖本、互注本、京本、金本、徐本、岳本、唐石經、白文本同。阮記云：「閩、監、毛本同，誤也。唐石經、大字本、錢鈔本、岳本、嘉靖本『矢』下有『射』，當據以補正。」盧記同。宋刊經注本、注疏本皆有「夜」字，有者是也，當從八行本，阮記是也。

7. 頁八左 察嘼讓者

按：「讓」，靜嘉本、內閣本（元）、東大本（元）、劉本（元）、閩本、明監本同；八行本作「讙」，故宮本、董本、朝鮮本、毛本、蜀本、婺本、建本、附圖本、纂圖本、互注本、京本、金本、徐本、岳本同。阮記云：「大字本、錢鈔本、嘉靖本、毛本作『嘼讙』，《釋文》『讙，呼九反』，此本『讙』誤『讓』。」盧記同。宋刊經注本、注疏本皆作「讙」，考《疏》文云「止讙嘼之官」，則作「讙」是也，當從八行本，阮記是也。

8. 頁十一右 男服云歲一見

按：「云」，靜嘉本、內閣本（元）、東大本（元）、劉本（元）、朝鮮本、

閩本、明監本、毛本同；八行本作「三」，故宮本、董本同。阮記云：「浦鏜云『三』誤『云』。」盧記同。云歲一見，不知何義，下《經》明云「又其外方五百里謂之男服，三歲壹見」，則作「三」是也，當從八行本，浦說是也。

9. 頁十二右　此聘事為有事若王無事則不來也

　　按：靜嘉本、內閣本（元）、東大本（元）、劉本（元）、朝鮮本、閩本、明監本、毛本同；八行本作「此聘來為有事若王無事則不來也」，故宮本、董本同。阮記云：「惠校本作『來為有事』，此誤。又此本本作『若無事』，『王』字係剜擠，閩、監、毛本排勻，則衍文不可考矣。」盧記同。揆諸文義，當從八行本也。

10. 頁十三左　立當前疾

　　按：「疾」，八行本、故宮本、董本、靜嘉本（正德）、內閣本（正德）、東大本（正德）、劉本（正德）、朝鮮本、閩本、明監本、毛本、蜀本、婺本、建本、附圖本、纂圖本、互注本、京本、金本、徐本、岳本、唐石經、白文本皆同。阮記云：「唐石經、諸本……蓋故書作『侯』。」盧記同。諸本皆同，注文明云「侯伯立當疾」，作「疾」是也，原文不誤，阮記之說，甚非。

11. 頁十四右　朝上儀曰奉國地所出重物而獻之明臣職也

　　按：八行本作「朝士儀曰奉國地所出物而獻之明臣職也」，故宮本、董本、建本、附圖本同；靜嘉本（正德）作「朝士儀曰奉國地所出重物而獻之明臣職也」，內閣本（正德）、東大本（正德）、劉本（正德）、朝鮮本、閩本、明監本、毛本、蜀本、婺本、纂圖本、互注本、京本、金本、徐本、岳本同。阮記引文「朝士儀曰奉國地所出重物而獻之明臣職也」，云：「宋本無『重』，孫志祖云：此二語見《大戴禮·朝事》篇，『士』疑當作『事』。盧文弨曰：『士』亦與『事』通。」盧記同。宋刊注疏本無「重」字，經注本亦有無者，則或賈氏所見本無「重」字。

12. 頁十四左　不酢王也

　　按：八行本、故宮本、董本、朝鮮本、蜀本、婺本、建本、附圖本、纂圖本、互注本、京本、金本、徐本、岳本同；靜嘉本（正德）作「主」，內閣本（正德）、東大本（正德）、劉本（正德）、閩本、明監本、毛本同。阮記引

文「不酢主也」，云：「閩、監、毛本同，誤也，大字本、岳本、嘉靖本『主』作『王』，當據正。」盧記同。前《疏》明云「乃酢王也」、「酢王而已」，則作「王」是也，原文不誤。

13. 頁十八右　見執皮帛而已

　　按：「皮」，八行本、故宮本、董本、靜嘉本、內閣本（元）、東大本（元）、劉本（元）、朝鮮本同；閩本作「束」，明監本、毛本同。阮記云：「閩、監、毛本依注改『束帛』，非。」盧記同。原文不誤，閩本誤改，阮記是也。

14. 頁二十七左　故書賻作傳稿為橐

　　按：「傳稿」，靜嘉本（正德）、朝鮮本、明監本同；八行本作「傅槁」，故宮本、董本、毛本、蜀本、婺本、建本、附圖本、纂圖本、互注本、京本、金本、徐本、岳本同；內閣本（正德）作「傳槁」，東大本（正德）、劉本（正德）同；閩本作「傅稿」。阮記云：「閩、監本同，大字本、錢鈔本、嘉靖本『傳』作『傅』、『稿』作『槁』，此作『傳』作『稿』，誤。」盧記同。賻，從貝專聲，何能作「傳」專聲？注文釋音作「傅」是也。又考經文云「則令槁繪之」，注文引經，顯當作「槁」。則當作「傅槁」，當從八行本。

卷三十八

1. 頁一右　冬禮月四瀆於北郊

　　按：「月」，八行本、故宮本、董本、靜嘉本、內閣本（嘉靖）、東大本（嘉靖）、劉本（嘉靖）、朝鮮本、閩本、明監本、毛本、婺本、附圖本、纂圖本、互注本、京本、金本、徐本、岳本同；蜀本作「月與」；建本作「川」。阮記云：「大字本『月』下有『與』，諸本皆脫。」盧記同。宋刊經注本、注疏本多無「與」，阮記謂諸本皆脫，顯不可信，建本譌「月」為「川」，誤矣。

2. 頁一左　春秋時有事會

　　按：「事」，靜嘉本、內閣本（嘉靖）、東大本（嘉靖）、劉本（嘉靖）、朝鮮本、閩本同；八行本作「事而」，故宮本、董本、明監本、毛本同。阮記、盧記皆無說。事會，不知何義，注云「有事而會」，《疏》文引注，「而」字絕不可闕，當從八行本，阮本於此加圈而無校記，疏矣。

3. 頁六左 三還三辭主君一請者賓亦一還一辭

按：八行本、故宮本、董本、靜嘉本、內閣本（嘉靖）、東大本（嘉靖）、劉本（嘉靖）、朝鮮本、閩本、明監本、毛本、蜀本、婺本、建本、附圖本、纂圖本、互注本、京本、金本、徐本、岳本皆同。阮記云：「浦鏜云『者』字當在『三還三辭』下。諸本皆脫。」盧記同。諸本皆同，《通解》卷二十三引注亦同，原文不誤，浦說非也。

4. 頁七左 當為為受者

按：「為為」，靜嘉本（正德）、內閣本（正德）、東大本（正德）、劉本（正德）同；八行本作「為」，故宮本、董本、閩本、明監本、毛本同，朝鮮本作「為口」。阮記、盧記皆無說。為為，顯衍「為」，當從八行本，阮本於此加圈而無校記，疏矣。

5. 頁八左 謂玉帛皮馬也

按：「皮」，八行本、故宮本、董本、靜嘉本（正德）、內閣本（正德）、東大本（正德）、劉本（正德）、朝鮮本、閩本、明監本、毛本、蜀本、婺本、建本、附圖本、纂圖本、互注本、京本、金本、徐本、岳本皆同。阮記云：「賈《疏》引注作『謂玉帛乘馬也』，諸本作『皮』，誤。」盧記同。諸本皆同，《疏》文所引或非直引，豈可據此駁注？阮記非也。

6. 頁十左 鄭司農云說私面

按：「云」，八行本、故宮本、董本、靜嘉本（正德）、內閣本（正德）、東大本（正德）、劉本（正德）、朝鮮本、閩本、明監本、毛本、婺本、建本、附圖本、纂圖本、互注本、京本、金本、徐本、岳本同；蜀本無。阮記云：「錢鈔本、嘉靖本、閩、監、毛本同，誤也。大字本、岳本作『鄭司農說』，無『云』字。當據以刪正。」盧記同。鄭注例曰「鄭司農云」，無有「鄭司農說」者，「云」字絕非衍文，原文不誤，阮記非也。又岳本有「云」字，阮記云無，不知其所據何本。

7. 頁十四右 鄭謂夷發聲

按：「夷」，八行本、故宮本、董本、靜嘉本、內閣本（嘉靖）、東大本（嘉靖）、劉本（嘉靖）、朝鮮本、閩本、明監本、毛本、婺本、蜀本、建本、附

圖本、纂圖本、互注本、京本、金本、徐本、岳本皆同。阮記云：「《漢讀考》
云⋯⋯『夷發聲』，當是『焉發聲』之誤。」盧記同。諸本皆同，《疏》文明
云「後鄭不從，以為夷發聲者」，則賈氏所見本亦作「夷」，原文不誤，段說
大謬不然，豈可信從？

8. 頁十五右 以不能行中國禮及其行朝聘

按：「以」，靜嘉本、內閣本（元）、東大本（元）、劉本（元）、朝鮮本、閩
本、明監本、毛本同；八行本作「雖」，故宮本、董本同。「聘」，靜嘉本、內閣
本（元）、東大本（元）、劉本（元）、朝鮮本、閩本、明監本、毛本同；八行本
作「觀」，故宮本、董本同。阮記云：「惠校本『以』作『雖』，『聘』作『觀』，
此誤。」盧記同。考八行本《疏文》云「夷狄之君，雖不能行中國禮，及其行
朝觀，亦當以禮和合之，使得其所也」，揆諸文義，當從八行本，阮記是也。

9. 頁十七右 車乘有五籔

按：靜嘉本、內閣本（嘉靖）、東大本（嘉靖）、劉本（嘉靖）、朝鮮本、
閩本、明監本同；八行本作「車秉有五籔」，故宮本、董本、毛本、婺本、蜀
本、建本、附圖本、纂圖本、互注本、京本、金本、徐本、岳本、唐石經、
白文本同。阮記云：「閩、監本同，誤也。唐石經、大字本、錢鈔本、嘉靖本、
毛本『乘』皆作『秉』，當據正。《釋文》作『五藪』。」盧記同。考下注云「每
車秉有五籔」，則作「秉」是也，當從八行本，阮記是也。《釋文》所引或為
別本也。

10. 頁十七左 三饗再食再燕

按：「三」，八行本、故宮本、董本、靜嘉本、內閣本（嘉靖）、東大本（嘉
靖）、劉本（嘉靖）、朝鮮本、閩本、明監本、毛本、婺本、蜀本、建本、附
圖本、纂圖本、互注本、京本、金本、徐本、岳本、唐石經、白文本皆同。
阮記云：「唐石經、諸本同。浦鏜云：《內宰》《職金》《疏》及《覲禮》注並
作『再饗』，『三』字誤。」盧記同。諸本皆同，存疑可也。

11. 頁二十左 案聘賓大夫

按：「聘賓」，八行本、故宮本、董本、靜嘉本、內閣本（嘉靖）、東大本
（嘉靖）、劉本（嘉靖）、朝鮮本同；閩本作「賓聘」，明監本、毛本同。阮記

云：「惠挍本同，閩、監、毛本『聘賓』倒。」盧記同。聘賓者，聘賓之禮也，原文不誤，閩本等誤改也，阮記是也。

12. 頁二十二右　更致此爵

按：「爵」，八行本、故宮本、董本、靜嘉本、內閣本（元）、東大本（元）、劉本（元）、朝鮮本、閩本、明監本、毛本皆同。阮記云：「浦鏜云『爵』當『膳』字訛。」盧記同。諸本皆同，浦說無據，不可信從。

13. 頁二十四左　然則聘禮所以禮賓

按：「禮」，靜嘉本、內閣本（元）、東大本（元）、劉本（元）、朝鮮本、閩本、明監本同；八行本「禮凡」，故宮本、董本、毛本、婺本、蜀本、建本、附圖本、纂圖本、互注本、京本、金本、徐本、岳本同。阮記云：「閩、監本同，誤也。大字本、錢鈔本、嘉靖本、毛本『聘禮』下有『凡』字，當據以補正。」盧記同。宋刊經注本、注疏本皆有「凡」，有者是也，當從八行本，阮記是也。

卷三十九

1. 頁一左　唐虞已上

按：「已」，八行本、故宮本、董本、靜嘉本（正德）、內閣本（正德十二年）、東大本（正德十二年）、劉本（正德十二年）、閩本、明監本、毛本、婺本、建本、附圖本、纂圖本、互注本、京本、金本、徐本、岳本皆同。阮記云：「《釋文》作『以上』，此作『已』，非。」盧記同。諸本皆同，原文不誤，《釋文》所據或為別本，阮記之說，不可信從。

2. 頁二左　冬資絺綌之資

按：「綌」，靜嘉本（正德）、內閣本（正德十二年）、東大本（正德十二年）、劉本（正德十二年）、閩本、附圖本、纂圖本、互注本、京本同；八行本無，故宮本、董本、明監本、毛本、婺本、金本、徐本、岳本同；建本作「綌」。阮記云：「余本、岳本、閩本同，嘉靖本、監、毛本無『綌』字。」盧記同。此鄭注，據賈《疏》，乃本《國語・越語》，檢之作「冬則資絺」，無「綌」字，則無者是也，當從八行本。

3. 頁四右 摩錭之器

按：「摩錭」，八行本、故宮本、董本、靜嘉本（正德）、內閣本（正德）、東大本（正德）、劉本（正德）、閩本、明監本、毛本、婺本、建本、附圖本、纂圖本、互注本、京本、徐本、岳本同；金本作「摩錭」。阮記云：「《釋文》亦作『摩錭』，是也。賈《疏》作『磨錭』，非。」盧記同。八行本《疏》文作「磨錭」，磨、摩可通，與注並無牴牾，阮記謂其《疏》文作「錭」，不知所據何本也。

4. 頁七左 函鮑韗韋裘

按：「韗」，八行本、故宮本、董本、靜嘉本（正德）、內閣本（正德）、東大本（正德）、劉本（正德）、閩本、明監本、毛本、婺本、建本、附圖本、纂圖本、互注本、京本、金本、徐本、岳本、唐石經、白文本皆同。阮記云：「唐石經、諸本同。《釋文》：韗，或作韗，同。」盧記同。諸本皆同，原文不誤，《釋文》所引，或為別本也。

5. 頁七左 摶埴之工陶旊

按：「旊」，八行本、故宮本、董本、靜嘉本（正德）、內閣本（正德）、東大本（正德）、劉本（正德）、閩本、明監本、毛本、建本、附圖本、纂圖本、互注本、京本、金本、岳本、唐石經、白文本同；婺本作「瓬」，徐本同。阮記云：「唐石經、諸本同，誤也。《釋文》、嘉靖本『旊』作『瓬』。案：《說文》『瓦部』云：瓬，周家摶埴之功也……當據此訂正。」盧記同。考八行本《疏》文云「摶埴之工二：陶人為瓦器，甒、甂之屬；瓬人為瓦簋」，既為瓦器，自當從瓦，作「瓬」是也，當從婺本，阮記是也。

6. 頁八右 旊人為瓦簋

按：「旊」，八行本作「瓬」，故宮本、董本同；靜嘉本（正德）作「旊」，內閣本（正德十二年）、東大本（正德十二年）、劉本（正德十二年）、閩本、明監本、毛本同。阮記、盧記皆無說。考婺本經云「摶埴之工陶瓬」，八行本《疏》文云「摶埴之工二：陶人為瓦器，甒、甂之屬；瓬人為瓦簋」，則《疏》文之「瓬人」正釋經文之「瓬」，作「瓬」是也，當從八行本。

7. 頁十二左　輻轂上轂至兩兩相當

　　按：靜嘉本（正德）、內閣本（正德）、東大本（正德）、劉本（正德）、閩本、明監本、毛本同；八行本作「輻轂上轂下」，故宮本、董本同。阮記云：「按：當作『輻上至轂』，衍一『轂』字，至、轂誤倒。」盧記同。轂上轂下，兩兩相當，文從字順，顯當從八行本，阮記之說，純屬猜測，不可信從。

8. 頁十二左　故云下迆也

　　按：「下」，八行本、故宮本、董本、靜嘉本（正德）、內閣本（正德）、東大本（正德）、劉本（正德）、閩本、明監本、毛本皆同。阮記、盧記皆無說。諸本皆同，經云「下迆也」，《疏》文引之，原文不誤，不知阮本為何於此圈字。

9. 頁十五右　蜂藪者猶言趨也藪者眾輻之所趨也

　　按：八行本、故宮本、董本、靜嘉本（正德）、內閣本（正德十二年）、東大本（正德十二年）、劉本（正德十二年）、閩本、明監本、毛本、婺本、建本、附圖本、纂圖本、互注本、京本、金本、徐本、岳本皆同。阮記云：「《漢讀考》云『蜂藪者』作『藪者』，『藪者』作『蜂藪者』云，今本互誤。」盧記同。諸本皆同，原文不誤，段說絕不可信。

10. 頁十七左　謂殺輻之數也

　　按：「之」，八行本、故宮本、董本、靜嘉本、內閣本（嘉靖）、東大本（嘉靖）、劉本（嘉靖）、閩本、明監本、毛本、婺本、建本、附圖本、金本、徐本同；纂圖本作「內」，互注本、京本、岳本同。阮記云：「余本『之』作『內』。按：『內』字是。」盧記同。此鄭注，《疏》文云「云『謂殺輻之數也』者」，則賈氏所見本亦作「之」，作「之」是也，當從八行本，阮記按語誤矣。

11. 頁十九右　凡揉牙外不廉而內不挫

　　按：八行本、故宮本、董本、靜嘉本、內閣本（嘉靖）、東大本（嘉靖）、劉本（嘉靖）、閩本、明監本、毛本、婺本、建本、附圖本、纂圖本、互注本、京本、金本、徐本、岳本、唐石經、白文本皆同。阮記云：「唐石經、諸本同……《周禮》經注『廉』本作『傔』……揉字亦當從火。」盧記同。諸本皆同，原文不誤，阮記之說，非也。

12. 頁十九左　非斤兩所准擬

　　按：「非」，八行本、故宮本、董本、靜嘉本、內閣本（嘉靖）、東大本（嘉靖）、劉本（嘉靖）、閩本、明監本、毛本皆同。阮記、盧記皆無說。諸本皆同，不知阮本為何於此加圈。

13. 頁十九左　百二十斤曰石之言也

　　按：「之」，八行本、故宮本、董本、靜嘉本、內閣本（嘉靖）、東大本（嘉靖）、劉本（嘉靖）、閩本、明監本、毛本皆同。阮記云：「浦鐣云『之』『言』誤倒。」盧記同。諸本皆同，原文不誤，浦說非也。

14. 頁二十二右　此言弓近蓋計復麄

　　按：「計復」，八行本、故宮本、董本、靜嘉本、內閣本（嘉靖）、東大本（嘉靖）、劉本（嘉靖）、閩本、明監本、毛本皆同。阮記云：「當作『弓近蓋部頭麄』。」盧記同。諸本皆同，原文不誤，阮記之說，純屬猜測，不可信從。

卷四十

1. 頁一左　并此軹深而七尺一寸半

　　按：「而」，八行本、故宮本、董本、靜嘉本、內閣本（嘉靖）、東大本（嘉靖）、劉本（嘉靖）、閩本、明監本（抄補）、毛本、婺本、建本、纂圖本、互注本、京本、金本、徐本、岳本同；附圖本作「則」。阮記云：「諸本同，誤也。按：賈《疏》釋此注云『并此軹深四尺為七尺一寸半』，則『而』乃『為』字之譌，當據正。」盧記同。諸本多同，原文不誤，賈《疏》非直引鄭注，乃述其義也，豈可據《疏》駁注？阮記之說，絕不可信。

2. 頁一左　則軫與轐五寸半則衡高七尺七寸

　　按：「則」，八行本、故宮本、董本、靜嘉本、內閣本（嘉靖）、東大本（嘉靖）、劉本（嘉靖）、閩本、明監本（抄補）、毛本、婺本、建本、附圖本、纂圖本、互注本、京本、金本、徐本、岳本皆同。阮記云：「諸本同，賈《疏》兩稱此注，皆云『加軫與轐五寸半』，此作『則』誤，當據正。」盧記同。諸本皆同，原文不誤，賈《疏》非直引鄭注，乃述其義也，豈可據《疏》駁注？阮記之說，絕不可信。

3. 頁二右　是以鄭解駕之車

　　按：「駕」，八行本、故宮本、董本、靜嘉本、內閣本（嘉靖）、東大本（嘉靖）、劉本（嘉靖）、閩本、明監本（抄補）同；毛本作「駕馬」。阮記無說，盧記補云：「各本『駕』下有『馬』字，此本脫。」宋元刊本皆無「馬」字，無者是也，惟毛本有而盧記謂各本皆有，顯非事實，誤甚！

4. 頁二右　軌前十尺

　　按：「軌」，靜嘉本、內閣本（嘉靖）、東大本（嘉靖）、劉本（嘉靖）、閩本、明監本（抄補）、建本、附圖本、岳本、白文本同；八行本作「軓」，故宮本、董本、毛本、婺本、纂圖本、互注本、京本、金本、徐本、唐石經同。阮記云：「閩、監本同，誤也。唐石經、余本、嘉靖本、毛本『軌』作『軓』，注、《疏》及下『不至軌』同，當據正。」盧記同。車乃車軌，軓者車式，車軌前十尺，不明其意，顯不可通，《釋文》作「軓前」，云「劉音犯」，則作「軓」是也，當從八行本，阮記是也。

5. 頁三左　五分寸二

　　按：「寸」，八行本、故宮本、董本、靜嘉本（正德）、內閣本（正德）、東大本（正德）、劉本（正德）、閩本、明監本（抄補）、毛本皆同。阮記云：「浦鐘云『寸』下脫『之』。」盧記同。諸本皆同，下《疏》亦云「五分寸二」，原文不誤，浦說非也。

6. 頁五左　輪注則利準利準則久和則安

　　按：「利準利準」，八行本、故宮本、董本、靜嘉本（正德）、內閣本（正德十二年）、東大本（正德十二年）、劉本（正德十二年）、閩本、明監本（抄補）、毛本、婺本、建本、附圖本、纂圖本、互注本、京本、金本、徐本、岳本、唐石經、白文本皆同。阮記云：「唐石經、諸本同。惠士奇云：依注則準二字衍。」盧記同。諸本皆同，原文不誤，惠說不可信從。

7. 頁七右　一尺四寸三分寸二有七寸三分寸一

　　按：八行本、故宮本、董本、靜嘉本（正德）、內閣本（正德十二年）、東大本（正德十二年）、劉本（正德十二年）、閩本、明監本（抄補）同；毛本作「一尺四寸三分寸之二有七寸三分寸之一」。阮記云：「閩本同，監、毛

本『寸』下皆有『之』。」盧記同。惟毛本「分寸」下加「之」字，宋元刊本皆無，毛本非也，阮記謂「寸」下皆有「之」，亦非。

8. 頁八左 蛇行有尾因

按：「尾因」，靜嘉本、內閣本（嘉靖）、東大本（嘉靖）、劉本（嘉靖）、閩本、明監本（抄補）、毛本、纂圖本、互注本、京本、岳本同；八行本作「毛目」，故宮本、董本、婺本、建本、金本、徐本同；附圖本作「尾目」。阮記云：「閩、監、毛本同，誤也。宋本、嘉靖本『尾因』作『毛目』，惠校本及此本《疏》中『尾因』皆作『毛目』，當據以訂正。」盧記同。宋刊經注本、注疏本多作「毛目」，作「毛目」是也，當從八行本，阮記是也。

9. 頁十左 足入槀中者也

按：「槀」，八行本、故宮本、董本、靜嘉本、內閣本（嘉靖）、東大本（嘉靖）、劉本（嘉靖）、閩本、明監本（抄補）、婺本、建本、附圖本、纂圖本、互注本、京本、金本、徐本、岳本同；毛本作「藁」。阮記云：「余本、嘉靖本、閩、監本同，岳本、毛本『槀』作『藁』……按：從禾是也。」盧記同。諸本多同，《釋文》出字「槀中」，原文不誤，阮記按語誤甚。岳本作「槀」不作「藁」，不知阮記所據何本。

10. 頁十六左 於樂器中所繫縱聲

按：「繫」，靜嘉本（正德）、內閣本（正德）、東大本（正德）、劉本（正德）、閩本、明監本（抄補）同；八行本作「擊」，故宮本、董本、毛本同。阮記云：「閩本同，監、毛本『繫』作『擊』。」盧記同。樂器見擊方能有聲，顯當作「擊」，當從八行本。

11. 頁十六左 舒而聞遠

按：「聞遠」，靜嘉本（正德）、內閣本（正德）、東大本（正德）、劉本（正德）同；八行本作「遠聞」，故宮本、董本、閩本、明監本（抄補）、毛本同。阮記云：「閩、監、毛本作『遠聞』，下同。」盧記同。聞遠，不辭，聲響舒而遠聞，當從八行本。

12. 頁十七左 向上謂之外

按：「上」，八行本、故宮本、董本、靜嘉本（正德）、內閣本（正德十二

年）、東大本（正德十二年）、劉本（正德十二年）、閩本、明監本（抄補）、毛本皆同。阮記云：「浦鏜云『上』當『下』字訛。」盧記同。諸本皆同，原文不誤，浦說無據，不可信從。

13. 頁十八右　縱橫皆十

按：「十」，董本、靜嘉本、內閣本（嘉靖）、東大本（嘉靖）、劉本（嘉靖）、閩本、明監本（抄補）、毛本同；八行本作「平」，故宮本同。阮記云：「宋本『十』作『平』。」盧記同。考前《疏》云「縱橫皆為十截」，則作「十」是也，阮本不誤。

13. 頁二十一右　卷而搏之

按：「搏」，靜嘉本、內閣本（嘉靖）、東大本（嘉靖）、劉本（嘉靖）、閩本、明監本（抄補）、毛本、岳本、白文本同；八行本作「摶」，故宮本、董本、婺本、建本、附圖本、纂圖本、互注本、京本、金本、徐本、唐石經同。阮記云：「閩、監、毛本同，誤也。唐石經、余本、嘉靖本『搏』作『摶』，當據正。」盧記同。宋刊經注本、注疏本皆作「摶」，《釋文》出字「摶之」，云「直轉反」，又阮本下經明云「卷而摶之」，則作「摶」是也，當從八行本，阮記是也。

14. 頁二十二左　後鄭為鞄人為皋陶

按：「後鄭為」，八行本、故宮本、董本、靜嘉本、內閣本（嘉靖）、東大本（嘉靖）、劉本（嘉靖）、閩本、明監本（抄補）、毛本皆同。阮記云：「浦鏜云上『為』疑『謂』字訛。」盧記同。諸本皆同，原文不誤，浦說無據，不可信從。

15. 頁二十三左　加以三分一四尺

按：「分」，八行本、故宮本、董本、靜嘉本、內閣本（嘉靖）、東大本（嘉靖）、劉本（嘉靖）、閩本、明監本（抄補）、毛本、婺本、建本、附圖本、纂圖本、互注本、京本、金本、徐本、岳本皆同。阮記云：「浦鏜云『分』下脫『之』。」盧記同。諸本皆同，《疏》文云「『加以三分一四尺』者」，則賈氏所見本亦無「之」字，原文不誤，浦說無據，絕不可從。

16. 頁二十七左　蜃謂炭也

　　按：「炭」，八行本、故宮本、董本、靜嘉本、婺本、建本、附圖本、纂圖本、互注本、京本、金本、徐本、岳本同；內閣本（元）作「灰」，東大本（元）、劉本（元）、閩本、明監本（抄補）同；毛本作「灰」。阮記云：「余本、岳本、嘉靖本同。閩、監、毛本『炭』作『灰』。」盧記同。宋刊經注本、注疏本皆作「炭」，作「炭」是也，細察內閣本此「灰」字，乃「炭」字闕去上「山」，則其原作「炭」，後遭挖改也。

卷四十一

1. 頁三左　於中漏半夏至日表北尺五寸景

　　按：「中」，八行本、故宮本、董本、靜嘉本、內閣本（元）、劉本（元）、閩本、明監本（抄補）、毛本皆同。阮記云：「浦鏜云『晝』誤『中』。」盧記同。諸本皆同，原文不誤，浦說無據，不可信從。

2. 頁五左　下有盤徑一尺

　　按：「盤」，八行本、故宮本、董本、靜嘉本、內閣本（嘉靖）、劉本（嘉靖）、閩本、明監本（抄補）、毛本皆同。阮記云：「浦鏜云『盤』下脫『口』。」盧記同。諸本皆同，原文不誤，浦說無據，不可信從。

3. 頁十右　殺矢七分

　　按：「殺」，八行本、故宮本、董本、靜嘉本、內閣本（嘉靖）、劉本（嘉靖）、閩本、明監本（抄補）、毛本、婺本、建本、附圖本、纂圖本、互注本、京本、金本、徐本、岳本、唐石經、白文本皆同。阮記云：「諸本同，唐石經闕，《釋文》『殺』作『𥪅』。」盧記同。唐石經不闕，諸本皆同，《釋文》所引，或為別本也。

4. 頁十左　按櫜人注

　　按：「櫜」，八行本、故宮本、董本、靜嘉本、內閣本（嘉靖）、劉本（嘉靖）、閩本、明監本（抄補）、毛本皆同。阮記云：「惠校本作『稾人』。按：從『禾』是也。」盧記同。諸本皆同，存疑可也。

5. 頁十左 以其笴厚為之羽深

按：「笴」，八行本、故宮本、董本、靜嘉本、內閣本（嘉靖）、劉本（嘉靖）、閩本、明監本（抄補）、毛本、婺本、建本、附圖本、纂圖本、互注本、京本、金本、徐本、岳本、唐石經、白文本皆同。阮記云：「唐石經、諸本同，誤也。《漢讀考》『笴』作『笥』。」盧記同。諸本皆同，《釋文》出字「其笴」，原文不誤，阮記甚非，豈可信從。

6. 頁十二左 以天地之性

按：「以」，八行本、故宮本、董本、靜嘉本、內閣本（嘉靖）、劉本（嘉靖）同；閩本作「以象」，明監本（抄補）、毛本同。阮記無說，盧記補云：「各本『以』下有『象』字，此脫。」此《疏》引《禮記・郊特牲》，檢之有「象」字，或賈氏所見本無，存疑可也。

7. 頁十五右 頎小也

按：「頎」，八行本、故宮本、董本、靜嘉本、內閣本（嘉靖）、劉本（嘉靖）、閩本、明監本（抄補）、毛本、婺本、建本、纂圖本、互注本、金本、岳本同；附圖本作「頃」，京本、徐本同。阮記云：「余本、閩、監、毛本同，嘉靖本『頎』作『頃』。按：《釋文》作『頃小』，云音傾字。」盧記同。宋刊經注本、注疏本多作「頎」，《疏》云「『頎小也』者」，則賈氏所見本亦作「頎」，作「頎」是也，當從八行本。

8. 頁十六左 解字角旁友

按：「友」，董本、靜嘉本（正德）、內閣本（正德）、劉本（正德）、閩本、明監本（抄補）、毛本同；八行本作「支」，故宮本同。阮記云：「《經義雜記》作『角旁支』，云：舊訛『友』，今改正。」盧記同。八行本作「支」，臧說是也。

9. 頁十六左 寡聞觚

按：「觚」，董本、靜嘉本（正德）、內閣本（正德）、劉本（正德）、閩本、明監本（抄補）同；八行本作「觝」，故宮本、毛本同。阮記云：「閩、監本同，毛本『觚』作『觝』。」盧記同。考八行本《疏》文云「學者多聞觚，寡聞觝，寫此書，亂之而作觚耳」，若作「寡聞觚」，顯非，則作「觝」是也，當從八行本。

10. 頁十九左　若與羣臣閒暇飲酒而射

按：「閒暇」，董本、靜嘉本、內閣本（嘉靖）、劉本（嘉靖）、閩本、明監本（抄補）、附圖本、纂圖本、互注本、京本、金本、岳本同；八行本無、故宮本、毛本、婺本、建本、徐本同。阮記云：「余本、岳本、閩本同，嘉靖本、監、毛本無『閒暇』二字。」盧記同。考《疏》文云「『若與羣臣飲酒而射』者」，則賈氏所見本亦無二字，無者是也，當從八行本。

11. 頁二十一右　句兵欲無彈

按：「彈」，八行本、故宮本、董本、靜嘉本、內閣本（嘉靖）、劉本（嘉靖）、閩本、明監本（抄補）、毛本、婺本、建本、附圖本、纂圖本、互注本、京本、金本、徐本、岳本、唐石經、白文本皆同。阮記云：「唐石經、諸本同。《說文》：僤，疾也，從人單聲，《周禮》曰『句兵欲無僤』……當據《說文》正之。」盧記同。諸本皆同，《釋文》出字「無彈」，則原文不誤，《說文》所引或為別本，阮記必以之為是，誤甚。

12. 頁二十四右　日中景最短者也者

按：八行本、故宮本、董本、靜嘉本（正德）、內閣本（正德）、劉本（正德）、閩本、明監本（抄補）、毛本皆同。阮記云：「當作『云日中之景最短者也者』脫二字。」盧記同。諸本皆同，原文不誤，阮記之說，不可信從。

13. 頁二十四左　是謂轍廣

按：「謂」，靜嘉本（正德）、內閣本（正德）、劉本（正德）、閩本、明監本（抄補）、毛本、建本、附圖本同；八行本作「為」，故宮本、董本、婺本、纂圖本、互注本、京本、金本、徐本、岳本同。阮記云：「閩、監、毛本同，誤也。余本、嘉靖本『謂』作『為』，當據正。」盧記同。是謂轍廣，不辭，揆諸文義，作「為」是也，當從八行本，阮記是也。

14. 頁二十六右　夏后氏宮室

按：「后氏」，靜嘉本、內閣本（嘉靖）、劉本（嘉靖）、閩本、明監本（抄補）同；八行本作「人卑」，故宮本、董本、毛本同。阮記云：「閩本同，監、毛本『后氏』作『人卑』。」盧記同。夏后氏宮室，不知何義，揆諸文義，作「人卑」是也，當從八行本。

卷四十二

1. **頁七右** 則此溝非謂廣深四尺其田間者

按：「其」，靜嘉本、內閣本（元）、劉本（元）、閩本、明監本（抄補）同、毛本同；八行本作「在」，故宮本、董本同。阮記云：「惠校本『其』作『在』，此誤。」盧記同。作「其」則句義滯澀，揆諸文義，作「在」是也，當從八行本，阮記是也。

2. **頁十五左** 故書畏作威

按：「畏」，靜嘉本、內閣本（元）、劉本（元）、閩本、明監本（抄補）、毛本同；八行本作「畏或」，故宮本、董本、婺本、建本、附圖本、纂圖本、互注本、京本、金本、徐本、岳本同。阮記云：「閩、監、毛本同，余本、嘉靖本『畏』下有『或』字，此脫，當據補。」盧記同。揆諸文義，作「畏或」是也，「或」字不可闕，當從八行本，阮記是也。

3. **頁二十右** 鬻膠欲勑

按：「鬻」，靜嘉本（正德）、內閣本（正德十二年）、劉本（正德十二年）、徐本、岳本同；八行本作「鬻」，故宮本、董本、閩本、明監本（抄補）、毛本、婺本、附圖本、纂圖本、互注本、京本、金本、唐石經、白文本同；建本漫漶。阮記云：「嘉靖本同，誤也。唐石經、余本、閩、監、毛本『鬻』作『鬻』，當據以訂正。」盧記同。《釋文》出字「鬻膠」，則作「鬻」是也，當從八行本，阮記是也。

4. **頁二十五左** 上限向右下限向左

按：「右」，董本、靜嘉本、內閣本（嘉靖）、劉本（嘉靖）、閩本、明監本（抄補）、毛本同；八行本作「君」，故宮本同。阮記云：「宋本『右』作『君』。」盧記同。據宋人林希逸《考工記解》卷下「畏與限同，在柎上下兩處，弓之淵深處，以左手橫執，其弓則上限向右，下限向左」，限者古弓上下內曲之處，左手執弓，右手開工，上曲向右，下曲向左，作「右」是也，原文不誤。

南宋刊單疏本《毛詩正義》卷九《齊風》考異

今人引用《十三經注疏》，多據中華書局一九八〇年影印民國二十四年世界書局縮印本，而世界書局縮印之底本實為嘉慶南昌府學《重栞宋本十三經注疏》之道光六年重校本，世人俗稱其為阮本或阮刻十三經注疏。

其中《毛詩注疏》一種，阮元謂其重刊宋本，實為元刊明修本十行本，不惟此本，存世刊本《毛詩注疏》皆為十行本系統，而以南宋劉叔剛一經堂刊十行本為最古，李盛鐸舊藏元刊明修本、劉盼遂舊藏元刊明修本以及阮元家藏元刊明修本皆為元時重刊十行本；明代李元陽首次合刻「十三經注疏」，世稱閩本，改宋元十行本為九行，北監本、毛本皆承閩本；乾隆四年重刊十三經注疏，底本為北監本，乾隆三十七年修四庫全書，今所見文淵閣、文津閣以及薈要諸本皆據殿本，故云今存世《毛詩》注疏本皆為十行本系統。

筆者在研究過程中發現十行本祖本即南宋劉叔剛本為書坊草率之作，錯訛脫漏，比比皆是，從文獻校勘角度而言，洵非善本，今日重新整理毛詩注疏，則必須採用另一系統的版本，否則無法校訂其謬誤，幸運的是，日本保存了南宋早期翻刻北宋刊單疏本《毛詩正義》，雖然闕去前七卷，但仔細比對異文，可見其文獻價值遠遠高於十行本，對此，學者早有認識〔註1〕，然而，

〔註 1〕李霖、喬秀巖《南宋刊單疏本毛詩正義·影印前言》，人民文學出版社，二〇一二年版。此外，宋本《毛詩要義》幾乎是比較忠實的摘抄了《毛詩》經注及孔《疏》，其中對於前者的抄錄是極為零星的，而對於後者即孔《疏》的摘錄卻占有絕對份量，因而也是校勘《十行本》的重要參考，尤其是單疏本所缺「鄭風前」部分，對此，筆者曾撰寫《日本天理大學附屬圖書館藏宋淳祐十二年徽州刻本〈毛詩要義〉考異（鄭風前部分）》，《域外漢籍研究集刊》第十四輯。

真正對單疏本展開學術研究則非常少見，二〇一三年上海古籍出版社出版了整理本《毛詩注疏》，整理前言中明確說明要利用單疏本，可是細讀此本，漏校極為嚴重，謂其掛一漏萬，也並不過分〔註2〕，二〇一五年石立善先生發表了《南宋刊單疏本孔穎達〈毛詩正義・鄭風〉校箋》〔註3〕，可謂力作。本文以單疏本卷九「齊風」為考察對象，將其與十行本對勘，羅列異文，附以考據，以見此本之文獻校勘價值也。

本文主要引據文獻，為省篇幅，率用簡稱，詳情如下：

1. 《南宋刊單疏本毛詩正義》，人民文學出版社二〇一二年縮印一九三六年東方文化學院據杏雨書屋舊藏南宋槧單疏本《毛詩正義》珂羅版影印本，簡稱單疏本、單疏，各條按勘記所標頁碼即此影印本之頁碼，所謂「上」「下」乃分別指此本單面四拼一影印之上欄與下欄，單疏本類多缺筆避諱之字，為便行文，除特殊情況外，所引者一律改作通行文字。參考一九三六年東方文化學院影印本單疏本《毛詩正義》。

2. 《足利學校秘籍叢刊第二・重文毛詩註疏》，汲古書院影印足利學校藏南宋劉叔剛一經堂刊《附釋音毛詩註疏》，昭和四十八年出版第一卷、第二卷，昭和四十九年出版第三卷、第四卷，簡稱十行本。

3. 《續修四庫全書》第五六冊《毛詩要義》，上海古籍出版社二〇〇二年影印日本天理大學附屬圖書館藏宋淳祐十二年徽州刻本，簡稱《要義》。

4. 《中華再造善本叢書・附釋音毛詩註疏》，北京圖書館出版社二〇〇六年影印國家圖書館藏元刊明修本，此書為李盛鐸舊藏，簡稱李本。

5. 《中華再造善本叢書・十三經注疏・附釋音毛詩註疏》，北京圖書館出版社二〇〇六年影印北京市文物局藏元刊明修本，此書為劉盼遂舊藏，簡稱劉本。

6. 《十三經註疏・毛詩註疏》，日本內閣文庫藏閩刊本，簡稱閩本。

7. 《十三經註疏・毛詩註疏》，日本內閣文庫藏萬曆十七年刊本，簡稱北監本。

8. 《十三經註疏・毛詩註疏》，日本東京大學東洋文化研究所藏汲古閣刊本，簡稱毛本。

〔註2〕不僅脫漏嚴重，此整理本還存在數量驚人的標點校勘問題，其中卷三、卷四、卷五所出現的問題，詳見拙文《上海古籍出版社新整理本〈毛詩注疏〉卷三〈鄘風・衛風〉卷四〈王風・鄭風〉卷五〈齊風・魏風〉點校補正.》，《中華歷史與傳統文化研究論叢》第二輯，中國社會科學出版社二〇一六年版。

〔註3〕收入劉玉才、水上雅晴主編《經典與校勘論叢》，北京大學出版社，二〇一五年版。

9. 《殿本十三經注疏·毛詩注疏》，線裝書局二〇一三年影印天津圖書館藏武英殿刊本，簡稱殿本，後附《考證》，簡稱殿記。

10. 《景印文淵閣四庫全書·毛詩注疏》，台灣商務印書館一九八三年影印本，簡稱庫本。參考二〇一五年廣陵書社影印文津閣本《四庫全書選刊·十三經註疏》第二冊、第三冊《毛詩註疏》，簡稱文津閣本；二〇〇五年吉林出版集團有限公司影印摛藻堂《四庫全書薈要》本《毛詩注疏》，簡稱薈要本。

11. 《景印文淵閣四庫全書·欽定四庫全書考證·經部·毛詩注疏》，台灣商務印書館一九八三年影印本，簡稱庫記。

12. 《阮刻毛詩注疏》，西泠印社出版社二〇一三年影印上海圖書館藏嘉慶年間江西南昌府學刊本《重栞宋本毛詩注疏附挍勘記》，簡稱阮本，所附挍勘記簡稱盧記。

13. 《百部叢書集成·七經孟子考文補遺·毛詩》，台灣藝文印書館一九六四年影印日本原刊本，簡稱《考文》、《考文·補遺》。

14. 《四庫全書珍本初集》經部二十六、二十七集《十三經注疏正字》，瀋陽出版社一九九八年影印本，簡稱《正字》。

15. 《續修四庫全書》第一八〇、一八一冊《宋本十三經注疏併經典釋文挍勘記·毛詩注疏挍勘記》，上海古籍出版社二〇〇二年影印南京圖書館藏清嘉慶阮氏文選樓刻本，簡稱阮記。

16. 《毛詩單疏校勘記》，文物出版社一九八二年刷印《嘉業堂叢書》本，簡稱繆記。

17. 《百部叢書集成·毛詩注疏校勘記校字補》，台灣藝文印書館一九六四年影印《鶴壽堂叢書》本，簡稱茆記。

18. 《毛詩注疏毛本阮本考異》，《敬躋堂叢書》本，簡稱謝記。

19. 《中華再造善本叢書·毛詩詁訓傳》，北京圖書館出版社二〇〇三年影印國家圖書館藏宋刻本，簡稱巾箱本。

20. 《中華再造善本叢書·監本纂圖重言重意互注點校毛詩》，北京圖書館出版社二〇〇三年影印國家圖書館藏宋刻本，簡稱監圖本。

21. 《景印宋本纂圖互注毛詩》，「國立故宮博物院」一九九五年影印本，簡稱纂圖本。

22. 《毛詩鄭箋》，汲古書院影印日本靜嘉堂文庫藏抄本，平成四年出版第一卷，平成五年出版第二卷，平成六年出版第三卷，簡稱日抄本。

23. 潘重規《敦煌詩經卷子研究論文集》，新亞研究所一九七〇年版，本書所引敦煌殘卷非特殊說明者，皆據此本所影印之圖版。

24. 《中華再造善本叢書·經典釋文》，北京圖書館出版社二〇〇三年影印國家圖書館藏宋刻宋元遞修本，簡稱《釋文》。

25. 《爾雅》，汲古書院昭和四十八年影印神宮文庫藏南北朝刊本《爾雅》。

26. 《中華再造善本叢書·爾雅疏》，北京圖書館出版社二〇〇三年影印國家圖書館藏宋刻宋元明初遞修本，簡稱《爾雅疏》。

27. 《中華再造善本叢書·說文解字》，北京圖書館出版社二〇〇四年影印國家圖書館藏宋刻元修本，簡稱《說文》。

28. 《中華再造善本叢書·尚書》，北京圖書館出版社二〇〇六年影印北京大學圖書館藏宋刻本，簡稱《尚書》。

29. 《四部叢刊三編·尚書正義》景印日本覆印宋本，簡稱《尚書正義》。

30. 《士禮居黃氏叢書·儀禮鄭氏注》，上海圖書館藏嘉慶甲戌黃丕烈影刻嚴州本，簡稱《儀禮》。

31. 《中華再造善本叢書·儀禮疏》，北京圖書館出版社二〇一四年影印國家圖書館藏清黃氏士禮居影宋抄本，簡稱《儀禮疏》。

32. 《中華再造善本叢書·禮記》，北京圖書館出版社二〇〇三年影印國家圖書館藏宋淳熙四年撫州公使庫刻本，簡稱《禮記》。

33. 《影印南宋越刊八行本禮記正義》，北京大學出版社二〇一四年影印本，簡稱《禮記正義》。

34. 《中華再造善本叢書·周禮》，北京圖書館出版社二〇〇五年影印國家圖書館藏金刻本，簡稱《周禮》。

35. 《中華再造善本叢書·周禮疏》，北京圖書館出版社二〇〇三年影印國家圖書館藏宋兩浙東路茶鹽司刻宋元遞修本，簡稱《周禮疏》。

36. 《日本宮內廳書陵部藏宋元版漢籍選刊·春秋經傳集解》，上海古籍出版社影印南宋嘉定九年南宋興國軍學刊本，簡稱《左傳》。

37. 《四部叢刊續編·春秋正義》景印海鹽張氏涉園藏日本覆印景鈔正宗寺本，簡稱《春秋正義》。

38. 《四部叢刊初編·春秋穀梁傳》景印常熟瞿氏鐵琴銅劍樓藏宋刊本配《古逸叢書》本，簡稱《穀梁傳》。

39. 《中華再造善本叢書·國語》，北京圖書館出版社二〇〇六年影印國家圖書館藏宋刻宋元遞修本，簡稱《國語》。

40. 《仁壽本二十六史·史記集解》，成文出版社一九五五年影印「中央研究院」藏北宋景祐監本配南宋重刊北宋監本，簡稱《史記》。

41. 《中華再造善本·呂氏家塾讀詩記》，北京圖書館出版社二〇〇三年影印國家圖書館藏宋淳熙九年江西漕臺刻本，簡稱《讀詩記》

42. 《中華再造善本·玉海 辭學指南》，北京圖書館出版社二〇〇六年影印國家圖書館藏元至元六年慶元路儒學刻本，簡稱元刊本《玉海》。此本闕卷則據日本京都中文出版社一九七七年影印元至正刊本《合璧本玉海》。

卷九

齊譜

1. 頁〇五五上 晏子對曰昔爽鳩氏始居此地季萴因之

按：「萴」，十行本作「蒯」，李本、劉本、閩本、北監本、毛本、殿本、阮本同；《要義》所引作「前」；庫本與單疏本同。此《疏》引《左傳》，檢昭公二十年，正作「季萴」，十行本下文亦作「季萴」，《正字》云：「『萴』，誤『蒯』，下同」，是也。

2. 頁〇五五上 古若無死爽鳩氏之樂非君所願也

按：「非君所願」，十行本作「非君之所願」，李本、劉本、閩本、北監本、毛本、殿本、庫本、阮本同，《要義》所引亦有「之」。此《疏》亦引《左傳》，檢諸宋刊《春秋經傳集解》，皆無「之」字，無「之」者是也。

3. 頁〇五五上 是武王之時大國百里

按：「王」，十行本作「三」；李本作「二」，劉本同；閩本、北監本、毛本、殿本、庫本、阮本與單疏本同，《要義》所引亦與單疏本同。作「三」、「二」顯誤。

4. 頁〇五五下 同母少弟山殺胡公而自立

按：「自立」，十行本無「自」字，李本、劉本、閩本、北監本、毛本、殿本、庫本、阮本同；《要義》所引與單疏本同。此《疏》乃引《史記・齊世家》，檢之，有「自」字，《正字》云：「脫『自』字」，是也。

5. 頁〇五五下 哀公弟山殺胡公而自立立後九年而卒

按：「立後九年」，十行本無「立」字，李本、劉本、閩本、北監本、毛本、殿本、庫本、阮本同；《要義》所引與單疏本同。細味《疏》文，有「立」者，語意曉暢，辭氣亦足，當從單疏、《要義》。

6. 頁〇五六上 王者禮法相變周復禹制故鄭解禹事而已

按：「復」，十行本作「服」，李本、劉本、閩本、北監本、毛本、殿本、庫本、阮本同；《要義》所引與單疏本同。禹制如何可服，王者禮法相變，變而復返，故周用禹制，作「復」是也。

7. 頁〇五六上　注云濰淄兩水名地理志云濰水出今瑯邪箕屋山淄水出
　　　　　　　泰山萊蕪縣原山

　　按：「原山」，十行本作「源山」，李本、劉本、閩本、北監本、毛本、殿本、庫本、阮本同；《要義》所引與單疏本同。此《疏》所謂「注」，乃鄭玄《尚書》注，檢宋景祐本《史記・夏本紀》「濰淄既道」條，裴駰《集解》引鄭玄曰「《地理志》：濰水出瑯邪，淄水出泰山萊蕪縣原山」（仁壽本《二十六史》影印本），又宋景祐本《漢書・地理志》泰山郡萊蕪縣，「原山，甾水所出」（《中華再造善本》影印本），又《尚書正義》卷六「傳嵎夷至故道」條，「《地理志》云：濰水出琅邪箕屋山，北至都昌縣入海，過郡三行五百二十里；淄水出泰山萊蕪縣原山，東北至千乘博昌縣入海」，則當作「原山」，《正字》云：「『源』誤從水」，是也。

8. 頁〇五六上　顧命云命仲桓南宮毛俾爰齊侯呂伋以二千戈虎賁百人
　　　　　　　逆子釗于南門之外
　　　　　　　孔安國顧命注云伋為天子虎賁氏
　　　　　　　齊世家云太公卒子丁公伋立

　　按：三「伋」，十行本皆作「汲」，李本、劉本、閩本、毛本、阮本同；北監本、殿本、庫本與單疏本同，《要義》所引與單疏本同。檢《尚書・顧命》、《史記・齊世家》皆作「呂伋」，十行本前《疏》「昭十二年《左傳》，楚靈王曰：昔我先王熊繹與呂伋、王孫牟、燮父、禽父並事康王」亦作「伋」，則後三「汲」顯因形近而譌，《正字》云：「『伋』，誤『汲』，下同」，是也，阮記云：「十行本此字作『伋』，下引《顧命》、《齊世家》則作『汲』，各順其文耳」，本無「呂汲」其人，何來各順其文，阮校大謬不然。又北監本雖此三字皆作「伋」，但細辨之，乃有讀此書者，將「汲」之「氵」旁畫改為「亻」，其跡顯然也。

9. 頁〇五六上　齊之變風始作

　　按：「齊之」，十行本作「齊人」，李本、劉本、閩本、北監本、毛本、殿本、庫本、阮本同；《要義》所引與單疏本同。檢《詩譜・鄭譜》「鄭之變風又作」、《魏譜》「魏之變風始作」、《唐譜》「唐之變風始作」、《秦譜》「秦之變風始作」、《陳譜》「陳之變風作矣」、《檜譜》「檜之變風始作」、《曹譜》「曹之變風始作」，據此數例，可知書法，此處絕當作「齊之變風始作」，《正字》云：「『之』，誤『人』」，是也。

10. 頁○五六下　本紀稱懿王之時詩人作刺得不以懿王之時雞鳴詩作而
　　　　　　　言懿王時乎

　　按：「作刺」，十行本作「作到」，李本、劉本、閩本、北監本、毛本、阮
本同；殿本、庫本、與單疏本同。詩人作到，不知何義，檢《史記‧周本紀》：
「懿王之時，王室遂衰，詩人作刺」，則「作刺」是也，《正字》云：「『刺』，
誤『到』」，是也。

11. 頁○五六下　世家又云獻公卒子武公壽立

　　按：「獻公卒」，十行本作「獻公子卒」，李本、劉本、閩本、北監本、毛
本、阮本同；殿本、庫本與單疏本同，《要義》所引與單疏本同。檢《史記‧
齊世家》：「獻公卒，子武公壽立」，獻公之子武公，若作獻公子卒，為何其後
又云「子武公壽立」，豈不兩相矛盾，「子」字顯為衍文。

12. 頁○五六下　故曰不能晨夜不夙則暮昭晢若此復何所疑

　　按：「晢」，十行本作「暫」，李本、劉本、閩本、北監本、毛本、阮本同；
殿本作「晢」，庫本同。昭暫，不知何義，昭與晢皆明瞭之義，晢、晰微異可
通，《正字》云：「『暫』，當『晢』字誤」，是也。

雞鳴

13. 頁○五七上　作雞鳴詩者言思賢妃也

　　按：「言思賢妃」，十行本無「言」字，李本、劉本、閩本、北監本、毛
本、殿本、庫本、阮本同。檢《周南‧關雎‧序》《疏》「作《關雎》詩者，
言后妃之德也」，《召南‧江有汜‧序》《疏》「作《江有汜》詩者，言美媵也」，
《召南‧野有死麕‧序》《疏》「作《野有死麕》詩者，言惡無禮」，《鄘風‧
蝃蝀‧序》《疏》「作《蝃蝀》詩者，言能止當時之淫奔」，《王風‧黍離‧序》
《疏》「作《黍離》詩者，言閔宗周也」，《鄭風‧褰裳‧序》《疏》「作《褰裳》
詩者，言思見正也」等等，全經《疏》文類似寫法，舉不勝舉，則此處之「言」
字不可省也。

14. 頁○五七上　雞既至之聲

　　按：十行本作「雞鳴思賢妃也至蒼蠅之聲」，李本、劉本、閩本、北監本、
毛本、阮本同。此處乃標經文起止，此段《疏》文所釋者乃經文：「雞既鳴矣，

朝既盈矣，匪雞則鳴，蒼蠅之聲。」則標起止當作「『雞既』至『之聲』」，此無疑也，十行本之所以作「雞鳴思賢妃也至蒼蠅之聲」，乃誤將《小敘》「《雞鳴》思賢妃也，哀公荒淫怠慢，故陳賢妃貞女夙夜警戒相成之道焉」，視為此段《疏》文所釋之範疇，故標其起「雞鳴思賢妃也」，而《小序》，前此《疏》文已加以闡述，不當於此再述，故十行本及其以下諸本皆誤，阮記云：「案：此標起止有誤，《序》有《疏》，已在上矣，『雞鳴思賢妃也』六字不當更見於此，依其常例，但取經首、末二字而已，當云『雞既至之聲』」，所見與單疏本合若符節，允稱卓識。

15. 頁〇五七上　以雞既鳴知朝將滿

按：「滿」，十行本作「盈」，李本、劉本、閩本、北監本、毛本、殿本、庫本、阮本同。下《疏》云：「朝盈，謂群臣辨色，始入滿於朝上」，則此處「知朝將滿」，實與後文相照，作「滿」似勝。

16. 頁〇五七下　如鄭此言則夫人以禮見君當服展衣御於君當服褖衣

按：「服」，十行本作「復」，李本、劉本、阮本同；閩本、北監本、毛本、殿本、庫本與單疏本同，《要義》所引亦與單疏本同。「當復褖衣」，不知何義，揆諸文義，作「服」是也。

17. 頁〇五七下　列女傳魯帥氏之母齊姜戒其女

按：「齊姜」，十行本作「齊善」，李本、劉本同；閩本、北監本、毛本、殿本、庫本、阮本與單疏本同，《要義》所引亦與單疏本同。考《太平御覽》卷五百四十一《禮儀部・婚姻下》引《列女傳》云：「魯師春姜者，魯師氏之母也」，此作「春姜」，則與「齊姜」相近，而與「齊善」相遠矣，「善」顯當是「姜」字之譌。

18. 頁〇五八上　我甘樂與子臥而同夢

按：「子」，十行本作「君」，李本、劉本、閩本、北監本、毛本、殿本、庫本、阮本同。考《疏》云：「上言欲君早起，此又述其欲早起之意。夫人告君云：『東方欲明，蟲飛薨薨之時，我甘樂與子臥而同夢。』」《疏》文所謂夫人告君云云，正釋經文「蟲飛薨薨，甘與子同夢」，《疏》文之「子」字，正本經文之「子」字，作「君」非是。

19. 頁〇五八上 以將曉而飛是東方旦欲明之時即上雞鳴時也

按：「旦」，十行本作「且」，李本、劉本、閩本、北監本、毛本、殿本、庫本、阮本同。此句《疏》文釋《箋》，十行本作「東方且欲明之時」，乃本箋文「蟲飛薨薨，東方且明之時」，此處之「且」，李本、劉本、阮本、巾箱本、監圖本、纂圖本、日抄本皆同；閩本作「早」，北監本、毛本、殿本、庫本同；《考文》古本作「旦」，又云「宋板同作旦」，此處單疏之「東方旦欲明之時」恰與《考文》古本及宋板合，則作「旦」是也，故箋文亦當作「東方旦明之時」，宋刊《太平御覽》卷三百九十七《人事部·敘夢》：「《毛詩·雞鳴》曰：『蟲飛薨薨，甘與子同夢』，箋云：『蟲飛薨薨，東方旦明之時，我猶樂與君子臥而同夢，言親愛之也」（《四部叢刊》三編影宋本），正可為證。

20. 頁〇五八上 云無見惡於夫^{音扶}人

按：「夫^{音扶}人」，十行本作「夫人」，李本、劉本、閩本、北監本、毛本、殿本、庫本、阮本同。此《疏》文釋音之字，諸本皆闕，理當據單疏本補。

21. 頁〇五八上 正義曰釋詁文

按：「釋詁」，十行本作「釋古」，李本、劉本同；閩本、北監本、毛本、殿本、庫本、阮本與單疏本同。《爾雅》無《釋古》篇，作「古」顯誤。

還

22. 頁〇五八下 於是子即與我並行驅馬從逐兩肩獸兮

按：「從逐」，十行本無「從」字，李本、劉本、閩本、北監本、毛本、殿本、庫本、阮本同。此句《疏》文釋經，經文云「並驅從兩肩兮」，故《疏》釋之云「並行驅馬從逐兩肩獸兮」，「並行」釋「並」，「驅馬」釋「驅」，「從逐」釋「從」，「兩肩獸」釋「兩肩」，皆增字以釋，而「從逐」一詞，又本毛《傳》「從，逐也」，故此處不可闕「從」字。

23. 頁〇五八下 獵之所在非山則澤下言之陽此言之閒則是山之南山側
故知猲山名

按：「山之側」，十行本作「山則」，李本、劉本、阮本同；閩本作「山側」，北監本、毛本、殿本、庫本同。山則，不知何義，顯誤，「山之南」對「之陽」，「山之側」對「之閒」，無「之」者非是，當從單疏本作「山之側」。

24. 頁〇五八下　釋獸云狼牡貛牝狼其子獥絕有力迅舍人曰狼牡名貛牝
　　　　　　　　名狼其子名獥絕有力者名迅

　　按：「牝狼」、「牝名狼」，十行本皆作「牡狼」，李本、劉本同；阮本皆作「牝狼」；閩本、北監本、毛本、殿本、庫本與單疏本同，《要義》所引亦與單疏本同。檢《爾雅・釋獸》、《爾雅疏》與單疏本同，阮記云：「閩本、明監本、毛本，『牝』下有『名』字，案：所補是也」，是也。

25. 頁〇五八下　陸機疏云其鳴能小能大善為小兒啼聲以誘人去數十步
　　　　　　　　其猛健者雖善用兵者不能免也

　　按：「健」，十行本作「建」，李本、劉本同；閩本作「捷」，北監本、毛本、殿本、庫本、阮本同；《要義》所引與單疏本同。考單疏本《春秋正義》閔公元年引《陸機毛詩義疏》作「健」（《四部叢刊續編》影鈔本），宋八行本《春秋正義》同（北京圖書館出版社二〇〇三年影印國家圖書館藏宋慶元六年紹興府刻宋刻元修本）；《讀詩記》、《段氏毛詩集解》引《陸璣疏》皆作「健」；單疏本《爾雅疏》引《陸機疏》作「健」；揆諸文義，結合眾本，作「健」是也，「徤」即「健」也，「捷」顯因與「健」形近而譌，「建」亦誤也。

著

26. 頁〇五八下　我見君子塞耳之瑱以素象為之乎而又見其身之所佩飾
　　　　　　　　之以瓊華之石乎而

　　按：「瑱」，十行本作「瓊」，李本、劉本同；閩本、北監本、毛本、殿本、庫本、阮本同，《要義》所引與單疏本同。此句《疏》文乃釋經，經文云「充耳以素乎而」，毛《傳》：「素，象瑱」，則此處當作「塞耳之瑱」，十行本誤作「瓊」者，或因涉下文「瓊華之石」而誤。

27. 頁〇五九上　楚語稱白公子張驟諫靈王

　　按：「白」，十行本作「曰」，李本、劉本、閩本、毛本、殿本、庫本、阮本同；北監本與單疏本同，《要義》所引與單疏本同。考《國語・楚語上》：「靈王虐，白公子張驟諫」，韋昭注：「子張，楚大夫白公也」，則當作「白」也，阮記云：「閩本、明監本、毛本同，案：『曰』當作『白』，形近之譌」，是也。詳辨北監本之「白」字，似係讀此書者於「曰」字上，加添一筆而成「白」，則北監本亦誤。

28. 頁〇五九上 士婚禮婿親迎至於女家主人揖

按：「家」，十行本作「嫁」，李本、阮本同；劉本、閩本、北監本、毛本、殿本、庫本與單疏本同，《要義》所引與單疏本同。揆諸文義，作「嫁」顯誤，劉本「家」字偏於一邊，似剔去「女」旁也。

29. 頁〇五九上 夫家引入之時每門而揖明女家引出之時亦每門而揖

按：「亦每門而揖」，十行本無「門」字，李本、劉本、閩本、北監本、毛本、殿本、庫本、阮本同；《要義》所引與單疏本同。《疏》文云：「至夫家引入之時，每門而揖，明女家引出之時，亦每門而揖」，前後「每門而揖」相對應也，且有「亦」字相聯，若作「亦每而揖」，不知所揖者為何處也，《正字》云：「脫『門』字」，是也。

30. 頁〇五九上 天子諸侯皆五色卿大夫士皆三色其五色無文正以人君
位尊備物當具五色臣則下之宜降殺以兩

按：「五色無文」，十行本無「五」字，李本、劉本、閩本、北監本、毛本、殿本、庫本、阮本同；《要義》所引與單疏本同。若作「其色無文」，則指代不明，究竟指天子諸侯之五色，還是指卿大夫士之三色，又與下文「當具五色」不相對應也，故有者是也。

「降殺」，十行本無「殺」字，李本、劉本、阮本同；閩本、北監本、毛本、殿本、庫本與單疏本同，《要義》所引亦與單疏本同。「宜降殺以兩」，辭氣具足，又單疏本、閩本等及《要義》所引皆有「殺」字，則有者是也。阮記云：「閩本、明監本、毛本，『降』下衍『殺』字」，阮說誤也。

31. 頁〇五九上 以素配著為章者取其韻句故耳

按：「韻句」，十行本無「句」字，李本、劉本、阮本同；閩本、北監本、毛本、殿本、庫本與單疏本同。「取其韻句故耳」，辭氣具足，又單疏本、閩本等皆有「句」字，則有者是也。阮記云：「閩本、明監本、毛本，『韻』下有『句』字。案：所補非也。或言韻，或言韻句，一也。」阮說誤也。

32. 頁〇五九上 王肅云王后織玄紞天子之紞一玄而已何云具五色乎

按：「之紞」，十行本作「之玄紞」，李本、劉本、閩本、北監本、毛本、殿本、庫本、阮本同；《要義》所引與單疏本同。玄紞既為王后所親織，則惟天子所用，直云「天子玄紞」，可也，不當以「天子之」加以限定，若作「天

子之玄紘」，嫌有諸侯之玄紘、卿大夫之玄紘，此「天子之紘」即玄紘也，故當從單疏、《要義》作「天子之紘」。

33. 頁〇五九上　王后織玄紞者舉天色尊者言之耳

按：「天」，十行本作「夫」，李本、劉本、閩本、北監本、毛本、殿本、庫本、阮本同，《要義》所引亦同。考《豳風‧七月》《疏》引《易》云：「黃帝堯舜垂衣裳，蓋取諸乾坤，注云：乾為天，坤為地，天色玄，地色黃，故玄以為衣，黃以為裳，象天在上，地在下」，《尚書‧禹貢》「禹錫玄圭，告厥成功」，孔《傳》：「玄，天色」，《疏》云：「《考工記》：天謂之玄，是玄為天色」，天色乃玄，因天為尊，故取玄色以象天，即所謂「天色尊者」也，此正玄紞之所以為貴，故當作「天」，諸本皆誤。

34. 頁〇五九上　此石似瓊玉之色故云美石

按：「似」，十行本作「以」，李本、劉本同；閩本、北監本、毛本、殿本、庫本、阮本與單疏本同。石雖美，然非玉，故云「似」，作「以」顯誤。

35. 頁〇五九下　王肅云以美石飾象瑱案瑱之所用其物小耳不應以石飾
　　　　　　　　象共為一物

按：「共」，十行本作「其」，李本、劉本、閩本、北監本、毛本、殿本、庫本、阮本同。石雖美，然非玉，故云「似」，作「以」顯誤。「以」者以為也，象瑱為塞耳，其物本小，不應認為與美石鑲嵌於象骨者同為一物，則此處當作「共」也，《正字》云：「『其』當『共』字誤」，可謂卓識。

36. 頁〇五九下　即如王肅之言以美石飾象瑱象骨賤於美石謂之飾象可
　　　　　　　　也下傳以青為青玉黃為黃玉又當以石飾玉乎

按：「可」，十行本作「何」，李本、劉本、閩本、北監本、毛本、殿本、庫本、阮本同。細味此句《疏》文，乃謂象骨與美石相比較，前者賤後者貴，故可以說以美石作為象骨之飾，此即「謂之飾象可也」，而青玉、黃玉皆為美玉貴於美石，難道可以說以美石為青玉、黃玉之飾嗎，此即「又當以石釋乎」，故作「可也」，文義曉暢，若作「何也」，則語氣怪異，不知何義也，故當從單疏作「可」。

37. 頁〇五九下　以經之文勢既言充耳以素即云飾之以瓊華明以瓊華為
充耳懸之以素絲故易傳以素絲為紞瓊華為瑱也

　　按：「以素絲為紞」，十行本無「絲」字；李本、劉本、閩本、北監本、毛本、殿本、庫本、阮本皆與單疏本同，《要義》所引亦與單疏本同。此句《疏》文所謂易《傳》乃指箋文改易《傳》義，箋文所改之義，據前《疏》「言用素絲為紞，以懸瓊華之石為瑱也」，則此處不當闕「絲」字，十行本讀誤，可見其實非善本。

38. 頁〇六〇上　考工記玉人云天子用全則公侯以下皆玉石雜

　　按：「全」，十行本作「金」，李本、劉本、閩本、北監本、毛本、殿本、庫本、阮本同。檢《周禮・考工記・玉人》：「天子用全」，則當作「全」，《正字》云：「『全』，誤『金』」，是也。

東方之日

39. 頁〇六〇上　若以禮而來我則從就之兮今不以禮來故不得從之

　　按：「從就」，十行本作「欲就」，李本、劉本、閩本、北監本、毛本、殿本、庫本、阮本同。「從就之」與「從之」，前後相應，作「從就」是也。

40. 頁〇六〇上　彼姝者子言其就女親迎之事故以姝為初婚之貌

　　按：「子」，十行本作「女」，李本、劉本、閩本、北監本、毛本、殿本、庫本、阮本同。經云「彼姝者子」，毛《傳》：「姝者，初昏之貌」，故《疏》引經以釋《傳》，謂經「彼姝者子」乃言就女親迎之事，故《傳》解「姝」為初婚之貌，若作「彼姝者女」則不知何謂也，當從單疏作「子」。

41. 頁〇六〇上　以為東方之日者比君於日以情訴之也

　　按：「以為」，十行本作「以」，李本、劉本、閩本、北監本、毛本、殿本、庫本、阮本同。此句《疏》文乃釋鄭箋，箋云「言『東方之日』者，愬之乎耳」，故《疏》云鄭玄以為，經云「東方之日」者乃將君比之於日而相其傾訴之義，故當以「以為」領起，若作「以」，雖亦有以為之義，但不如「以為」辭氣順暢，故當作「以為」。

42. 頁〇六〇下　傳月盛至門內

　　按：「門內」，十行本無「內」字，李本、劉本、閩本、北監本、毛本、

阮本同。此標起止，此處乃釋《傳》，毛《傳》末云：「闥，門內也」，則當作「門內」，阮記云：「案：『門』下當有『內』字」，可謂卓識。

43. 頁〇六〇下　故知以月盛於東方喻臣明察也

　　按：「盛於」，十行本無「於」字，李本、劉本、閩本、北監本、毛本、殿本、庫本、阮本同。此句《疏》文乃釋毛《傳》，《傳》云：「月盛於東方」，此處正引之以釋，故當作「盛於」。

東方未明

44. 頁〇六〇下　朝廷是君臣之總辭此則必斥言其君也

　　按：「必」，十行本作「非」，李本、劉本、閩本、北監本、毛本、殿本、庫本、阮本同。此句《疏》文乃釋《序》，本詩《序》云：「朝廷興居無節，號令不時，挈壺氏不能掌其職焉」，前《疏》亦釋之云：「今朝廷無節，由挈壺氏不能掌其職事焉，故刺君之無節，且言置挈壺氏之官不得其人也」，此處明言所刺者君之無節，故雖然「朝廷」一詞乃包舉朝廷上之君臣，但就此處而言，必是指刺其君也，即所謂「必斥言其君也」，若作「非斥言其君也」，則不知斥誰，又失與前《疏》照應，故必當從單疏作「必」也。

45. 頁〇六〇下　故夏官序云挈壺氏下士六人注云挈讀如絜髮之絜壺盛水器也

　　按：「絜髮之絜」，十行本作「挈髮之挈」，李本、劉本、閩本、北監本、毛本、殿本、庫本、阮本同。「挈讀如挈」，顯然不通，檢《周禮·夏官序·挈壺氏》鄭注正作「絜髮之絜」，則單疏本是也，諸本皆誤，《正字》云：「『絜』字誤『挈』」，是也。

46. 頁〇六〇下　傳言此解其顛倒之意以裳為衣令上者在下是為顛倒也

　　按：「令」，十行本作「今」，李本、劉本、閩本、北監本、毛本、殿本、庫本、阮本同。衣本在上，裳本在下，以裳為衣，則是令上者在下，此謂顛倒也，玩《疏》文義，則作「令」者更符語意，《正字》云：「『今』，疑『令』字誤」，浦鏜卓識，所疑是也。

47. 頁〇六一上　故言朝之正法羣臣別色始入東方未明未當起也

　　按：「未當」，十行本無「未」字，李本、劉本、閩本、北監本、毛本、

殿本、庫本、阮本同。此句《疏》文釋箋，箋云：「挈壺氏失漏刻之節，東方未明而以為明，故羣臣促遽，顛倒衣裳，羣臣之朝，別色始入」，考前《疏》云：「以挈壺氏失漏刻之節，每於東方未明而為已明，告君使之早起，羣臣當以失晚，復恐後期，故於東方未明之時，急促惶遽，不暇整理衣服，故顛倒著衣裳而朝君，此則失於侵早」，則東方未明之時非群臣上朝之時，朝之正法，別色群臣方入，故「東方未明，未當起也」，「未」字絕不可闕，若作「東方未明，當起也」，則又云「群臣之朝，別色始入」，豈非自相矛盾，故諸本皆誤，阮記云：「案：當上脫一『未』字」，是也，可謂卓識。

48. 頁〇六一上　言柳柔脆之木者欲取無益於禁故以柔脆解之

　　按：「禁」，十行本作「其」，李本同；劉本、閩本、北監本、毛本、殿本、庫本、阮本與單疏本同。此句《疏》文釋《傳》，毛《傳》云：「折柳以為藩園，無益於禁矣」，又前《疏》云：「此言折柳木以為藩菜果之圃，則柳木柔脆無益於圃之禁」，故當作「禁」。

49. 頁〇六一上　漏刻之箭晝夜共百刻

　　按：「晝」，十行本作「畫」，李本、劉本同；閩本、北監本、毛本、殿本、庫本、阮本與單疏本同，《要義》所引亦與單疏本同。「畫」字顯為「晝」字之譌。

50. 頁〇六一下　故太史之官立為成法定作四十八箭

　　按：「成法」，十行本無「成」字，李本、劉本、閩本、北監本、毛本、殿本、庫本、阮本同；《要義》所引與單疏本同。前《疏》云：「太史立成法，有四十八箭」，此「成」字不可省也，當從單疏、《要義》。

51. 頁〇六一下　以一年有二十四氣每於一氣之閒又分為二

　　按：「每於」，十行本無「於」字，李本、劉本、閩本、北監本、毛本、殿本、庫本、阮本同；《要義》所引與單疏本同。「於」字於語氣有補，有之似勝。

52. 頁〇六一下　鄭作士婚禮目錄云

　　按：「婚」，十行本作「民」，李本、劉本同；閩本作「昏」，北監本、毛本、殿本、庫本同；阮本作「昬」，《要義》所引同。作「民」顯誤，或因與「昬」字字形相近而譌，婚、昏、昬於此皆可通也。

53. 頁〇六一下 鄭於堯典注云日中宵中者

　　按：「宵」，十行本作「肖」，李本、劉本同；閩本、北監本、毛本、殿本、庫本、阮本與單疏本同，《要義》所引亦與單疏本同。日中與宵中相對為文，且十行本下文又云「鄭言日中宵中者」，則此處作「肖中」誤也。

54. 頁〇六一下 凡早釋詁文

　　按：「詁」，十行本作「注」，李本、劉本、閩本、北監本、毛本、阮本同；殿本、庫本與單疏本同。《爾雅》何來《釋注》篇，作「注」顯誤，《正字》云：「『詁』，誤『注』」，是也。

南山

55. 頁〇六二上 經上二章刺襄公淫乎其妹下二章責魯桓縱恣文姜

　　按：「下二章」，十行本無「二」字，李本、劉本、阮本同；閩本、北監本、毛本、殿本、庫本與單疏本同。《南山》詩共四章，此處《疏》既言「上二章」，其後若僅曰「下章」，則易使人以為全篇共三章，又下二章經文刺意相同，皆責文姜，故「二」字不可闕。阮記云：「明監本、毛本，『章』上有『二』字，閩本剜入。案：所補是也。」閩本剜入之際顯然，然單疏本已作「下二章」，非閩本所補也。

56. 頁〇六二上 何休云幹脅也

　　按：十行本無「也」字，李本、劉本、閩本、北監本、毛本、殿本、庫本、阮本同。「也」字可補足語氣，有之似勝。

57. 頁〇六二上 服虔云蓋免桓公之喪從齊來以文姜為二年始來

　　按：「免」，十行本作「魯」，李本、劉本、閩本、北監本、毛本、殿本、庫本、阮本同；《要義》所引與單疏本同。所謂免者，以麻布束髮也，《儀禮‧士喪禮》鄭注釋免之制云：「免之制未聞，舊說以為如冠狀，廣一寸，《喪服小記》曰：斬衰髺髮以麻，免而以布，此用麻布為之，狀如今之著幓頭矣，自項中而前，交於額上，郤繞紒也」，又《儀禮‧喪服》妻為夫「布總、箭笄、髽，衰三年」，鄭注：「髽，露紒也，猶男子之括髮，斬衰，括髮以麻，則髽亦用麻也，蓋以麻，自項而前，交於額上，郤繞紒，如著幓頭焉，《小記》曰：男子冠而婦人笄，男子免而婦人髽」，所謂「髽」即「免」也，鄭玄所釋妻為

夫所服者，與上文所釋之免狀亦相合也，《禮記·檀弓》云：「魯婦人之髽而弔也」，文姜既嫁魯國，當從魯制，則此處服虔所云，正指文姜免髮以服桓公之喪從齊而歸也，故當從單疏、《要義》作「免」。

58. 頁〇六二下 四年夫人姜氏享齊侯于杞丘
　　　　　　　則杞丘與如齊師虷由從夫人

　　按：兩「杞丘」，十行本皆作「祝丘」，李本、劉本、閩本、北監本、毛本、殿本、阮本同；庫本皆作「祝邱」。檢《左傳》莊公四年經文作「祝丘」，遍檢文獻，春秋地名無作「杞丘」，此「杞」字似誤。

59. 頁〇六二下 以左傳於會禚之下書姦也於會防之下言齊志也

　　按：「會防之下」，十行本作「會防之正」，李本、劉本、閩本、北監本、毛本、殿本、庫本、阮本同。前云「會禚之下書姦也」，後云「會防之下言齊志也」，前後相踵，「正」字則不知所云，《正字》云：「『下』，誤『正』」，是也。

60. 頁〇六三上 喻襄公淫洪於人君之位其可恥惡如狐故以狐比之

　　按：「故」，十行本作「貌」，李本、劉本、閩本、北監本、毛本、殿本、庫本、阮本同。此句《疏》文釋箋，箋云：「喻襄公居人君之尊，而為淫洪之行，其威儀可恥惡如狐」，則「可恥如狐」乃引箋文，為句，「故以狐比之」乃藉箋以釋經義，若無「故」字，則「以狐比之」無著落，《正字》云：「『貌』，疑『故』字誤」，所疑是也，堪稱卓識。

61. 頁〇六三上 以歸止謂文姜歸則懷止亦謂文姜懷不宜謂襄公思故易
　　　　　　　傳以為非責文姜之來也

　　按：「責」，十行本作「貴」，李本、劉本同；閩本、北監本、毛本、殿本、庫本、阮本與單疏本同。此處《疏》文乃釋箋，《疏》文意謂經文所言「既曰歸止」乃文姜歸魯，則「何又懷止」乃文姜思齊，而非齊襄公思文姜，所以詩人於此乃非責文姜來齊也，即箋文所云「非其來也」之義，下文《疏》文又云「上言『曷又懷止』，箋謂責文姜之來」，故「貴」字顯為「責」字之訛。

62. 頁〇六三上 屨必兩隻相配故以一兩為一物緌必屬之於冠故冠緌共
　　　　　　　為一物

　　按：「物」，十行本作「同」，李本、劉本、閩本、北監本、毛本、殿本、
庫本、阮本皆同；《要義》所引與單疏本同。《疏》文意謂，屨單隻不成用，
必雙而適兩足，故以一對兩隻為一物，同樣，緌必附屬於冠，故冠緌為一物，
此則所謂「共為一物」也，作「物」是也。

63. 頁〇六三上 奇數多矣獨舉五而言明五必有象

　　按：「奇數多矣」，十行本作「奇天數矣」，李本、劉本、閩本、北監本、
毛本、殿本、庫本、阮本皆同；《要義》所引與單疏本同。考《疏》文云：「奇
數多矣，獨舉五而言，明五必有象，故以喻文姜與姪娣、傅姆五人俱是婦人，
不宜以襄公往而雙之」，意謂奇數不惟有五，三、七、九，皆是奇數，奇數可
取者多矣，而獨舉五而言者，因以五可喻文姜等五人，此五為奇數，故襄公
不宜再至文姜處而為六人之偶數。文義曉暢，毫無軒輊，若作「奇天數矣」，
則不知葛屨與天數有何關係。《正字》於此處云「疑」，明其有疑；阮記則云：
「案：天當作大，形近之譌也，『奇大數矣』者，謂奇之數，不止於五也」，
是說純屬猜測，不如浦鏜闕疑之審也。

64. 頁〇六三下 且大夫之妻當自處家無由從女而嫁

　　按：「自」，十行本作「目」，李本、劉本同；閩本、北監本、毛本、殿本、
庫本、阮本與單疏本同；《要義》所引與單疏本同。「目處家」，不知何義，顯
誤。

65. 頁〇六三下 又襄公止淫文姜耳傳不言淫其姪娣

　　按：「淫」，十行本作「復」，李本、劉本、閩本、北監本、毛本、殿本、
庫本、阮本皆同。「止復文姜」，不知何謂，揆諸文義，作「淫」是也。十行
本譌作「復」者，或因經文「曷又從止」，箋釋之：「文姜既用此道，嫁於魯
侯，襄公何復送而從之，為淫泆之行」，而《正字》云：「『從』，誤『復』」，
或亦因此經、注而誤，阮記云：「案：浦鏜云『從誤復』，是也」，誤也。

66. 頁〇六三下 衡獵之縱獵之謂既耕而東西踐躐躒摩之也

　　按：「東」，十行本作「柬」；李本、劉本、閩本、北監本、毛本、殿本、
庫本、阮本皆與單疏本同，《要義》所引亦與單疏本同。「柬西踐躐」，不知何

義,「東西踐躙」,正與縱橫獵之相配,則「柬」字顯為「東」字之譌,十行本獨誤,可見其非善本也。

67. 頁〇六四上　箋言忿極邪意令至齊者申說極為至之義忿極解義之言非經中極也

　　按:「忿極」,十行本無「極」字,李本、劉本、閩本、北監本、毛本、殿本、庫本、阮本皆同。考本詩經云:「既曰得止,曷又極止」,毛《傳》:「極,至也」,箋云:「女既以媒得之矣,何不禁制,而忿極其邪意,令至齊乎?又非魯桓。」「忿極」乃鄭箋申說毛義,故與「經中極」之「極」即「曷又極止」之「極」無涉,若無「極」字,則全句無從理解,有者是也。

甫田

68. 頁〇六四上　天子衰諸侯興政曰霸

　　按:「政」,十行本作「故」,李本、劉本、閩本、北監本、毛本、殿本、庫本、阮本皆同;《要義》所引與單疏本同。揆諸文義,諸侯所興者政也,所謂春秋霸政也,故當從單疏、《要義》作「政」。

69. 頁〇六四下　猗嗟頎若言若者皆然耳之義

　　按:「頎」,十行本作「頂」,李本、劉本、閩本、毛本同;北監本、殿本、庫本、阮本與單疏本同。考通行本《齊風‧猗嗟》作「頎而長兮」,敦煌殘卷伯二五二九《毛詩》抄本則作「頎若長兮」,與單疏所見本同,則此處當作「頎」絕無可疑,《正字》云:「『頎』,誤『頂』」,是也。細辨十行本之「頂」字,其左旁之「丁」,似「斤」字磨去「厂」而成,故其本字當為「頎」,而後譌作「頂」,遂為後世各本所承,而北監本之「頎」乃讀此書者所描改,則其原本作「頂」,亦誤。

盧令

70. 頁〇六四下　以繩繫矢而射鳥謂之繳射也

　　按:「以」,十行本作「出」,李本、劉本、閩本、北監本、毛本、殿本、庫本、阮本同;《要義》所引與單疏本同。「出繩」,不辭,顯當從單疏、《要義》作「以」。阮本道光六年重校本,改「出」為「用」,雖不與古本合,但也感覺此處作「出」字之非,而從字形相近的角度,猜測「出」為「用」字之譌,實屬難能可貴也。

71. 頁〇六五上　孟子謂齊宣王曰今王田獵於此百姓聞王轝馬之音見羽
　　　　　　　旄之美舉首疾蹙頞而相告
　　　　　　　今王田獵於此百姓聞王轝馬音見羽旄之美舉首忻忻然
　　　　　　　有喜色而相告

　　按：兩「轝」，十行本皆作「車」，李本、劉本、閩本、北監本、毛本、殿本、庫本、阮本同。轝者，輿也，與車義通，未知疏是。

　　「舉首疾」、「舉首忻忻然」，十行本作「舉疾首」、「舉忻忻然」，李本、劉本、閩本、北監本、毛本、殿本、庫本、阮本同。檢《孟子・梁惠王》作「舉疾首」、「舉忻忻然」皆與十行本合，《釋文・莊子音義中》「舉滅」條小注：「舉，皆也」，此處舉字，亦當作「皆」解，則不當作「舉首疾」、「舉首忻忻然」，單疏本確誤。

　　「有喜色而相告」，十行本作「有喜色而相吉」，李本同；劉本、閩本、北監本、毛本、殿本、庫本、阮本與單疏本同。「相吉」顯為「相告」之譌。

72. 頁〇六五上　重鍡與重環別則與子母之環又當異

　　按：「又」，十行本作「文」，李本、劉本、閩本、北監本、毛本、殿本、庫本、阮本同。此句《疏》文釋《傳》，毛《傳》云：「重環，子母環」，「鍡，一環貫二也」，經文既分說「盧重環」、「盧重鍡」，則重鍡與重環相異，重環既然是子母環，那麼重鍡自然「與子母之環又當異」，若作「與子母之環文當異」，則不知何義，《正字》云：「『文』，疑『又』字誤」，所疑是也，堪稱卓識。

敝笱

73. 頁〇六五下　傳鰥魚

　　按：十行本作「傳鰥大魚」，李本、劉本、閩本、北監本、毛本、阮本同。此處標起止，毛《傳》：「鰥，大魚」，似當有「大」字。

74. 頁〇六五下　子思嘆曰魚食餌以死士貪祿以亡

　　按：「魚食餌」，十行本作「魚貪餌」，李本、劉本、閩本、北監本、毛本、殿本、庫本、阮本同。人者有貪念，魚者食之而已，作「食」似勝。

75. 頁〇六五下　毛以鰥為大魚鄭以鯤為魚子

　　按：「鰥」，十行本作「鯤」，李本、劉本、閩本、北監本、毛本、殿本、阮本同；《要義》所引與單疏本同，庫本雖作「鰥」，但後「鄭以鯤」之「鯤」亦改作「鰥」。毛作「鰥」、鄭作「鯤」，前《疏》已明言，「鯤、鰥字異，蓋

古字通用，或鄭本作「鯤」也」，據此孔氏所見之鄭箋正作「鯤，魚子也」，故其先辨為何與《傳》作「鰥大魚」相異，雖鯤、鰥二字字異，蓋古今通用實同也，又解為何鄭箋作「鯤」，或因其所見之經文文本作「其魚魴鯤」，故其言「鯤」，據此，則此處《疏》文，自當云「毛以鰥為大魚」，「鄭以鯤為魚子」，皆引《傳》、箋以為說，故當從單疏、《要義》，諸本皆誤也。庫本認為前後應一致，而皆改為「鰥」，亦誤。

76. 頁〇六五下　陸機疏云魴今伊洛濟潁魴魚也

　　按：「潁」，十行本作「穎」，李本、劉本同；閩本、北監本、毛本、殿本、庫本、阮本與單疏本同，《要義》所引亦與單疏本同。此處羅列伊水、洛水、濟水、潁水，則此「潁」字不當從「示」也。

77. 頁〇六五下　箋以鰥若大魚則強筍亦不能制不當以獎敗為喻

　　按：「以鰥」，十行本作「以一鰥」，李本、劉本、閩本、北監本、毛本、殿本、庫本、阮本同；《要義》所引與單疏本同。此處若作「箋以一鰥」，顯然有礙文義，故《正字》云：「『一』，疑為字誤」實本無此字也，阮記云：「『一』，當作『魴』，刊時字壞而如此」，此純屬猜測之言也。

78. 頁〇六六上　傳以如雲言盛謂其從其多強盛而難制

　　按：「從其」，十行本作「從者」，李本、劉本、閩本、北監本、毛本、殿本、庫本、阮本同，《要義》所引亦同。「謂其從其」，不辭，此「其」字顯誤，又下《疏》云：「言從者之盛，《傳》意當然」，可知此處諸本不誤，單疏本確誤。

79. 頁〇六六上　桓公不能制禁

　　按：「制禁」，十行本作「禁制」，李本、劉本、閩本、北監本、毛本、殿本、庫本、阮本同；《要義》所引與單疏本同。能制方可禁，若不能制則禁之而不止也，故當從單疏、《要義》作「制禁」。

80. 頁〇六六上　或謂之鯛幽州人謂之鴉鴉

　　按：「鴉」，十行本作「鴞」，李本、劉本、閩本、北監本、毛本、殿本、庫本、阮本同；《要義》所引與單疏本同。此《疏》文引陸機說，檢宋人戴侗《六書故》卷二十「鰻」條引陸璣云，作「或謂之鯛幽州或謂之鴉鴉」（上海社會科學院出版社二〇〇六年影印溫州市圖書館藏明抄元刊本），可證當從單疏、《要義》作「鴉」，「鴞」字誤也。

81. 頁〇六六上　定本云所使止於義是也

按：「止」，十行本作「出」，李本、劉本、閩本、北監本、毛本、殿本、庫本、阮本同。此句《疏》文釋箋，箋云：「如雨，言無常，天下之則下，天不下則止，以言姪娣之善惡，亦文姜所使止」，定本云「所使止」，正謂箋文最末三字，又考其義，乃文姜使或止，故其姪娣有善惡，如天下雨或止雨也，則當作「止」，《正字》云：「『止』，誤『出』」，是也。

82. 頁〇六六上　上二章言魚名此章言魚貌令其上下相充也

按：「令」，十行本作「今」，李本、劉本、閩本、北監本、毛本、殿本、庫本、阮本同。揆諸文義，顯當作「令」，《正字》云：「『今』，當『令』字誤」，是也。

載驅

83. 頁〇六六上　盛其車服者首章次句與次章上二句是也

按：「盛其車服者」，十行本作「無禮義盛其車服者」，李本、劉本、閩本、北監本、毛本、殿本、庫本、阮本同。此句《疏》文釋《序》所言與經文相配之處，考《序》云：「齊人刺襄公也，無禮義故，盛其車服」，《疏》若引《序》而言，當云「無禮義故盛其車服者」，而不當云「無禮義盛其車服者」，又首章次句「簟茀朱鞹」、次章上二句「四驪濟濟垂轡濔濔」，此皆陳述齊襄公車馬之盛也，與「無禮義故」何涉？此所謂「無禮義故」者，下《疏》云：「無禮義故猶言無禮義端，端謂頭緒也」，首章次句、次章上二句皆非言此也，故此三字皆為衍文，當刪。

84. 頁〇六六上　論語云叩其兩端謂動發本末兩頭也

按：「論語云」，十行本無「云」字，李本、劉本、閩本、北監本、毛本、殿本、庫本、阮本同。「云」與「謂」對，有者是也。

85. 頁〇六六下　釋器云輿革前謂之鞎

李巡曰輿革前謂輿前以革為車飾曰鞎也

郭璞曰鞎以韋靶車軾也

按：三「鞎」，十行本皆作「鞎」，李本、劉本、閩本、北監本、毛本、阮本同；殿本、庫本與單疏本同，《要義》所引亦與單疏本同。既「以革為車

飾」，自然從「革」作「靹」，作「難」顯誤，檢《爾雅・釋器》正作「靹」，《正字》云：「『靹』，誤『艱』」，是也。

86. 頁○六六下　彼文革飾後戶謂之茀竹飾後戶謂之蔽則茀蔽異矣

按：「茀竹飾後戶謂之」，十行本無此七字，李本、劉本、閩本、北監本、毛本、殿本、庫本、阮本同；《要義》所引亦與單疏本同。所謂彼文，殆指前《疏》所引郭璞之說，「郭璞曰：靹以韋靶車軾也，茀以韋靶後戶也，又云：竹前謂之禦，後謂之蔽」，此即所謂「革飾後戶謂之茀，竹飾後戶謂之蔽」，此七字豈可闕哉！阮記云：「案：盧文弨云：當云『革飾後戶謂之茀竹飾後戶謂之蔽』，脫七字。是也，上文可證，複出而誤耳。」是也。

87. 頁○六六下　謂比至明之開發

按：「比」，十行本作「此」，李本、劉本、閩本、北監本、毛本、殿本、庫本、阮本同，《要義》所引亦同。「比至」者，至也，為經典常見用語，細玩《疏》文，作「比」為勝。

88. 頁○六七上　上言發夕謂初夜即行此言闒明謂侵明而行與上互文相
　　　　　　　通也

按：「互」，十行本作「古」，李本、劉本、閩本、北監本、毛本、殿本、阮本同；庫本與單疏本同，《要義》所引亦與單疏本同。「互文相通」，乃成語，揆諸文義，絕無可疑，《正字》云：「『古』，疑衍字」，阮記云：「案：『古』當作『句』，形近之譌」，皆為猜測之辭也。

猗嗟

89. 頁○六七上　見其母與齊淫謂為齊侯種胤是其可恥之甚故齊人作此
　　　　　　　詩以刺之

按：「刺之」，十行本作「刺之也」，李本、劉本、閩本、北監本、毛本、殿本、庫本、阮本同。未知孰是。

90. 頁○六七下　猗嗟此莊公之貌甚昌盛兮其形狀頎然而長好兮抑然而
　　　　　　　美者

按：「抑然」，十行本無「抑」字，李本、劉本、閩本、北監本、毛本、阮本同；殿本、庫本與單疏本同。「然而美者」，不辭，殿本據本詩經文「抑若揚兮」，補足「抑」字，是也，《正字》云：「脫『抑』字」，是也。

91. 頁〇六七下　其舉動蹌然兮其射則大善兮

　　按：「其射」，十行本無「其」字，李本、劉本、閩本、北監本、毛本、殿本、庫本、阮本同。此句《疏》文釋經，經云「巧趨蹌兮」則「其舉動蹌然兮」，「射則臧兮」則「其射則大善兮」，「其」字前後皆為領起之辭，豈可省也，當從單疏本。

92. 頁〇六七下　孔子世家稱孔子說文王之狀云黯然而黑頎然而長是頎為長貌也

　　按：「頎為長貌」，十行本作「之為長貌」，李本、劉本、閩本、北監本、毛本、殿本、庫本、阮本同；《要義》所引與單疏本同。因前引《世家》云「頎然而長」，故推知「頎為長貌也」，若作「之為長貌也」，不知何義，當從單疏、《要義》作「頎」，《正字》云：「『之』，當『頎』字誤」，是也，堪稱卓識。

93. 頁〇六七下　頯貴廣闊故言揚廣揚

　　按：「廣闊」，十行本無「廣」字，李本、劉本、閩本、北監本、毛本、殿本、庫本、阮本同；《要義》所引與單疏本同。此句《疏》文釋《傳》，《傳》云「揚，廣揚」，所謂廣闊，正是增字以釋，其本在廣，其增在闊，若無「廣」字，闊無根可附，且於辭氣亦闕，故當從單疏、《要義》。

94. 頁〇六七下　爾雅既釋女此清又與目共文名既目上則清為目下

　　按：「女」，十行本作「如」，李本、劉本、閩本、北監本、毛本、殿本、庫本、阮本同。「既釋女此」，不知何義，揆諸原文，顯當作「如」，單疏本確誤。

95. 頁〇六八上　王肅云據外祖以言也謂不指襄公之身總據齊國為言

　　按：「為言」，十行本作「為信」，李本、劉本、閩本、北監本、毛本、殿本、庫本、阮本同；《要義》所引與單疏本同。前文既云「據外租以言」，則此處自應作「據齊國而言」，若作「據齊國而信」，則不知何義，故當從單疏、《要義》，《正字》云：「『信』，當『言』字誤」，是也，堪稱卓識。

96. 頁〇六八上　夏官射人以射法治射儀

　　按：「射儀」，十行本作「射義」，李本、劉本、閩本、北監本、毛本、阮本同；殿本、庫本與單疏本同。檢《周禮・夏官・射人》正作「射儀」，乃禮儀儀式之謂也，《正字》云：「『儀』，誤『義』」，是也。

97. 頁〇六八上 侯之廣狹則有三等不同五正之侯則方一丈八尺三正之
　　　　　　　侯方一丈四尺二正之侯則方一丈

　　按：「二正之侯」，十行本作「一正之侯」，李本、劉本、閩本、北監本、
毛本、殿本同；庫本、阮本與單疏本同。據前《疏》所引，射法之儀，王
以五正，諸侯以三正，卿大夫士以二正，又三侯者，五正、三正、二正也，
從無所謂一正之說，故當從單疏作「二正之侯」，阮本、庫本改之，是也。

98. 頁〇六八上 故射人注云量侯道者以弓為度九節者九十弓七節者七
　　　　　　　十弓五節者五十弓

　　按：「弓」，十行本作「𢎛」，李本、劉本同；閩本、北監本、毛本、殿本、
庫本、阮本與單疏本同，《要義》所引亦與單疏本同。「以𢎛為度」，不知何義，
檢《周禮・夏官・射人》鄭注正作「各以弓為度」，下文「九節者九十弓七節
者七十弓五節者五十弓」亦可為證，「𢎛」字似因字形相近而譌。

99. 頁〇六八下 司裘掌大射之禮云設其鵠

　　按：「司裘」，十行本作「司衣」，李本、劉本、閩本、北監本、毛本、阮
本同；殿本、庫本與單疏本同，《要義》所引亦與單疏本同。檢《周禮・天官・
司裘》：「王大射則共虎侯、熊侯、豹侯，設其鵠」，則此處當作「司裘」，明
矣。《正字》云：「『裘』，誤『衣』」，是也。

100. 頁〇六八下 有正者無鵠有鵠者無正則正與鵠大小同矣

　　按：「有鵠」，十行本無此二字，李本、劉本、閩本、北監本、毛本、殿
本、阮本同；庫本與單疏本同，《要義》所引亦與單疏本同。有正者無鵠，有
鵠者無正，此為對語，若作「有正者無鵠者無正」，則不知所云，《正字》云：
「『無鵠』，下當脫『有鵠』二字」，庫記云：「刊本脫『有鵠』二字，據《周
禮》增」，皆是也。

101. 頁〇六八下 據賓射為文也

　　按：「文」，十行本作「丈」；李本、劉本、閩本、北監本、毛本、殿本、
庫本、阮本皆與單疏本同，《要義》所引亦與單疏本同。十行本獨誤，可見其
非善本也。

102. 頁〇六八下 作者既美其身有技藝

　　按：「有」，十行本作「棄」，李本、劉本同；閩本作「業」，北監本、毛本、殿本、庫本、阮本同。既「棄技藝」，何美之有，則此棄字顯誤，業字乃承棄字而來復譌也，諸本皆誤。

103. 頁〇六八下 大射皆三番射訖止而不復是禮射三而止也

　　按：「止」，十行本作「上」，李本、劉本同；閩本、北監本、毛本、殿本、庫本、阮本與單疏本同，《要義》所引亦與單疏本同。此句《疏》文釋箋，箋云：「禮射三而止」，則《疏》釋云「大射皆三番射訖止而不復」，若作「上而不復」，則不知所云，「上」似因與「止」字形近而譌。

日本天理大學附屬圖書館藏宋淳祐十二年徽州刻本《毛詩要義》考異（鄭風前部分）

　　南宋刊《毛詩要義》為南宋魏了翁《九經要義》之一，魏氏所編《九經要義》，其中《毛詩》、《儀禮》、《禮記》、《周易》四種有宋本傳世，而全帙者僅《毛詩》、《儀禮》兩種〔註1〕，《毛詩要義》更是世所罕見。此本每卷卷首有「棟亭曹氏藏書」印，莫友芝云其為曹寅舊藏〔註2〕，其後迭經吳可驥、長白昌齡、沈炳淵、郁松年，遂歸丁日昌之持靜齋〔註3〕，後入藏於日本天理大學圖書館，又收入《續修四庫全書》，遂化身千百，沾惠學林。

　　關於此書文獻價值，有學者評曰：「宋版《毛詩要義》的文本質量極高，絕非十行本可比……我們推測它有可能出自現已失傳的黃唐本。此外，十行本雖能補充單疏本佚失的部分，畢竟不太可靠，幸好還有《要義》作參照。」〔註4〕此為的論，魏氏幾乎是比較忠實的摘抄了《毛詩》經注及孔《疏》，其

〔註1〕《中華再造善本》叢書收錄宋本《儀禮要義》、《禮記要義》、《周易要義》，然皆非全本，台灣「國立故宮博物院」藏有全本宋刊《儀禮要義》一部，一九九二年曾影印出版。

〔註2〕莫友芝《宋元舊本書經眼錄》卷一「《毛詩要義》二十卷」條，上海古籍出版社2009年版，第20頁。

〔註3〕莫友芝《持靜齋藏書記要》卷之上「《毛詩要義》三十八卷」條，上海古籍出版社2009年版，第179頁。又，此處作「三十八卷」而《宋元舊本經眼錄》作「二十卷」，似乎前後矛盾，實際上是計算方式之差異所致，據此本目錄，除卷首「譜序」外，是書卷數作二十卷，然其中各卷多分「上、下」、「上、中、下」，故析分以計之，則為三十八卷也。

〔註4〕李霖、喬秀巖《南宋刊單疏本毛詩正義·影印前言》，人民文學出版社，2012年版，第17頁。

中對於前者的抄錄是極為零星的，而對於後者即孔《疏》的摘錄卻占有絕對份量。《要義》中不乏以全錄經句、《傳》、箋獨為條目者，如卷一下第四十條「草蟲鳴阜螽躍異種同類」全錄「喓喓草蟲，趯趯阜螽」及注；有時甚至是抄錄一章經文及《傳》、箋而單獨成條，如卷六下第四三條「蒹葭得霜而成興秦人用禮則可服」全錄《蒹葭》第一章經注，而所錄經注皆無《釋文》，據此，或其所據底本即業已亡佚的八行本《毛詩正義》，亦即所謂黃唐本〔註 5〕。與其不同，自南宋劉叔剛一經堂刊十行本《附釋音毛詩注疏》以降，後世頗具代表性的《毛詩注疏》刻本皆附釋音，實際上皆屬十行本系統，直至阮本《重刊宋本毛詩注疏》亦不例外。在校勘異文的過程中，筆者發現《要義》所引孔《疏》較十行本《附釋音毛詩注疏》多有勝字，甚至不乏獨有勝字者，而單疏本《毛詩正義》《鄭風》部分之前全闕，《要義》首尾完具，正可據之以校十行本，可謂彌足珍貴。

　　2013 年上海古籍出版社出版了新整理本《毛詩注疏》，其《校點前言》明確提到：「這裡也順便談談單疏本《毛詩正義》前七卷闕失及某些闕頁的補遺問題，筆者認為，最好的補救之法就是魏了翁的《毛詩要義》……用《毛詩要義》的有關部分去補單疏本的前七卷，雖然未能百分之百地補出，但較之原先的闕失，已經大為改觀了」〔註 6〕，此外其《校勘所用其他參校本及前人成果》（三）「注疏本主要參校」後明明列有《毛詩要義》，則整理者顯然將之視為參校本。然而，翻檢《鄭風》前諸卷（即對應已闕單疏本前七卷）校勘

〔註 5〕此種猜測能否成立，尚須進一步研究以坐實。需要特別指出的，今宋刻八行本及《要義》皆存世者，尚有《禮記》、《周易》二經，以《禮記》為例，八行本《禮記正義》卷六十第二十葉疏文「各舉觶於其長也」（《影印南宋越刊八行本禮記正義》，北京大學出版社 2014 年版，第 1426 頁），《禮記要義》卷二十七卻引作「各舉觴於其長也」（北京圖書館出版社 2003 年影印中國國家圖書館藏宋淳祐十二年魏克愚刻本）；又同卷《正義》第二十六葉疏文「雖惡不同義必同也」（第 1432 頁），《要義》引作「雖恩不同義必同也」；又同卷《正義》第二十七葉疏文「掌弓矢之材」（第 1433 頁），《要義》引作「掌弓矢之林」；後二例，元刊明修十行本《十三經注疏·禮記注疏》作「恩」、「林」（北京圖書館出版社 2006 年影印北京市文物局藏元刻明修本），則《要義》所引反同於十行本，而與八行本相異，則《禮記要義》是否引自八行本《禮記正義》令人十分懷疑。以此類推，《毛詩要義》是否就引自八行本《毛詩注疏》，也自然只能是種猜測了。而且《要義》卷一下最末即第九五條所摘錄的內容雜糅了《經典釋文·毛詩音義·何彼襛矣》兩則注文，那麼此為魏了翁直接從《釋文》摘錄，還是其所據底本即為附釋音之註疏本，難以確定也。

〔註 6〕《毛詩注疏》，上海古籍出版社，2013 年版，第 11～12 頁。

記，皆不涉《要義》一語，故知實非漏校，似乎根本未據此本來校，不知《校點前言》云云為何而發也〔註7〕。有鑒於此，筆者取《要義》《鄭風》前諸卷，與十行本對校，詳錄異文，并參考此下各時期具有代表性之《毛詩》經文注疏版本，以定其是非，冀辨明二者之優劣，且有益于讀《毛詩注疏》者也。

本文主要引據文獻，為省篇幅，率用簡稱，詳情如下：

1. 《續修四庫全書》第五六冊《毛詩要義》，上海古籍出版社二〇〇二年影印日本天理大學附屬圖書館藏宋淳祐十二年徽州刻本，簡稱《要義》，各條按勘記所標頁碼即此影印本之頁碼，所謂「上」、「下」乃分別指此本單面四拼一影印之上欄與下欄，《要義》類多缺筆避諱之字，為便行文，所引者一律改作通行文字。

2. 《足利學校秘籍叢刊第二‧毛詩註疏》，汲古書院影印足利學校藏南宋劉叔剛一經堂刊《附釋音毛詩注疏》，昭和四十八年出版第一卷、第二卷，昭和四十九年出版第三卷、第四卷，簡稱十行本。

3. 《南宋刊單疏本毛詩正義》，人民文學出版社二〇一二年影印日本杏雨書屋藏南宋刊本，簡稱單疏本。

4. 《中華再造善本叢書‧附釋音毛詩註疏》，北京圖書館出版社二〇〇六年影印國家圖書館藏元刊明修本，簡稱元刊明修本。

5. 《中華再造善本叢書‧十三經注疏‧附釋音毛詩註疏》，北京圖書館出版社二〇〇六年影印北京市文物局藏元刊明修本，簡稱文物本。

6. 《十三經注疏‧毛詩註疏》，日本東京大學東洋文化研究所藏閩刊本，簡稱閩本。

7. 《十三經注疏‧毛詩註疏》，日本內閣文庫藏萬曆十七年刊本，簡稱明監本。

8. 《十三經注疏‧毛詩註疏》，日本東京大學東洋文化研究所藏汲古閣刊本，簡稱毛本。

9. 《殿本十三經注疏‧毛詩注疏》，線裝書局二〇一三年影印天津圖書館藏武英殿刊本，簡稱殿本。

10. 《景印文淵閣四庫全書‧毛詩注疏》，台灣商務印書館一九八三年影印本，簡稱庫本。

〔註7〕上古本《毛詩注疏》，乃繼清殿本、民國萬有文庫本、傳世藏書本、北大簡體本、北大繁體本、台灣新文豐分段標點本、儒藏本之後，最新出版的標點整理本，理當後出轉精，故有學者稱之為「最佳整理本」（呂友仁《四種整理本〈毛詩注疏〉平議》，《中華文史論叢》2014 年第 4 期）。然而筆者在閱讀過程中，發現了數量驚人的校勘問題，已別文詳論之，此處不贅。

11. 《阮刻毛詩注疏》，西泠印社出版社二〇一三年影印上海圖書館藏嘉慶年間江西南昌府學刊本《重栞宋本毛詩注疏附挍勘記》，簡稱阮本，所附挍勘記簡稱盧記。

12. 《百部叢書集成·七經孟子考文補遺·毛詩》，台灣藝文印書館一九六四年影印日本原刊本，簡稱《考文》、《考文·補遺》。

13. 《四庫全書珍本初集》經部二十六、二十七集《十三經注疏正字》，瀋陽出版社一九九八年影印本，簡稱《正字》。

14. 《續修四庫全書》第一八〇、一八一冊《宋本十三經注疏併經典釋文挍勘記·毛詩注疏挍勘記》，上海古籍出版社二〇〇二年影印南京圖書館藏清嘉慶阮氏文選樓刻本，簡稱阮記。

15. 《十三經注疏·毛詩注疏》，上海古籍出版社二〇一三年整理本，簡稱上古本，其校勘記簡稱上古記。

16. 《中華再造善本叢書·毛詩詁訓傳》，北京圖書館出版社二〇〇三年影印國家圖書館藏宋刻本，簡稱巾箱本。

17. 《中華再造善本叢書·監本纂圖重言重意互注點校毛詩》，北京圖書館出版社二〇〇三年影印國家圖書館藏宋刻本，簡稱監圖本。

18. 《景印宋本纂圖互注毛詩》，國立故宮博物院一九九五年影印本，簡稱纂圖本。

19. 《毛詩鄭箋》，汲古書院影印日本靜嘉堂文庫藏抄本，平成四年出版第一卷，平成五年出版第二卷，平成六年出版第三卷，簡稱日抄本。

20. 《中華再造善本叢書·經典釋文》，北京圖書館出版社二〇〇三年影印國家圖書館藏宋刻宋元遞修本，簡稱《釋文》。

21. 《中華再造善本叢書·爾雅》，北京圖書館出版社二〇〇二年影印國家圖書館藏宋刻本，簡稱《爾雅》。

22. 《中華再造善本叢書·爾雅疏》，北京圖書館出版社二〇〇三年影印國家圖書館藏宋刻宋元明初遞修本，簡稱《爾雅疏》。

23. 《中華再造善本·玉海 辭學指南》，北京圖書館出版社二〇〇六年影印國家圖書館藏元至元六年慶元路儒學刻本，簡稱元刊本《玉海》。

毛詩譜序要義

1. 頁二九七下　非有心於愛憎

按：「憎」，十行本作「增」，元刊明修本、文物本、阮本同；閩本、明監本、毛本與《要義》同。阮記云：「閩本、明監本、毛本『增』作『憎』，案：『憎』字是也。」《要義》引此正作「憎」，可證阮說，揆諸文義，亦當作「憎」，《要義》所引是也。

2. 頁二九七下　格則承之庸之

　　按：「承」，十行本作「乘」，元刊明修本、文物本、閩本、阮本同；明監本與《要義》同。阮記以為明監本所改是也，通行本《尚書·益稷》作「承」，則當作「承」，《要義》所引是也。

3. 頁二九八上　詩者為言志也詩緯含神霧

　　按：「者」、「霧」，十行本作「之」、「務」，元刊明修本、文物本、閩本、明監本、阮本同。孔《疏》原文為：「《內則》說負子之禮，云『詩負之』，注云：『詩之言承也』。《春秋說題辭》云：『在事為詩，未發為謀，恬澹為心，思慮為志，詩者為言志也』。《詩緯含神霧》云：『詩者，持也』。」「者」，《四部叢刊》三編所收宋本《太平御覽》卷六百九《學部三·詩》引《春秋說題辭》作「之」，元刊本《玉海》卷三十八《藝文·周六詩》引《正義》作「之」，則作「之」或是；「霧」，《禮記·內則》孔《疏》引《詩含神霧》，又宋本《太平御覽》卷六百九引《詩含神霧》，而元刊《玉海》卷三十八引《正義》卻作「務」，且《要義》下文（頁三〇〇上）又作「詩緯含神務」，則「霧」、「務」或以聲同義通，而不可確指必為何字也。

4. 頁二九八上　正詩昔武王采得之後及成王即政之初

　　按：「及」，十行本作「乃」，元刊明修本、文物本、閩本、明監本、阮本皆同。武王采得之後，絕非成王即政之初，則「乃」字顯然有誤，當作「及」，《要義》所引是也。

5. 頁二九八下　故延陵季子觀樂於魯時孔子尚幼未定詩書而曰為之歌
　　　　　　　　邶鄘衛風乎

　　按：「邶鄘衛」下，十行本有「曰是其衛」四字，元刊明修本、文物本、閩本、明監本、阮本皆同。關此四字，揆諸原文，其義不明，又此為《疏》引《周禮·春官·大師》鄭注所引鄭司農語，檢原文有此四字，則《要義》所引誤也。

6. 頁二九八下　襄二十九年左傳服虔云

　　按：「服虔」下，十行本有「注」字，元刊明修本、文物本、閩本、明監本、阮本皆同。未詳孰是。

7. 頁二九九下　成二年在傳云

　　按：「在」，十行本作「左」，元刊明修本、文物本、閩本、明監本、阮本皆同。《要義》顯誤。

8. 頁三〇〇下　孔子刊定則應先後依次而鄭風清人是文公之詩處昭公
　　　　　　　之上衛風伯兮是宣公之詩在惠公之下者答張逸云

　　按：「文公之詩」，十行本無「之」字，元刊明修本、文物本、閩本、明監本、阮本皆同。考下文作「衛風伯兮是宣公之詩在惠公之下」，若從前後相照對應的角度來看，則有「之」字文辭更加順暢，《要義》所引是也。又，「答張逸云」，十行本作「鄭答張逸云」，元刊明修本、文物本、閩本、明監本、阮本皆同，無「鄭」字則不知答者何人，故有「鄭」字者是，《要義》所引誤也。

9. 頁三〇一上　周召者禹貢雍州岐山之陽地名
　　　　　　　禹貢雍州云荊岐既旅是岐屬雍州也

　　頁三〇一下　皇甫謐云今美陽西北有岐城舊趾是也
　　按：「岐山」、「岐屬」、「岐城」之「岐」，十行本皆作「歧」，元刊明修本、文物本同；閩本、明監本、毛本、阮本與《要義》同。岐山從山，從止顯誤。《要義》所引是也。

10. 頁三〇一上　閟宮言夫王居岐之陽

　　按：「夫」，十行本作「大」，元刊明修本、文物本、閩本、明監本、毛本、阮本同。居岐之陽者，周大王也，「夫」字顯為「大」字之譌，《要義》顯誤。

11. 頁三〇一下　岐山在扶風美陽四北

　　按：「四」，十行本作「西」，元刊明修本、文物本、閩本、明監本、毛本、阮本同。「四」字顯為「西」字之譌，《要義》顯誤。

12. 頁三〇五下　太姒嗣徽音

　　按：「姒」，十行本作「似」，元刊明修本、文物本、阮本同；閩本、明監本、毛本與《要義》同。文王妻乃太姒，作「似」顯誤，《要義》所引是也。

卷第一上

13. 頁三〇七下　則故訓者故昔者典訓依故昔典訓而為傳義或當然

　　按：「故昔者」，十行本作「故昔」，元刊明修本、文物本、閩本、明監本、毛本、阮本同。「故昔典訓」，乃增字以釋「故訓」一詞，故「故昔」後之「者」字似涉上而衍，《要義》所引誤也。

14. 頁三〇八上　詩作後於衛頃國地狹於千里徒以天命未改王爵仍存不
　　　　　　　　可過後諸侯故使次之於衛也

　　按：「不可過」，十行本作「不可過于」，元刊明修本、文物本、閩本、明監本、毛本、阮本同。以文氣揣摩之，似無「于」字為勝，《要義》所引是也。

15. 頁三〇九上　正義曰鄭氏名玄字康成北海高密人當後桓靈之時注此
　　　　　　　　書也

　　按：「當後」，十行本作「當後漢」，元刊明修本、文物本、閩本、明監本、毛本、阮本同。無「漢」字，則此「後」則不知所指，《要義》顯誤。

16. 頁三〇九上　不言名而言氏者漢承滅學之後典籍出於人間各專門命
　　　　　　　　氏以顯其家之學故諸為傳訓者皆云氏不言名

　　按：「諸為傳訓者」，十行本無「傳」字，元刊明修本、文物本、阮本同；閩本、明監本、毛本與《要義》同。此段《疏》文實為釋毛《傳》而發，後《疏》云：「由此而言，毛氏為《傳》，亦應自載毛字耳。」則「傳」為孔氏所衷，「訓」字乃綴於「傳」字之後，以足辭氣，不得單字為義，故應有「傳」字，《要義》所引是也。又，閩本此處諸字字距迫促，與通常行距不倫，疑為剜改以補「傳」字而留有痕跡也，明監本、毛本皆承其而來。

17. 頁三〇九下　自周南至鄭氏箋凡一十六字所題非一時也周南關雎至
　　　　　　　　第一詩國風元是大師所題也詁訓傳毛自題之毛一字獻
　　　　　　　　王加之鄭氏箋鄭自題之

　　按：「詁訓傳」，十行本無「傳」字，元刊明修本、文物本、阮本同；閩本、明監本、毛本與《要義》同。原文既云：「自『周南』至『鄭氏箋』凡一十六字，所題非一時也，『周南關雎』至『第一詩國風』元是大師所題也，『詁訓傳』毛自題之，『毛』一字獻王加之，『鄭氏箋』鄭自題之」，據此，若無「傳」

字，則不足十六之字數也，故當有「傳」字，《要義》所引是也。又，閩本此
處諸字字距迫促，與通常行距不倫，疑為剜改以補「傳」字而留有痕跡也，
明監本、毛本皆承其而來。

18. 頁三一〇下　樂曲既定規矩先成後人作詩模準舊法

　　按：「模準」，十行本作「謨準」；元刊明修本作「謨摩」，文物本、阮本
同；閩本、明監本、毛本與《要義》同。製模以木不以言，作「謨」顯非，
或因形近而誤，而「準」字亦因形近而譌作「摩」，兩字皆譌，遂成「謨摩」
而義不可曉，《要義》所引是也。盧記云：「毛本作『模準』」，實閩本已然，
明監本亦然，豈待毛本也。

19. 頁三一一上　於月令角東商西徵南羽比宮在中央

　　按：「羽比」，十行本作「羽北」，閩本、明監本、毛本、阮本同；元刊明
修本作「羽此」，文物本同。揆諸文義，以五音配四方及中央，則「比」、「此」
顯皆為「北」字之譌，《要義》、元刊明修本皆誤。

20. 頁三一一上　宮中也居中央暢四方唱始施生為四聲之綱也徵祉也物
　　　　　　　　盛大而蕃祉者羽宇也物聚藏宇覆之也

　　按：「蕃祉者」，十行本作「蕃祉也」，元刊明修本、文物本、閩本、明監
本、毛本、阮本同。考此段為《疏》文引《漢書・律曆志》文，原文作「也」，
作「者」不惟文氣不順，亦與上下文不倫，則作「也」是也，《要義》所引誤也。

21. 頁三一二上　禮樂本出於民還以教民猶雲出於山復雨其山火生於木
　　　　　　　　反焚其木

　　按：「猶」，十行本作「與夫」，元刊明修本、文物本、閩本、明監本、毛
本、阮本同。《疏》文此下還有「復何異哉」四字，乃《要義》所未引，若并
此四字來看，則作「與夫」文氣順暢，若作「猶」則顯然乖張，疑《要義》
因未引後四字「復何異哉」，為足文氣，而改「與夫」為「猶」也。

22. 頁三一三上　是以昔日之詩雖絕昔日之樂常存樂本猶詩而生所以樂
　　　　　　　　能移俗歌其聲謂之樂誦其言謂之詩

　　按：「猶」，十行本作「由」，元刊明修本、文物本、閩本、明監本、毛本、
阮本同。揆諸文義，似當作「由」為佳，《要義》所引誤也。

23. 頁三一三上　鄭以賦之言鋪也鋪陳善惡則詩文直陳其事不譬喻者皆
　　　　　　　　賦辭也司農云比者比方於物諸言如者皆比辭也司農又
　　　　　　　　云興者託事於物則興者起也

　　按：前「司農云」，十行本作「鄭司農云」，元刊明修本、文物本、閩本、明監本、毛本、阮本同。考本卷孔《疏》原文，此前並未有「鄭司農」，則是處當以「鄭司農云」為是，而下文再言則省「鄭」字而作「司農又云」也，否則，單言「司農云」不知其所指究竟何人，《要義》所引誤也。

24. 頁三一五上　展轉申明作詩之意達於事變者若唐有帝堯殺禮救危之
　　　　　　　　化後世習之失之於儉不中禮陳有太姬好巫歌舞之風後
　　　　　　　　世習之失之於遊蕩無度是其風俗改變詩人曉達之也

　　按：「詩人」，十行本作「時人」，元刊明修本、文物本、閩本、明監本、毛本、阮本同。考本段《疏》文起首云：「《正義》曰：此又言王道既衰，所以能作變詩之意。作詩者，皆曉達於世事之變易」，「詩人曉達之」正與「作詩者皆曉達於世事之變易」前後對應也，則「詩人」絕不當作「時人」，《要義》所引是也。殿本亦作「詩人」，所改是也。

25. 頁三一五上　秦和之規平公知其不可為也詩人救世亦猶是矣

　　按：「規」，十行本作「視」，元刊明修本、文物本、閩本、明監本、毛本、阮本同。考《左傳》昭公元年：「晉侯求醫於秦，秦伯使醫和視之，曰：疾不可為也」，則作「視」是，「規」乃因形近而譌，《要義》顯誤。

26. 頁三一七下　論語注云哀世夫婦不得此人不為減傷其愛

　　按：「減」，十行本作「滅」，元刊明修本、文物本、阮本同；閩本、明監本、毛本與《要義》同。檢吐魯番出土唐寫本《論語鄭注》此字正作「減」（「吐魯番阿斯塔那三六三號墓文書」，文物出版社一九九六年版《吐魯番出土文書（叁）》，頁五七四）又揆諸原文，滅傷不成辭，則作「滅」顯誤，當作「減」，《要義》所引是也。

27. 頁三一七下　鄭答劉琰云論語云人間行久義或宜然故不復定以遺後說

　　按：「論語云」，十行本作「論語注」，元刊明修本、文物本、閩本、明監本、毛本、阮本同。作「云」，句意不明，似涉上「云」字而譌，《要義》顯誤。

28. 頁三一八上　陸璣疏云

　　按：「陸璣」，十行本作「陸機」，元刊明修本、文物本、閩本、明監本、阮本同；毛本與《要義》同。唐李匡乂《資暇集》卷上云：「陸璣字從玉旁，非士衡也」，浦鏜《正字》謂：「璣，監本誤機，後並同」，似從其說，阮記則云：「毛本『機』誤『璣』，閩本、明監本不誤。案：考《隋書·經籍志》作『機』，《釋文·序錄》同，唯《資暇集》有當從玉旁之說，宋代著錄元恪書者多采之，毛本因此改作『璣』，其實與士衡同姓名耳。」則其以為當作「陸機」，而前有李匡乂之說，後有《要義》所引，阮說似未必然，然南宋刊單疏本《毛詩正義》、日本天理大學附屬天理圖書館藏古鈔本《毛詩正義》殘卷皆引作「陸機」，則孰是孰非，難以遽斷。

29. 頁三一九下　仲治之言

　　按：「治」，十行本作「冶」，元刊明修本、文物本、閩本、阮本同；明監本、毛本與《要義》同。浦鏜《正字》以為「治」當作「洽」，山井鼎《考文》說同，哈佛大學圖書館藏閩本於「冶」旁紅筆注有「洽」字，考《晉書》摯虞字仲洽，則「治」、「冶」皆形近之譌，《要義》引作「仲治」顯誤。

30. 頁三二一下　古者王后織玄紞公侯夫夫紘綖卿之內子大帶大夫命婦
　　　　　　　成祭服士妻朝服庶士以下各衣其夫

　　按：「公侯夫夫」，十行本作「公侯夫人」，元刊明修本、文物本、閩本、明監本、毛本、阮本同。「夫夫」不辭，又此處為毛《傳》，《傳》文歷數王后、公侯夫人、卿內子、大夫命婦、士妻及庶人之妻所服，則「夫夫」確當作「夫人」，《要義》顯誤。

31. 頁三二二上　自祭之服少牢禮朝服玄冠緇衣素裳

　　按：「緇衣」，十行本作「緇布衣」，元刊明修本、文物本、閩本、明監本、毛本、阮本同。未詳孰是。

32. 頁三二二下　襄三年公羊傳曰宋災伯姬存焉

　　按：「襄三年」，十行本作「襄三十年」，元刊明修本、文物本、閩本、明監本、毛本、阮本同。檢《公羊傳》「宋災伯姬存焉」之事確繫于襄公三十年，則《要義》顯誤。

33. 頁三二二下　母既如此傅亦宜然

　　按：「傅」，十行本作「傳」，元刊明修本、文物本同；閩本、明監本、毛本、阮本與《要義》同。考前《疏》引《公羊傳》：「宋災伯姬存焉……傅至，母未至，逮火而死」，又注云：「選老大夫為傅，選老大夫妻為母」，則傅、母相對，皆為教輔婦人之師，故必作「傅」，十行本作「傳」顯因形近而譌，《要義》所引是也。

34. 頁三二二下　南山箋文姜與姪娣及傅姆同處

　　按：「文」，十行本作「云」，元刊明修本、文物本、閩本、明監本、毛本、阮本同。考《南山》詩「葛屨五兩，冠緌雙止」，鄭箋云：「葛屨五兩，喻文姜與姪娣及傅姆同處；冠緌，喻襄公也。五人為奇，而襄公往從而雙之，冠、屨不宜同處，猶襄公、文姜不宜為夫婦之道」，則此處之「云」，當為「文」，阮記云：「閩本、明監本、毛本同，案……浦鏜云：『脫文字』，是也」，而《要義》引此《疏》，「云」作「文」，則「云」字實乃「文」字傳寫之譌，而非脫去「文」字，浦鏜、阮說皆不確，《要義》所引是也。

35. 頁三二三下　以特牲云士妻祭

　　按：「士」，十行本作「土」；閩本、明監本、毛本、阮本與《要義》同；元刊明修本、文物本此頁闕。「土妻」不辭，此「土」字顯因形近而譌，《要義》所引是也。

36. 頁三二四上　云其餘則私明自展褖以上為公衣矣

　　按：「公」，十行本作「云」；閩本、明監本、毛本、阮本與《要義》同；元刊明修本、文物本此頁闕。「云衣」不辭，所謂私者正是本詩毛《傳》所謂「私燕服」之「私」，公者則毛《傳》所謂「婦人有副褘盛飾，以朝事舅姑，接見于宗廟，進見于君子，其餘則私也」，「公」字恰與「私」字相對，則「云」字顯因形近而譌，《要義》所引是也。

卷第一下

37. 頁三二五下　毛詩說金罍酒器也諸臣之所酢人君以黃金飾尊大一石
　　　　　　　　毛詩言大一石

　　按：兩「石」，十行本皆作「碩」，元刊明修本、文物本、閩本、明監本、毛本、阮本同。石、碩乃同級計量單位，未詳孰是。又下句「詩」，十行本作

「說」，元刊明修本、文物本、閩本、明監本、毛本、阮本同。此處所謂「毛詩言」，實指上文所引「毛詩說」，單言「毛詩」易使人誤以為《毛詩》言，而作「毛說」則可概指「毛詩說」，且單疏本《爾雅疏・釋器》正引作「毛說言」，則《要義》所引誤也。

38. 頁三二五下　以上同用梓而加飾耳

　　按：「飾」，十行本作「餌」，元刊明修本、文物本同；閩本、明監本、毛本、阮本與《要義》同。「加餌」不辭，「餌」字顯因形近并涉下「耳」字而謁，單疏本《爾雅疏・釋器》引作「加飾」，《要義》所引是也。

39. 頁三二六上　鯢者爵稱者

　　按：「稱者」，十行本作「稱也」，元刊明修本、文物本同；閩本、明監本、毛本、阮本與《要義》同。作「稱也」更合原文辭氣，《要義》所引似誤也。

40. 頁三二六下　饗禮之初示敬故酒清而不敢飲肉乾而不敢食其末亦如
　　　　　　　　燕法

　　按：「其末」，十行本作「其木」，元刊明修本同；文物本、閩本、明監本、毛本、阮本與《要義》同。十行本之「木」字，上半部有漫漶，似因此而闕失「末」上之「一」而成「木」字，元刊明修本遂承之而謁作「木」，要之，揆諸文義，《要義》所引是也。

41. 頁三二六下　鄉飲酒大夫之饗禮亦有旅醻無算爵則饗末亦有旅醻

　　按：「饗末」，十行本作「饗未」，元刊明修本同；文物本作「饗士」；閩本、明監本、毛本、阮本與《要義》同。十行本之「未」字，文物本之「士」字，顯皆因形近而謁，揆諸文義，《要義》所引是也。

42. 頁三二七下　思齊云大姒嗣徽音則百斯男傳云大姒十子眾妾則宜百
　　　　　　　　子是也

　　按：「大姒嗣徽音」，十行本作「大似嗣徽音」，元刊明修本、文物本同；閩本、明監本、毛本、阮本與《要義》同。十行本前作「大似」，后作「大姒」，自相矛盾，前者顯誤，《要義》所引是也。

43. 頁三二七下　故此與樛木同論后妃前云無嫉妬之心此云不妬忌是為
　　　　　　　　大同也

　　按：「嫉妬」，十行本作「言妬」；元刊明修本、文物本作「忌妬」；閩本、明監本、毛本、阮本與《要義》同。此處所謂「前云」乃指《樛木·小敘》，其云「言能逮下而無嫉妬之心焉」，與此處「無嫉妬之心」合，故「言妬」、「忌妬」皆非，《要義》所引是也。

44. 頁三二七下　陸璣疏云幽州人謂之春箕春箕即春黍蝗類也長而青長
　　　　　　　　角長股股鳴者也

　　按：「股鳴」，十行本作「肱鳴」，元刊明修本、文物本、閩本、阮本同；明監本、毛本與《要義》同。阮記云：「閩本同，明監本、毛本『肱』作『股』，案：『股』字是也，鄭《考工記·梓人》注云：股鳴，蚣蝑動股屬。」《釋文》、單疏本《爾雅疏》引陸機《疏》皆作「股鳴」，十行本顯誤，《要義》所引是也。

45. 頁三二八下　白虎通云鰥之言緜緜無所親則寡者少也

　　按：「緜緜」，十行本作「鰥鰥」，元刊明修本、文物本、閩本、明監本、毛本、阮本同。未詳孰是。

46. 頁三二八下　爾雅云無夫無婦並謂之寡丈夫曰索婦人曰嫠

　　按：「嫠」，十行本作「釐」，阮本同；元刊明修本、文物本作「厘」；閩本、明監本、毛本與《要義》同。考《左傳》襄公二十五年杜注：「寡婦曰嫠」，則當作「嫠」，《要義》所引是也。

47. 頁三二九上　王基駁云王會所記雜物奇獸皆四夷遠國各齎土地異物
　　　　　　　　以為貢贄非周婦人所得采

　　按：「周」，十行本作「周南」，元刊明修本、文物本、閩本、明監本、毛本、阮本同。考元刊本王應麟《詩考·詩異字異義·芣苢》引王基駁云「非周婦人所得采」（北京圖書館出版社二〇〇三年影印國家圖書館藏元至元六年慶元路儒學刻本），則似當作「周婦人」，《要義》所引是也。

48. 頁三三〇上　以彼濆從水此墳從土且伐薪宜於厓岸大防之上不宜濆
　　　　　　　　汝之間故也

　　按：「不宜濆汝」，十行本作「不宜在濆汝」，元刊明修本、文物本、閩本、明監本、毛本、阮本同。考元刊本王應麟《詩地理考》卷一「汝墳」條引孔

氏曰作 「不宜在瀆汝」（北京圖書館出版社二〇〇六年影印國家圖書館藏元至元六年慶元路儒學刻本），揆諸文氣，有「在」者是也，《要義》所引誤也。

49. 頁三三〇上　終南云有條有枚文與枚連則條亦木名也

　　按：兩「枚」，十行本皆作「梅」，元刊明修本、文物本、閩本、明監本、毛本、阮本同。考宋本《文選》卷一《西都賦》李善注引「《毛詩》曰：終南何有，有條有枚」（北京圖書館出版社二〇〇四年影印國家圖書館藏宋淳熙八年池陽郡齋刻本），韓國奎章閣藏朝鮮活字本六家注《文選》所引同，《四部叢刊》三編所收宋本《太平御覽》卷三十八「終南山」條：「詩曰：終南何有，有條有枚」，則《要義》引作「有條有枚」非孤例也。而十行本《疏》文引《終南》「有條有梅」，下云「文與梅連，則條亦木名也，故《傳》曰『條，梌』，與此異也」，所謂「與此異」，乃與本詩「伐其條枚」之條相異，本詩之條，《傳》曰「枝」，即前《疏》所云「以枚非木，則條亦非木」，而《終南》之條乃與梅同，皆為木名，《疏》文此處引「有條有梅」意在以梅證條，若作「有條有枚」則《終南》之「條」與本詩之「條」無異，又何來「與此異」之說，故細玩《疏》文，可知此處必當作「梅」，《要義》等似誤。

50. 頁三三一上　此皆君親非異國也要皆同姓以對異姓異姓最為疏也

　　按：「君親」，十行本作「君新」，元刊明修本、文物本、阮本同；閩本、明監本、毛本與《要義》同。揆諸文義，「親」與「疏」相對，則作「新」非是，似因形近而譌，《要義》所引是也。

51. 頁三三二上　士昏禮從車二乘其天子與大夫送迎則無文

　　按：「從車」，十行本作「從軍」，元刊明修本、文物本同；閩本、明監本、毛本、阮本與《要義》同。檢《儀禮・士昏禮》作「從車」，則作「從軍」非是，似因形近而譌，《要義》所引是也。

52. 頁三三二下　故鄭箋膏肓引士昏禮云主人爵弁纁裳從車二乘婦車亦
　　　　　　　　如之有裧則士妻始嫁乘夫家之車也
　　　　　　故鄭箋膏肓又云

　　按：兩「肓」，十行本皆作「盲」，元刊明修本、文物本同；閩本、明監本、毛本、阮本與《要義》同。檢《左傳》成公十年：「疾不可為也，在肓之上，膏之下」，則當作「膏肓」，「膏盲」顯誤，似因形近而譌，《要義》所引

是也。又，「裣」，十行本作「供」，元刊明修本、文物本、閩本、明監本、毛本、阮本同。浦鏜《正字》云：「裣，誤供」，阮記是之，檢《儀禮·士昏禮》作「裣」，則《要義》所引是也。

53. 頁三三二下　特牲云主婦設兩敦黍稷于俎南西上

按：「俎」，十行本作「菹」，元刊明修本、文物本、阮本同；閩本作「葅」，明監本、毛本同。檢《儀禮·特牲饋食禮》作「俎」，作「菹」、「葅」皆因形近而譌，《要義》所引是也。

54. 頁三三三上　古者或剔賤者刑者之髮以被婦人之紒為飾因名髮鬀焉
　　　　　　　此周禮所謂次也

按：「刑者之髮」，十行本作「刑者之髮」，元刊明修本、文物本、閩本、明監本、毛本、阮本同。檢《儀禮·少牢饋食禮》作「刑者之髮」，又揆諸文義，「刑者之髮」「因名髮鬀」不辭，故作「髮」是也，《要義》所引誤也，或因涉下文「髮鬀」而譌。

55. 頁三三四上　以此夙夜文王夫人

按：「此」，十行本作「凡」，元刊明修本、文物本、閩本、明監本、毛本、阮本同。考「以此夙夜文王夫人」者，「以此夙夜乃文王夫人」之省文也，本詩經文云：「被之僮僮，夙夜在公」，箋云：「公，事也，早夜在事，謂視濯溉饎爨之事」，《正義》解此云：「先夙後夜，便文耳，夜在事，謂先夕視濯溉，早在事，謂朝視饎爨，在事者，存在於此，視濯溉饎爨之事，所謂不失其職也……案：《特牲》：夕陳鼎于門外，宗人升自西階，視壺濯及籩豆，即此所云夜也；又云：夙興，主婦親視饎爨於西堂下，即此所云夙也；以其夙夜之事同，故約之以為濯溉饎爨之事也。《特牲》言濯不言溉，注云：濯，溉也，即濯、溉一也，鄭并言耳。《特牲》宗人視濯，非主婦，此引之者，諸侯與士不必盡同。以凡（當作『此』）夙夜文王夫人，故約彼夙夜所為之事以明之。」《正義》乃解箋義，意謂鄭玄知此從事夙夜之事者實乃文王夫人，所以通過揭示文王夫人之所作為，亦即箋語「視濯溉饎爨之事」，來表明之，此即《疏》文所謂「以此夙夜文王夫人，故約彼夙夜所為之事以明之」的確切含義，而《疏》文此前大段解釋，也是要說明濯溉饎爨為夫人之事。本詩此處之箋、《疏》，正可與鄭氏《周南召南譜》、《疏》前後相應，《譜》云：「初，古公亶

父『聿來胥宇』，『爰及姜女』，其後大任『思媚周姜』，大姒『嗣徽音』〔註8〕，歷世有賢妃之助，以致其治」，《疏》云：「此事皆在《大雅》也，鄭言此者，以二國之詩，以后妃、夫人之德為首，《召南》夫人雖斥文王夫人，而先王夫人亦有是德，故引詩文以歷言」，本詩《采蘩》為《召南》之詩，孔《疏》謂《召南》夫人為文王夫人，正與《采蘩·疏》云「以此夙夜文王夫人」相證！《譜》又云：「文王『刑于寡妻，至于兄弟，以御于家』，是故二國之詩以后妃、夫人之德為首，終以《麟趾》、《騶虞》，言后妃、夫人有斯德，興助其君子，皆可以成功，至于獲嘉瑞」，《疏》云：「此論二國之詩次比之意，『是故』者，緣上事生下勢之稱，此后妃、夫人皆大姒也，一人而二名，各隨其事立稱……而二風大意，皆自近及遠，《周南》《關雎》至《麟斯》，皆后妃身事……《召南》《鵲巢》、《采蘩》，夫人身事」，據此段孔《疏》，二南所指之后妃、夫人皆太姒，太姒即文王夫人也，而《采蘩》又為夫人身事，則為文王夫人之身事，此又可證「以此夙夜文王夫人」也！本例若無《要義》存「此」，豈得見孔《疏》真貌？正可謂一字千金者也，而若不深思箋、《疏》，又難知的義，故挍正經疏，必據善本，又須返身原文，反復涵泳，二者不可或缺其一也！

56. 頁三三四下　案昏禮婦至主人揖婦以入席于奧即陳同牢之饌三飯卒
　　　　　　　食乃云御衽席於奧媵衽食席在東皆有枕
　　　　　　言女子十年不出者對男子十年出就外傅也

　　按：「食席」，十行本作「良席」，元刊明修本、文物本、閩本、明監本、毛本、阮本同。檢《儀禮·士昏禮》作「良席」，又鄭注：婦人稱夫曰良。據此，當作「良」，《要義》顯誤。

　　按：「傅」，十行本作「傳」，元刊明修本、文物本同；閩本、明監本、毛本、阮本與《要義》同。揆諸文義，作「傳」顯誤，《要義》所引是也。

57. 頁三三五上　治絲繭者繭則繅之絲則絡之織紝組訓者紝也組也紃也
　　　　　　　三者皆織之服虔注左傳曰織紝治繒帛者則紝謂繒帛也

　　按：「紝也」，十行本作「紐也」，元刊明修本、文物本同；閩本、明監本、毛本、阮本與《要義》同。考孔《疏》前文所引箋文作「織紝組訓」，而後文所引服虔注亦為釋「紝」，則無從有「紐」字，作「紐」顯誤，《要義》所引是也。

〔註8〕大姒，十行本原作「大似」，元刊明修本、文物本、阮本同；《要義》引作「大姒」，閩本、明監本、毛本同，「大似」顯誤，今據《要義》所引改。

58. 頁三三五上　十年以後傅姆當教

　　按：「傅姆」，十行本作「傳姆」，元刊明修本、文物本、毛本同；閩本、明監本、阮本與《要義》同。揆諸文義，作「傳」顯誤，《要義》所引是也。

59. 頁三三五下　祭禮主婦設羹教成之祭更使季女者成其婦禮也

　　按：「祭禮」，十行本作「祭事」，元刊明修本、文物本、閩本、明監本、毛本、阮本同。揆諸文義，此乃箋文，檢巾箱本作「祭事」，監圖本、纂圖本、日抄本作「祭禮」，考下《疏》文引作「祭禮主婦設羹」，《考文》古本作「祭禮」，則似當作「祭禮」，《要義》所引是也。明監本「祭事」之「事」左旁注有「禮」字，則讀此本者亦以為當作「祭禮」也。

60. 頁三三六上　牲體在俎下乃設羊鉶豕鉶

　　按：「牲體」，十行本作「性體」，元刊明修本、文物本同；閩本、明監本、毛本、阮本與《要義》同。「性體」不知為何物，揆諸文義，顯當作「牲體」，《要義》所引是也。

61. 頁三三六上　特牲禮云設大羹湆于醢北

　　按：「北」，十行本作「此」，元刊明修本、文物本同、閩本、明監本、毛本同；阮本與《要義》同。檢《儀禮・特牲饋食禮》作「北」，浦鏜《正字》云：「北，誤此」，作「此」顯誤，或因形近而譌，《要義》所引是也。

62. 頁三三七上　蘋蘩蘊藻之菜筐筥錡釜之器潢汙行潦之水可薦於鬼神

　　按：「行潦」，十行本作「汙潦」，元刊明修本同；文物本、閩本、明監本、毛本與《要義》同。此段《疏》文，乃引《左傳》隱公五年臧僖伯語，原作「行潦」，所謂「汙潦」或因涉上「橫汙」而譌，《要義》所引是也。

63. 頁三三八下　男女相對男稱夫女稱家

　　按：「男稱」，十行本作「男得」，元刊明修本、文物本、阮本同；閩本、明監本、毛本與《要義》同。揆諸文義，作「男得」不辭，顯誤，或因形近而譌，《要義》所引是也。

64. 頁三三九上　既囚證未定獄事未決繫之於圓土因謂圓土亦謂獄

　　按：「謂獄」，十行本作「為獄」，元刊明修本、文物本、閩本、明監本、毛本、阮本同。揆諸文義，當作「為獄」，「謂獄」或因涉上「因謂」而譌，《要義》所引誤也。

65. 頁三三九上　故彼注云訟謂以財貨相告者獄謂相告以罪名者是其對
　　　　　　　　例也

　　按：「罪名者」，十行本無「者」字，元刊明修本、文物本、閩本、明監
本、毛本、阮本同。檢《周禮·大司寇》鄭注作「獄謂相告以罪名者」，《要
義》所引是也。

66. 頁三三九上　言紂帛不過五兩多不過之則少有所降耳

　　按：「紂帛」，十行本作「純帛」，元刊明修本、文物本、阮本同；閩本、
明監本、毛本與《要義》同。「紂帛不過五兩」，實為毛《傳》，宋本《釋文》
本詩「紂帛」條云：「側基反，依字系旁才，後人遂以才為屯，因作純字」，
又《儀禮要義》卷二「諸經內純字鄭或為絲或為色」條云「紂帛之紂則多誤
為純」（「國立故宮博物院」景印宋本《儀禮要義》），則似當作「紂帛」，《要
義》所引是也。

67. 頁三三九下　左傳昭元年云徐吾犯之妹美

　　按：「徐吾犯」，十行本作「徐吾祀」，元刊明修本、文物本同；閩本、明
監本、毛本、阮本與《要義》同。檢《左傳》昭公元年正作「徐吾犯」，則「祀」
者或因形近而譌，《要義》所引是也。

68. 頁三三九下　此貞女不從明亦以六禮彊委之也

　　按：「彊」，十行本無此字，元刊明修本、文物本、阮本同；閩本、明監
本、毛本與《要義》同。阮記云：「明監本、毛本『委』上衍『彊』字，閩本
剜入」，檢閩本剜入「彊」字之跡甚為明顯，然《要義》既有此字，則非閩本
剜入而衍也，閩本當別有所據，阮記所云非是。然「彊」字究竟有無，難以
遽斷，未詳孰是。

69. 頁三四○上　羔羊至委蛇毛以為召南大夫

　　按：「羔羊」，十行本作「羔裘」，元刊明修本、文物本、閩本、明監本、
毛本、阮本同。「羔羊至委蛇」，乃孔《疏》標起止之語，檢本詩經文作「羔
羊之皮……委蛇委蛇」，則標「羔羊」至「委蛇」是也，十行本及以下作「羔
裘」顯誤，《要義》所引是也。

70. 頁三四〇下　古者素絲所以得英裘者織素紃為組紃

　　按：「素紃」，十行本作「素絲」，元刊明修本、文物本、閩本、明監本、毛本、阮本同。「織素紃為組紃」不辭，揆諸文義，當作「素絲」，《要義》所引誤也。

71. 頁三四一上　司裘曰大裘飾皮車謂革輅

　　按：「大裘」，十行本作「大喪」，元刊明修本、阮本同；文物本、閩本、明監本、毛本與《要義》同。考下文《疏》云：「《司裘》職云：掌為大裘，以供王祀天之服」，則「大喪」顯因形近而譌，《要義》所引是也。

72. 頁三四一下　知者以鄭注玉藻云非諸侯則不用素錦為裼故也士則麝
　　　　　　　　裘青豻褎以狐白之外雄麑裘素也

　　按：「士則」，十行本作「土則」，文物本、阮本同；元刊明修本、閩本、明監本、毛本與《要義》同。士相對於諸侯而言，「土則」顯因形近而譌，《要義》所引是也。

73. 頁三四二上　知者鄭注論語云素衣麑裘諸侯視朝之服其臣則青豻褎
　　　　　　　　絞衣為裼若兵事既用韎韋衣則用黃衣狐裘及貍裘以裘
　　　　　　　　象衣色故也

　　按：「以裘」，十行本無此二字，元刊明修本、文物本、閩本、明監本、毛本、阮本同。未詳孰是。

74. 頁三四二下　司服職云王祀昊天上帝則服大裘而冕以下冕亦復云裘

　　按：「亦復」，十行本作「不復」，元刊明修本、文物本、閩本、明監本、毛本、阮本同。考下文《疏》云：「《司裘》職云：掌為大裘，以供王祀天之服。亦不別言衮冕以下之裘，明六冕與爵弁同用大裘之羔裘矣。」則「不別言衮冕以下之裘」正與「以下冕不復云裘」相應，所明者「六冕與爵弁同用大裘之羔裘」，故不復云裘也，故當作「不復」，《要義》所引誤也。

75. 頁三四三下　綢繆首章三星在天箋云三月之末四月之中二章三星在
　　　　　　　　隅箋云四月之末五月之中卒章三星在戶箋云五月之末
　　　　　　　　六月之中與此三章喻時大同

　　按：「末」，十行本作「未」，元刊明修本、文物本同；閩本、明監本、毛本、阮本與《要義》同。檢《綢繆》箋云「三月之末」，下《疏》文又引彼箋

「四月之末」、「五月之末」，則作「未」顯誤，《要義》所引是也。又，「喻時」，十行本作「之喻」，元刊明修本、文物本、阮本同；閩本、明監本、毛本與《要義》同。揆諸文義，「之喻」指代不明，「喻時」點明其旨，則當作「喻時」，《要義》所引是也。

76. **頁三四三下** 正義曰命謂貴賤者夫人禮命貴與君同故稱曰小君眾妾賤

按：「眾妾賤」，十行本作「眾妾則賤」，元刊明修本、文物本、閩本、明監本、毛本、阮本同。有「則」字似文氣更昶，《要義》所引誤也。

77. **頁三四四上** 知三為心者下章云維參與昴不五星則五非下章之昴也
五既非昴則三亦非參

按：「三為心」，十行本作「三為星」，元刊明修本、文物本、閩本、明監本、毛本、阮本同。考《疏》下文云「故知三謂心也」，正與此「知三為心者」前後呼應，則當作「心」，《要義》所引是也。又，「維參與昴不五星」，十行本作「維參與昴昴不五星」，元刊明修本、文物本、閩本、明監本、毛本、阮本同。無「昴」字，則「不五星」無主語，故當疊「昴」字，《要義》所引誤也。

78. **頁三四四下** 經言在東箋云在天者在東據初見之方此不取所見之為義

按：「所見之」，十行本作「所見之方」，元刊明修本、文物本、閩本、明監本、毛本、阮本同。無「方」字，則「所見」無著落，故當有「方」字，《要義》所引誤也。

79. **頁三四四下** 云四時者如是終歲列宿更見因明二十八宿更迭而見不
止於心喙也

按：「更迭」，十行本作「更送」，元刊明修本同；文物本、閩本、明監本、毛本、阮本與《要義》同。「更送」顯誤，《要義》所引是也。又，「不止」，十行本作「不正」，元刊明修本、文物本同；閩本、明監本、毛本、阮本與《要義》同。「不正」顯誤，《要義》所引是也。

80. **頁三四四下** 書傳曰古者后夫人將侍君前息燭後舉燭至於房中

按：「後舉燭」，十行本作「後舉獨」，元刊明修本、阮本同；文物本、閩本、明監本、毛本與《要義》同。「獨」如何可舉，作「獨」顯誤，《要義》所引是也。

81. 頁三四四下　內則云妻不在妾御莫敢當夕注云避女君之御日

　　按：「注云」，十行本作「注女」，元刊明修本、文物本同；閩本、明監本、毛本、阮本與《要義》同。「女避女」不辭，顯誤，或因形近而譌，《要義》所引是也。

82. 頁三四五上　公羊傳曰伐為大辰皆舉相見之文也

　　按：「皆舉」，十行本作「皆至舉」，元刊明修本、文物本同；閩本作「皆互舉」，明監本、毛本、阮本同。「舉相見」文氣不順，當有「互」字為是，《要義》所引誤也，十行本之「至」亦似為「互」字之譌。

83. 頁三四五下　士昏禮注云媵送也

　　按：「士昏禮」，十行本作「亡昏禮」，元刊明修本、文物本同；閩本、明監本、毛本、阮本與《要義》同。「亡昏禮」顯誤，或因形近而譌，《要義》所引是也。

84. 頁三四五下　箋云樸樕之中及野有死鹿皆可以白茅裹束以為禮

　　按：此處鄭箋「白茅裹束」，十行本作「白茅包裹束」，元刊明修本、文物本、閩本、明監本、毛本、阮本、巾箱本同；監圖本、纂圖本、日抄本與《要義》同。裹已有包裹之義，再疊「包」字，似嫌累贅，當無「包」字，《要義》所引是也。

85. 頁三四六上　今雖則王姬之尊亦下嫁於諸侯

　　按：「今」，十行本作「令」，元刊明修本、文物本、閩本、明監本、毛本、阮本同。揆諸文義，「令」字顯誤，乃「今」字增點而譌，《要義》所引是也。

86. 頁三四七上　總著馬勒直兩耳與兩鍚

　　按：「鍚」，十行本作「鑣」，元刊明修本、文物本、閩本、明監本、毛本、阮本同。檢《周禮‧巾車》鄭注所引正作「鑣」，《要義》所引誤也。

87. 頁三四七上　后朝見於王所乘謂去飾也

　　按：「去」，十行本作「云」，元刊明修本、文物本同；閩本、明監本、毛本、阮本與《要義》同。檢《周禮‧巾車》鄭注所引正作「去飾」，「云」字顯誤，《要義》所引是也。

88. 頁三四七上　國風碩人曰翟茀以朝謂諸侯夫人始來乘翟蔽之車以朝
　　　　　　　見於君

　　　按：「翟茀」，十行本作「翟蔽」，元刊明修本、文物本、閩本、明監本、
毛本、阮本同。檢《毛詩‧碩人》作「翟茀」，而此段文字實引自《周禮‧巾
車》鄭注，其正作「翟蔽」，則未詳孰是。

89. 頁三四七上　其諸侯之夫人始嫁及常乘之車則無文

　　　按：「夫人」，十行本作「大夫」，元刊明修本、文物本同；閩本、明監本、
毛本、阮本與《要義》同。大夫如何嫁人，「大夫」顯誤，《要義》所引是也。

90. 頁三四七下　子男夫人乘翟車所用助祭饗朝見各依差次

　　　按：「助祭饗」，十行本作「助祭饗賓」，元刊明修本、文物本、閩本、明
監本、毛本、阮本同。「饗」者之對象為「賓」，故不可闕之，《要義》所引誤
也。

91. 頁三四七下　初嫁皆上攝一等其始嫁之衣皆以祭服

　　　按：「其始嫁」，十行本作「始嫁其嫁」，元刊明修本、文物本、阮本同；
閩本、明監本、毛本與《要義》同。「始嫁其嫁」文字錯亂，必誤無疑，揆諸
文義，當作「其始嫁」，《要義》所引是也。又，閩本此處三字字距明顯與上
下不符，疑是刻板者剜去原來四字補刻「其始嫁」三字，明監本、毛本皆承
之而不誤。

92. 頁三四八上　又洛誥云伻來毖殷乃命寧

　　　按：「伻」，十行本作「平」，元刊明修本、文物本、阮本同；閩本、明監
本、毛本與《要義》同。檢《尚書‧洛誥》作「伻」，伻者使也，平則不知何
義，故當作「伻」，《要義》所引是也。

93. 頁三四八上　此處騶虞於末以為鵲巢之應故歷序鵲巢以下然後言騶
　　　　　　　虞當篇之義

　　　按：「故歷」，十行本作「以故歷」，元刊明修本、文物本、閩本、明監本、
毛本、阮本同。揆諸文氣，無「以」字似勝，《要義》所引是也。

卷第二上

94. 頁三五〇上　則三監者武庚為其下無霍叔矣

按：「其下」，十行本作「其一」，元刊明修本、文物本、閩本、明監本、毛本、阮本同。揆諸文氣，「其下」不可解，當作「其一」，《要義》所引誤也。

95. 頁三五〇上　言祿父及三監叛則祿父之外更有三人為監

按：「之外」，十行本作「也外」，元刊明修本、文物本、阮本同；閩本作「已外」，明監本、毛本同。十行本作「也外」，顯誤，閩本似覺文義不通，遂改為「已外」，亦或別有所承，明監本、毛本承之，盧記謂：「毛本『也』作『已』，案『已』字是也」，《要義》所引作「之外」，文義曉暢，則作「也外」、「已外」似皆誤，盧記不可信從，《要義》所引是也。

96. 頁三五〇下　三國之境地相接

按：「相接」，十行本作「相連接」，元刊明修本、文物本、閩本、明監本、毛本、阮本同。「境地相接」辭審義明，無用再插入「連」字，則《要義》所引是也。

97. 頁三五一上　此詩人本述其事非為自歌其土也

按：「非」，十行本作「作」，元刊明修本、文物本、閩本、明監本、毛本、阮本同。「本」、「非」辭意相對，文氣明曉，而作「作」，則不知何義，顯誤，《要義》所引是也。

98. 頁三五一上　正義曰知者準約金縢之文

按：「準約」，十行本作「準的」，元刊明修本、文物本、阮本同；閩本、明監本、毛本與《要義》同。「準的」不辭，當作「準約」，《要義》所引是也。

99. 頁三五二下　此鄭數君數諸國不同

按：「君數」，十行本作「君世」，元刊明修本、文物本、閩本、明監本、毛本、阮本同。揆諸文義，「君世」似勝，「君數」不辭，《要義》所引誤也。

100. 頁三五三上　宋襄之母則身已歸宗非復宋婦其詩不必親作故在衛

按：「歸宗」，十行本作「歸宋」，元刊明修本、文物本、閩本、明監本、毛本、阮本同。盧記云：「『宋』當作『衛』。」此說毫無版本依據，純屬推

測。考《疏》云：「許穆夫人之詩得在衛國者，以夫人身是衛女，辭為衛發，故使其詩歸衛也。宋襄之母則身已歸宋，非復宋婦，其詩不必親作，故在衛焉」，細玩文義，作「宋」絕不可通，故殿本始改作「衛」，以遷就原文，盧說似本之也，而《要義》引作「宗」，「身已歸宗」，辭既熨帖，義亦曉暢，孔《疏》原文必作「宗」，其後傳刻而因字形相近譌作「宋」，《要義》所引是也。

101. 頁三五四上　序者於岷舉宣公以明下

　　按：「宣公」，十行本作「國公」，元刊明修本、文物本、閩本、明監本、毛本、阮本同。檢《岷·小敘》：「宣公之時，禮義消亡，淫風大行，男女無別，遂相奔誘」，則作「宣公」是也。又孔《疏》原文意指，《伯兮》、《有狐》本在《岷》之下、《芄蘭》之上，《岷·小敘》既已言為宣公時詩，則明其後《伯兮》、《有狐》蒙前省略，皆為宣公詩，而於《詩敘》不復言宣公，直至《芄蘭》而為惠公詩也。故「國」字當為「宣」字之譌，《要義》所引是也。浦鏜《正字》云：「『國公以』疑『宣公已』」，亦因未能通曉原文，遂致微誤。

102. 頁三五四下　今君失道而任小人大臣專恣則日如月然

　　按：此箋文「專恣」，十行本作「專次」，元刊明修本、文物本、纂圖本同；閩本、明監本、毛本、阮本、巾箱本、監圖本、日抄本與《要義》同。揆諸文義，「專次」顯誤，又檢敦煌殘卷伯二五三八《毛詩故訓傳·柏舟》鄭箋正作「專恣」，則《要義》所引是也。

103. 頁三五六上　此章責公亂尊卑

　　按：「責」，十行本作「貴」，文物本同；閩本、明監本、毛本、阮本與《要義》同；元刊明修本漫漶。「貴公」不辭，顯誤，《要義》所引是也。

104. 頁三五六下　又娶于陳曰厲嬀

　　按：「于」，十行本作「子」，元刊明修本、文物本同；閩本、明監本、毛本、阮本與《要義》同。「娶子」不辭，顯誤，《要義》所引是也。

105. 頁三五七上　陳女女娣亦幸於莊公而生完

　　按：「生完」，十行本作「生子完」，元刊明修本、文物本、閩本、明監本、毛本、阮本同。未詳孰是。

106. 頁三五八下　今既莫往來母子恩絕

　　按：「莫往來」，十行本作「莫往莫來」，元刊明修本、文物本、閩本、明監本、毛本、阮本同。未詳孰是。

107. 頁三六〇上　古者兵車一乘甲士三人步卒七十二人

　　按：「一乘」，十行本作「十乘」，元刊明修本、文物本、阮本同；閩本、明監本、毛本與《要義》同。盧記云：「下文『甲士三人，步卒七十二人』，此『十乘』是『一乘』之訛。」是也，則當作「一乘」，《要義》所引是也。

108. 頁三六〇上　以至於老不在軍而死

　　按：「軍」，十行本作「軍陣」，元刊明修本、文物本、閩本、明監本、毛本、阮本同。未詳孰是。

109. 頁三六一下　箋云宣二年左傳

　　按：「云」，十行本作「以」，元刊明修本、文物本、閩本、明監本、毛本、阮本同。考本詩鄭箋無有云宣公二年《左傳》者，故作「云」顯誤，《要義》所引誤也。

110. 頁三六二上　外傳魯語曰諸侯伐秦及涇不濟

　　按：「涇」，十行本作「經」，元刊明修本、文物本同；閩本、明監本、毛本、阮本與《要義》同。檢《國語‧魯語》正作「涇」，作「經」顯誤，《要義》所引是也。

111. 頁三六二上　釋水云濟有深涉深則厲淺則揭揭者揭衣也

　　按：「揭衣」，十行本作「褰衣」，文物本、閩本、明監本、毛本、阮本同；元刊明修本作「衾衣」。檢《爾雅‧釋水》作「揭者揭衣」，下文孔《疏》又引孫炎注「揭衣，褰裳也」，正為釋前文「揭衣」二字而發，故孔《疏》原文所引《爾雅》必當作「揭者揭衣」，否則已作「揭者褰衣」，何需再引孫炎注以釋之？引孫炎注以釋之者，正為證本詩毛《傳》「揭，褰衣」也，而十行本以下各本之所以於此皆譌作「褰衣」，正因涉毛《傳》而誤也。《要義》所引是也。

112. 頁三六三上　傳由軶至牝牡

　　按：「軶」，十行本作「軌」，元刊明修本、文物本同；閩本、明監本、毛

本、阮本與《要義》同。檢本詩毛《傳》正作「由軸」，則作「軌」顯誤，《要義》所引是也。又，此下《要義》「軌」字，十行本多譌作「軌」，且情況錯亂繁雜，故不逐條羅列。

卷第二下

113. 頁三六五上　此以涇濁喻舊室以渭清喻新昏

　　按：「舊室」，十行本作「舊至」，元刊明修本、文物本、阮本、閩本、明監本同；毛本與《要義》同。考《疏》文此前屢言「舊室」，此處「舊室」與「新昏」正相對照，則作「舊室」無疑，浦鏜《正字》云：「『室』，監本誤『至』」，阮記云：「閩本、明監本同，毛本『至』作『室』。案『室』字是也，《六經正誤》引作『室』。」故《要義》所引是也。

114. 頁三六六上　則梁者為堰以郭水

　　按：「郭」，十行本作「彰」，元刊明修本同；文物本、閩本、明監本、毛本、阮本與《要義》同。揆諸文義，水如何「彰」，作「彰」顯誤，《要義》所引是也。

115. 頁三六七下　毛言康叔之封爵稱侯者

　　按：此句十行本作「言康叔之封者」，元刊明修本、文物本、閩本、明監本、毛本、阮本同。此段《疏》文本為釋箋而發，則所謂「毛言」顯誤，又鄭箋云「衛康叔之封爵稱侯」，而《要義》引作「康叔之封爵稱侯」又似胳合，則《要義》「毛」字或為衍文，而「言康叔之封爵稱侯者」或更長於「言康叔之封者」，未詳孰是。

116. 頁三六九上　泠官樂官也

　　按：此鄭箋「泠」，十行本作「伶」，元刊明修本、文物本、閩本、明監本、毛本、阮本、監圖本、纂圖本、日抄本同；巾箱本與《要義》同。阮記以為「此《序》及箋當本作『泠』。其作『伶』者，俗字耳。《正義》亦當本是『泠』字，或後人改之也。」今檢敦煌殘卷斯一〇《毛詩傳箋·簡兮》、斯七八九《毛詩詁訓傳·簡兮》、伯二五二九《毛詩詁訓傳·簡兮》皆作「伶」，《釋文》謂「字亦作『伶』」，則非必以「泠」字為是也，阮說武斷而不可信。《要義》此下所引皆作「泠」，或為一別本，未詳孰是。

117. 頁三七〇上　祭之末乃賜之一爵

　　按：「末」，十行本作「未」，元刊明修本、文物本同；閩本、明監本、毛本、阮本與《要義》同。揆諸文義，作「未」顯誤，《要義》所引是也。

118. 頁三七〇上　時周室卑微非能用賢而言可以承事王者見碩人德大
　　　　　　　　堪為王臣而衛不用

　　按：「承」，十行本作「丞」，元刊明修本、文物本、阮本同；閩本、明監本、毛本與《要義》同。「承」、「丞」相通，未詳孰是。

119. 頁三七一上　傳言日中為期則為一日之中非春秋日夜中也若春秋
　　　　　　　　不當言為期也

　　按：「則為」，十行本作「則謂」，元刊明修本、文物本、阮本同；閩本作「則樂謂」，明監本、毛本同。「日夜」，十行本作「曰夜」，元刊明修本、文物本同；閩本、明監本、毛本、阮本與《要義》同。「不當言」，十行本作「言不當」，元刊明修本、文物本、閩本、明監本、毛本、阮本同。此一句，《要義》與傳世注疏本異文甚多，今細玩《要義》所引，乃《疏》釋毛《傳》「日中為期」之義，此「日中」當是「一日之中」，而非春秋二季日、夜各半之義，若指春秋二季，乃泛泛而言、時無確指，不應當言「為期」。文氣無礙，其旨甚明，若從傳世各本則義不可曉，故《要義》所引是也。

120. 頁三七一下　引此者以正此日之方中即彼春入學是矣

　　按：「正」，十行本作「證」，元刊明修本、文物本、閩本、明監本、毛本、阮本同。揆諸文義，當作「證」，《要義》所引誤也。

121. 頁三七三下　生子月辰則以金退之當御者以銀環進之

　　按：「金」，十行本作「金環」，諸本皆同。揆諸文義，「金環」與「銀環」相配，《要義》所引誤也。

卷第三

122. 頁三七五下　楚語曰昔衛武公年九十有五矣猶箴儆于國則未必其
　　　　　　　　死年

　　按：「于」，十行本作「子」，元刊明修本同；文物本、閩本、明監本、毛本、阮本與《要義》同。又，「其」，十行本作「有」，元刊明修本、文物本、

閩本、明監本、毛本、阮本同。作「子」顯誤，此不待言，考《疏》上文引《國語》，則衛武公九十五仍健在，故推測九十五未必即是其死年，意謂衛武公死時更在九十五歲以上，故作「其」正貼合上下文義，「有」字則顯因與「其」字形相近而譌，《要義》所引是也。

123. 頁三七六上　脫髦諸侯小斂而脫之此其伯之死時僖侯已葬去髦久矣

　　按：「其伯」，十行本作「共伯」，元刊明修本、文物本、閩本、明監本、毛本、阮本同。考本詩《小敘》箋云：「共伯，僖侯之世子」，則當作「共伯」，《要義》所引誤也。

124. 頁三七六上　髦者侍父母之飾也若父母有先死者於死三日脫之服
　　　　　　　　闋又著之若二親並沒則因去之矣

　　按：「三」，十行本作「二」；元刊明修本、文物本、閩本、明監本、毛本、阮本皆與《要義》同。考前《疏》又云：「士之既殯、諸侯之小斂，於死者，俱三日也，則脫髦，諸侯小斂而脫之」，據此，則顯應作「三」，十行本所謂「二」者，或因字劃闕失而致，《要義》所引是也。

125. 頁三七六下　禮記文王世子云親疾世子親齊玄冠而養蓋亦衣玄端矣

　　按：「衣玄端」，十行本作「衣不端」，元刊明修本、閩本、明監本、毛本、阮本同；文物本作「亦不端」。考《疏》文引《禮記》云：「世子親齊玄冠而養」，則此所謂「不端」顯為「玄端」之譌，《要義》所引是也，浦鏜《正字》以為「『不』，當『玄』字誤」，可謂得之。文物本所謂「亦不端」，則又譌「衣」為「亦」，錯上加錯也。

126. 頁三七六下　正義曰此主刺君故以宣姜繫於君謂之君母鶉之奔奔
　　　　　　　　則主刺宣姜與頑

　　按：「此主」，十行本作「此注」，文物本、阮本同；閩本作「註」，明監本、毛本同；元刊明修本漫漶。考此段《疏》文乃釋本詩《小敘》也，《敘》云：「衛人刺其上也，公子頑通乎君母，國人疾之而不可道也」，《疏》旨意謂本詩主刺君，故《敘》文云「君母」，即《疏》所謂「故以宣姜繫於君」也，若作「注」，此「注」何所指？則文辭茫昧，義不可曉，且《疏》下文又云「《鶉之奔奔》則主刺宣姜與頑」，以下況上，揆諸文義，則必作「此主」，《要義》所引是也，浦鏜《正字》以為「『注』，當『主』字誤」，亦是也。

127. 頁三七九下　臣無墳外之交得取列國女者春秋之世因聘逆妻故得
　　　取焉

　　按：「墳外」，十行本作「境外」，元刊明修本、文物本、閩本、明監本、
毛本、阮本同。揆諸文義，當作「境外」，作「墳」似因形近而譌，《要義》
所引誤也。

128. 頁三七九下　言孟故知長女下孟弋孟庸以孟類之盖亦列國之長女
　　　但當時列國姓庸弋者無文以言之

　　按：「下孟弋孟庸」，十行本作「下孟　孟弋孟庸」，元刊明修本、文物
本、阮本同；閩本、明監本、毛本與《要義》同。十行本「下孟」後有長條
形空白，似原有文字，後遭剜去，然本詩有云「云誰之思，美孟姜矣」，「云
誰之思，美孟弋矣」「云誰之思，美孟庸矣」，此處所釋「孟姜」為「孟」之
義，則「下」字之後顯當接「孟弋」、「孟庸」，且與下文「當時列國姓庸、弋
者」相配，故《要義》所引是也。

129. 頁三八〇下　禹貢豫州榮波既豬注云沇水溢出河為澤今塞為平地
　　　榮陽民猶謂其處為榮澤在其縣東

　　按：「在其」，十行本作「其在」，元刊明修本、文物本、閩本、明監本、
毛本、阮本同。檢《四部叢刊》三編所收單疏本《尚書正義》引鄭云正作「在
其」，則《要義》所引是也，浦鏜《正字》謂「其在」倒乙，是也。

130. 頁三八一上　案經僖二十五年衛候燬卒其戴公之立其年即卒

　　按：前「其」，十行本作「則」，元刊明修本、文物本、閩本、明監本、
毛本、阮本同。細玩原句文氣，似作「則」更勝，《要義》所引誤也。

131. 頁三八一下　答曰楚丘在濟河間疑在今東郡界中仲梁子先師魯人
　　　當六國時在毛公前

　　按：「中」，十行本作「今」，元刊明修本、文物本、阮本同；閩本、明
監本、毛本與《要義》同。玩味文義，顯當作「中」，《要義》所引是也。又
阮記云：「閩本、明監本、毛本下『今』字作『中』，案所改是也」，據《要
義》所引此字本作「中」，閩本或直承善本而來，非改之也，阮記所云實不
可信。

132. 頁三八二上　又云定星昏而正中謂小雪時小雪者十月之中氣十二
　　　　　　　　月皆有節氣有中氣十月立冬節小雪中於此時定星而
　　　　　　　　正中也

　　按：「定星而正中」，十行本作「定星昏而正中」，元刊明修本、文物本、
閩本、明監本、毛本、阮本同。「定星而正中」，不明正中之時，義不可曉，
又上文既言「定星昏而正中」，則下文於此呼應亦當云「定星昏而正中」，則
有「昏」字者是也，《要義》所引誤也。

133. 頁三八四上　建邦能命龜者命龜以遷求吉之意

　　按：「求」，十行本作「取」，元刊明修本、文物本、閩本、明監本、毛本、
阮本同。「求」者祈使之義，「取」者釋因之義，義皆可通，未詳孰是。

134. 頁三八五上　騋牝三千馬七尺曰騋騋馬與牝馬也

　　按：「七尺曰」，十行本作「七尺以上曰」，元刊明修本、文物本、閩本、
明監本、毛本、阮本、監圖本、纂圖本、日抄本同；巾箱本與《要義》同。
下《疏》文云「『馬七尺曰騋』，《廋人》文也」，則唐人孔氏所據本毛《傳》
作「七尺曰」；又宋本《呂氏家塾讀詩記》卷五云：「毛氏曰：馬七尺曰騋，
騋馬與牝馬也」（北京圖書館出版社二〇〇三年影印國家圖書館藏宋淳熙九年
江西漕臺刻本），宋刊元修本《東萊先生音注唐鑒》卷九《玄宗中》「臣祖禹
曰詩美衛文公曰秉心塞淵騋牝三千」條小注所引同（北京圖書館出版社二〇
〇三年影印國家圖書館藏本），則宋人呂氏所見本亦作「七尺曰」；又《段氏
毛詩集解》卷四云：「毛曰：馬七尺曰騋，騋馬與牝馬也」，則宋人段氏所見
本亦作「七尺曰」；則作「七尺曰」似更勝，《要義》所引是也，作「七尺以
上曰」者當為另一版本系統，阮記以為孔《疏》乃隱括「七尺以上曰」為「七
尺曰」，後來據此隱括之語反刪前文毛《傳》，如此解釋，未免太過曲折，令
人難以置信。

135. 頁三八五下　此言雨徵則與彼同也

　　按：「徵」，十行本作「微」；元刊明修本漫漶不清；文物本作「赤」；閩
本、明監本、毛本、阮本與《要義》同。本詩云「朝隮于西，崇朝其雨」，孔
《疏》釋之云：「言朝有升氣於西方，終朝其必有雨，有隮氣必有雨者，是氣
應自然」，則朝有升氣為終朝有雨之徵也，若作「微」字，義無所出，顯因形
近而譌，而作「赤」者於義尤謬，《要義》所引是也。

136. 頁三八六上　卒章言干旌傳曰析羽為旌

　　按：「干旌」，十行本作「干旄」，元刊明修本、文物本同；閩本、明監本、毛本、阮本與《要義》同。考本詩卒章「孑孑干旌，在浚之城」，毛《傳》云：「析羽為旌」，則此《疏》必當作「干旌」，作「干旄」顯誤，《要義》所引是也。

137. 頁三八七下　詩云四騵彭彭武王所乘

　　按：「四騵」，十行本作「四牡」，元刊明修本、文物本、阮本同；閩本、明監本、毛本與《要義》同。檢《毛詩》有「四牡彭彭」句者，《小雅·北山》、《大雅·烝民》二首，前者刺幽王，後者美宣王，皆與武王無涉；又《大雅·大明》有句云「駟騵彭彭，維師尚父，時維鷹揚，涼彼武王，肆伐大商」，則正合此處所云「武王所乘」之義，且此《疏》文實引許慎《五經異義》之文（詳參下條校勘記），故有「四」、「駟」之別，單疏本《春秋公羊疏》卷一引《異義》：「《詩》云『四騵彭彭』，武王所乘」（北京圖書館出版社二〇〇四年影印國家圖書館藏宋刻元修本），則當作「四騵彭彭」，《要義》所引是也。

138. 頁三八七下　玄之聞也

　　按：「玄」，十行本作「互」，元刊明修本、文物本、閩本、明監本、毛本、阮本同。「互之聞也」不明所指，此玄乃鄭玄自稱也，為明其意，不妨節引孔《疏》原文：「又，《異義》：『天子駕數，《易·孟》《京》、《春秋公羊說》：天子駕六；《毛詩說》：天子至大夫同駕四，士駕二，《詩》云「四騵彭彭」，武王所乘，「龍旂承祀，六轡耳耳」，魯僖所乘，「四牡騑騑，周道倭遲」，大夫所乘。謹案：《禮·王度記》曰：天子駕六，諸侯與卿同駕四，大夫駕三，士駕二，庶人駕一，說與《易》、《春秋》同。』『玄之聞也，《周禮·校人》：「掌王馬之政」，「凡頒良馬而養乘之，乘馬一師四圉」，四馬為乘，此一圉者養一馬，而一師監之也。《尚書·顧命》：「諸侯入應門」，「皆布乘黃朱」，言獻四黃馬朱鬣也。既實周天子駕六，《校人》則何不以馬與圉以六為數？《顧命》諸侯何以不獻六馬？《王度記》曰「大夫駕三」，經傳無所言，是自古無駕三之制也。』自「異義」以下，皆孔《疏》所引許慎《五經異義》，自「玄之聞也」以下，皆反駁《異義》天子駕六之說，故皆是鄭玄《駁五經異義》之文，此本無可疑，而歷來注疏傳本有誤，故浦鏜《正字》云：「玄，誤互」，阮記是之，日本內閣文庫藏萬曆十七年刊明監本於「互」字處用紅筆特誌之，并與頁眉寫有「玄」字，此皆卓識。

139. 頁三八九上　若平王則為公而云卿士者卿為典事公其兼官故顧命
　　　　　　　　注公兼官以六卿為正次

　　按：「卿士者」，十行本作「卿士而」，元刊明修本、文物本、阮本同；閩本、明監本、毛本與《要義》同。揆諸文義，作「者」乃引出下文解釋「為公，而為卿士」之因，若作「而」則全句義不可通，故《要義》所引是也，阮記以為閩本等改之，實宋本本然，非閩本改之也。

140. 頁三八九上　殺兄篡國得為美者美其逆取順守德流於民故美之齊
　　　　　　　　桓晉文皆篡弒而立終建大功亦此類也

　　按：「此類」，十行本作「皆類」，元刊明修本、文物本、阮本同；閩本、明監本同；毛本與《要義》同。細玩文氣、揆諸文義，作「此類」是也，故《要義》所引是也，浦鏜《正字》以為監本「此，誤皆」，是也。

141. 頁三八九下　然則王芻篇竹所以美盛也由後淇水浸潤之

　　按：「由後」，十行本作「由得」，元刊明修本、文物本、閩本、明監本、毛本、阮本同。揆諸文義，顯當作「由得」，《要義》所引誤也。

142. 頁三八九下　故下箋云圭璧亦琢磨

　　按：「圭璧」，十行本作「圭璧」，元刊明修本、文物本、閩本、明監本、毛本、阮本同。揆諸文義，顯當作「圭璧」，《要義》所引誤也。

143. 頁三九〇上　箋會至視朝正義曰

　　按：「會」，十行本作「會謂」，元刊明修本、文物本、閩本、明監本、毛本、阮本同。此《疏》文標所釋鄭箋起止之文，未詳孰是。

144. 頁三九一下　故左傳曰娶於東宮得臣之妹服虔云得臣齊世子名居
　　　　　　　　東宮是也

　　按：「世子」，十行本作「士子」，元刊明修本同；文物本作「太子」，阮本同；閩本、明監本、毛本與《要義》同。「士子」顯誤，作「太子」亦誤，《要義》所引是也。

145. 頁三九三上　士喪禮云兄弟不以襚進雜記云襚者曰寡君使某襚此
　　　　　　　　禮之襚春秋文九年秦人來歸僖公成風之襚隱元年公
　　　　　　　　羊傳曰衣被曰襚穀梁傳曰衣衾曰襚此春秋之襚也

　　按：「春秋之襚」，十行本作「春秋之遂」，元刊明修本、文物本、阮本同；

閩本、明監本、毛本與《要義》同。前文既有「禮之襚」，則此「春秋之襚」當無疑，《要義》所引是也。

146. 頁三九四下　蚩蚩敦厚之貌

按：十行本「蚩蚩」二字之後有「者」字，元刊明修本、文物本、閩本、明監本、毛本、阮本同；檢宋刊巾箱本、監圖本、纂圖本及日抄本皆無「者」字；則《要義》所引是也。阮記以為「者」字為衍文，是也。

147. 頁三九六下　初衛宣公丞於夷姜生伋子為之娶於齊而美公娶之生壽及朔

按：「美」，十行本作「姜」，元刊明修本、文物本、閩本同；明監本、毛本、阮本與《要義》同。揆諸文義，「姜」字顯誤，《要義》所引是也，十行本與此「姜」字旁畫有小圈，下注「美」字，則讀此書者，亦以為當作「美」。

148. 頁三九七上　行止有節度亦摠二者之辭

按：「二者」，十行本作「三者」，元刊明修本、文物本、閩本、明監本、毛本、阮本同。前《疏》已云「摠三者之辭」，故此處有「亦」字，若是「摠二者之辭」則「亦」字無著落，又此所謂三者，乃鄭箋所謂容刀、瑞及紳帶，故當作「三者」，《要義》所引誤也。

149. 頁三九七下　士喪禮曰纊極二注云極猶放弦也

按：「纊」，十行本作「繖」，元刊明修本、文物本同；閩本、明監本、毛本、阮本與《要義》同。檢《儀禮・士喪禮》作「纊」，「纊」、「繖」本非一物，或因形近而譌，《要義》所引是也。

150. 頁三九八上　又春秋杞伯姬來歸及此宋桓夫人皆是也主后犯出則廢之而已皆不出非徒無子故

按：「來歸」，十行本作「來婦」，元刊明修本、文物本、阮本同；閩本、明監本、毛本與《要義》同。來婦，不辭，考《疏》文云：「若犯餘六出，則去，故《雜記》有出夫人禮。又《春秋》杞伯姬來歸，及此宋桓夫人皆是也。」所謂「歸」，《左傳》莊公二十七年云：「凡諸侯之女，歸寧曰『來』，出曰『來歸』」，則此處作「來歸」正貼合《疏》文之義。《要義》所引是也。

「主后」，十行本作「王后」，元刊明修本、文物本、閩本、明監本、毛本、阮本同。細玩文義，作「王后」為勝，《要義》所引誤也。

151. **頁三九九上** 正義曰考工記云殳長尋有四尺尋八尺又加四尺是丈二也冶氏為戈戟之刃不言殳刃是無刃也

按：「冶氏」，十行本作「治氏」，元刊明修本、文物本同；閩本、明監本、毛本、阮本與《要義》同。檢《周禮‧考工記》：「冶氏為殺矢刃」，則當作「冶氏」無疑，《要義》所引是也。

152. **頁三九九下** 考工記曰兵車六等之數車軫四尺謂之一等戈柲六尺有六寸

按：「戈柲」，十行本作「戈祕」，元刊明修本、文物本、閩本、明監本、毛本、阮本同。檢《周禮‧考工記》：「戈柲六尺有六寸」，則當作「戈柲」無疑，《要義》所引是也，浦鏜《正字》以為「柲，誤祕」，阮記是之，均是也。

153. **頁三九九下** 六等者自地以上數之其等差有六故注云法易之三材六畫非六建也建者建於車上軫非車上所建也

按：「三材」，十行本作「三才」，元刊明修本、文物本、閩本、明監本、毛本、阮本同。檢《周禮‧考工記》鄭注：「灋《易》之三材六畫」，且下文又云「象三材之六畫」，則此當作「三材」無疑，《要義》所引是也。又，「軫非車上所建」，十行本無「軫」字，元刊明修本、文物本、閩本、明監本、毛本、阮本同。本詩鄭箋云：「兵車六等：軫也、戈也、人也、殳也、車戟也、酋矛也，皆以四尺為差」，《疏》文先引《考工記》以釋之，「《考工記》曰：兵車六等之數，車軫四尺謂之一等；戈柲六尺有六寸，既建而迤，崇於軫四尺，謂之二等；人長八尺，崇於戈四尺，謂之三等；殳長尋有四尺，崇於人四尺，謂之四等；車戟常崇於殳四尺，謂之五等；酋矛常有四尺，崇於戟四尺，謂之六等。」此本無問題，然《疏》文又引《廬人》以自設疑，「又，《廬人》先言戈、殳、車戟、酋矛、夷矛之短長，乃云『攻國之兵』，又云『六建既備，車不反覆』，注云：『六建，五兵與人也』，則六建於六等，不數軫而數夷矛。」據《疏》文所引《廬人》鄭注，又有所謂「六建」，此六建是五兵：戈、殳、車戟、酋矛、夷矛，再加上人，即所謂「五兵與人也」，恰巧於前此所引《考工記》六等之說可相比較，而其差別則在於六等有軫無夷矛，六建有夷矛無軫，那麼為何在此用《考工記》六等之說以釋鄭箋，而不用《廬人》六建之說呢。《疏》文既自問，又自答，「不引之者，因六等自軫歷數人殳以上為差之備，故引之，六等者，自地以上數之，其等差有六，故注云『法《易》

之三材六畫』，非六建也，建者，建於車上，軹非車上所建也。」鄭箋明謂「兵車六等」，其旨重在等差，而《考工記》正是歷數自軹至酋矛之等差，故引之因闡明箋旨也，至於《盧人》六建之說，其意重在建，所謂建者，建於車上也，而軹者，《考工記》鄭注云「輿後橫木」，故《疏》云：「軹非車上所建也」，若無「軹」字，到底何物「非車上所建」呢，主語既闕，句意遂晦，則《要義》所引是也，正可補此千古未知之主語，真可謂一字千金也！

154. 頁四〇〇上　若旨戈以上數為六等

按：「旨」，十行本作「自」，元刊明修本、文物本、閩本、明監本、毛本、阮本同。揆諸文義，顯當作「自」，《要義》所引誤也。

155. 頁四〇〇下　正義曰謂之不已乃厭足於心用是生首疾也

按：「謂」，十行本作「謂思」，元刊明修本、文物本、閩本、明監本、毛本、阮本同。揆諸文義，闕「思」則句意不明，《要義》所引誤也。

156. 頁四〇一下　昏禮注云洗南北直室東隅東西直房戶與隅間謂在房
　　　　　　　　室之內也

按：「東隅」，十行本作「東西」，元刊明修本、文物本、閩本、明監本、毛本、阮本同。浦鏜《正字》以為：「『隅』，誤『西』」，阮記云：「以《士昏禮》記注考之，是也」，故《要義》所引是也。

157. 頁四〇一下　此欲樹草蓋在房室之北堂者摠名房外內皆名為堂也

按：「皆」，十行本作「背」，元刊明修本、阮本同；文物本、閩本、明監本、毛本與《要義》同。揆諸文義，「房外內皆名為堂」為句，顯當作「皆」以概外、內也，故《要義》所引是也，阮記云：「閩本、明監本、毛本『背』，作『皆』，案：所改是也」，實非閩本所改，宋本已然，阮說誤也。

158. 頁四〇二下　郭璞云實如小瓜酢可食是也

按：「酢」，十行本作「酸」，元刊明修本、文物本、阮本同；閩本、明監本、毛本與《要義》同。檢宋本《爾雅·釋木》「栵木瓜」條郭璞注云：「實如小瓜酢可食」，則《要義》所引是也。

159. 頁四〇二下　於考槃見遯世之士而無悶於世

按：「無」，十行本作「尤」，元刊明修本、文物本同；閩本、明監本、

毛本與《要義》同；阮本作「无」。考《考槃‧疏》引王肅說以申毛《傳》「窮處山澗之間，而能成其樂者，以大人寬博之德，故雖在山澗，獨寐而覺，獨言先王之道，長自誓，不敢忘也，美君子執德弘信道篤也」，又謂「鄭以為成樂在於澗中而不仕者，是形貌大人，寬然而有虛乏之色，既不為君用，饑乏退處，故獨寐而覺，則言長自誓不忘君之志」，則王注、鄭箋正與此《疏》所謂「無悶於世」義相呼應，若作「尤悶於世」，則與《考槃》詩義去之甚遠，故顯當作「無」，《要義》所引是也，「尤」者或因與「无」形近而譌也。

卷第四上

160. 頁四〇五上　書序云成周既成遷殷頑民注云此皆士也周謂之頑民民無知之稱是遷殷頑民於成周也

　　按：「是遷」，十行本無「遷」字，元刊明修本、文物本、阮本同；閩本、明監本、毛本與《要義》同。揆諸文義，若無「遷」字，則「殷頑民於成周」無謂語，顯不可缺，《要義》所引是也，阮記云：「明監本、毛本『是』下有『遷』字，閩本剜入，案：所補是也」，是也。

161. 頁四〇五下　風雅之作本自有體而云貶之謂之風者

　　按：「而云」，十行本作「猶而云」，元刊明修本、文物本、閩本、明監本、毛本、阮本同。未詳孰是。阮記云：「閩本、明監本、毛本同。案：『體』字句絕，『猶』字當在『貶之而作風』上，即『由』字也……」。此句文氣不順，故阮記有此懷疑，然檢《要義》所引，無「猶」字，全句「風雅之作，本自有體，而云貶之謂之風者，言作為雅頌，貶之而作風」，句意明了，文辭通暢，則所謂「猶」字當在「貶之而作風」上之說，純屬推測，不可據信。

162. 頁四〇五下　正義曰作黍離詩者言閔宗周也周之大夫行從征至於宗周鎬京

　　按：「從征」，十行本作「從征役」，元刊明修本、文物本、閩本、明監本、毛本、阮本同。考本詩《小敘》：「《黍離》，閔宗周也，周大夫行役，至于宗周」，《疏》言「行從征役」，正釋《敘》「行役」二字，此實增字以釋也，故《要義》所引誤也。

163. 頁四〇六下　鄭讀爾雅與孫郭異

　　按：此句十行本作「鄭爾雅與孫郭本異」，元刊明修本、文物本、閩本、明監本、毛本、阮本同。檢單疏本《爾雅疏・釋天》引作「鄭讀爾雅與孫郭本異」，「與孫郭異」與「與孫郭本異」，文義可通，而若闕「讀」字，則「鄭爾雅」真不知何謂也，故《要義》所引是也，浦鏜《正字》云：「脫『讀』字」，是也。

164. 頁四〇七上　二說理相符合故鄭和而釋之

　　按：「二說」，十行本作「二物」，元刊明修本、文物本、閩本、明監本、毛本、阮本同。二物如何「和而釋之」？作「二物」顯為不當，且《疏》文，此「二說」有明指，即《爾雅》說「春為蒼天，夏為昊天」，及歐陽說「春為昊天，夏為蒼天」，又前《疏》亦云「是鄭君和合二說之事也」，故《要義》所引是也，浦鏜《正字》云：「『說』，誤『物』」，是也。

165. 頁四〇七下　月令仲夏調竽笙簴簧則黃似別器者彼於竽笙簴三器
　　　　　　　　之下而別言簧者欲見三器皆有簧簧非別器也

　　按：「黃」，十行本作「簧」，元刊明修本、文物本、閩本、明監本、毛本、阮本同。揆諸文義，下文所謂「簧非別器也」，顯然是與「簧似別器」相對應之文，則作「簧」是，《要義》所引誤也。

166. 頁四〇七下　鹿鳴云吹笙鼓簧言吹笙則簧鼓是簧之所用本施於笙

　　按：「簧鼓」，十行本作「鼓簧」，元刊明修本、文物本、閩本、明監本、毛本、阮本同。考《宋書・樂志一》：「《詩傳》云：吹笙則簧鼓」，則此處作「簧鼓」或魏氏所見注疏本如此，故難定是非、未詳孰是。

167. 頁四〇九上　故春秋傳曰董澤之蒲可勝既乎

　　按：「董澤」，十行本作「薰澤」，元刊明修本、文物本同；閩本、明監本、毛本、阮本與《要義》同。檢《左傳》宣公十二年正作「董澤」，則《要義》所引是也。

168. 頁四〇九上　釋草云萑菼李巡曰臭穢草也郭璞曰今菀蔚也葉似荏
　　　　　　　　方莖白華

　　按：「荏」，十行本作「萑」，元刊明修本、文物本、閩本、明監本、毛本、阮本同。檢宋本《爾雅・釋草》「萑菼」郭注云：「今菀蔚也葉似荏」，「荏」、

「蓷」非一草，故郭璞云「葉似荏」以釋「蓷」，若作「葉似蓷」以釋「蓷」，豈有此理乎？《要義》所引是也。十行本作「葉似蓷」者，涉上文「釋草云蓷萑」而誤也，浦鏜《正字》云：「『荏』，誤『蓷』」，是也。

169. 頁四〇九上　平王崩周人將畀虢公政四月鄭祭足帥師取溫之麥秋又取成周之禾周鄭交惡

按：「禾」，十行本作「粟」，元刊明修本、文物本、閩本、明監本、毛本、阮本同。此句皆《左傳》隱公三年文也，其文作「禾」，杜注云：「『四月』，今二月也，『秋』，今之夏也，麥、禾皆未熟，言『取』者蓋芟踐之」，「禾」未熟非「粟」也，則《要義》所引是也。

170. 頁四〇九上　桓五年左傳曰王奪鄭伯政鄭伯不朝是諸侯背叛也

按：「背叛」，十行本作「背」，元刊明修本、文物本、阮本同；閩本、明監本、毛本與《要義》同。諸侯背也，不辭，當作「背叛」，《要義》所引是也。阮記云：「明監本、毛本『背』下有『叛』字，閩本剜入，案：所補是也」，是也。

171. 頁四〇九下　傳罦覆車正義曰

按：「罦」，十行本作「稱」，元刊明修本、文物本同；閩本、明監本、毛本、阮本與《要義》同。此處所謂「傳罦覆車」，乃《疏》文引前《傳》以標所釋起止之語，本詩「有兔爰爰，雉離于罦」，毛《傳》云：「罦覆車」，則顯當作「罦」，《要義》所引是也。

172. 頁四〇九下　郭璞曰今之翻車也有兩轅中施罥以捕鳥

按：「罥」，十行本作「骨」，元刊明修本、文物本、閩本、明監本、毛本同；阮本與《要義》同。檢宋本《爾雅·釋器》「罦覆車也」郭注云：「今之翻車也，有兩轅，中施罥以捕鳥」，罥者，捕鳥之具也，骨如何補鳥？《要義》所引是也。浦鏜《正字》云：「『罥』，誤『骨』」，是也。

173. 頁四〇九下　異義九族今禮戴尚書歐陽說云

按：「禮戴」，十行本作「戴禮」，元刊明修本、文物本、閩本、明監本、毛本、阮本同。細繹文氣，「禮戴」正與「尚書歐陽」相配，若作「戴禮」，則後文應改作「歐陽尚書」，方前後一致，又檢元刊本《玉海》卷三十七《藝

文・書》「初尚書鄭氏古文孔氏置博士」條引曰：「《詩・正義》：《異義》：九族，今《禮》戴、《尚書》歐陽說云」，則可與《要義》相證，《要義》所引是也。

174. 頁四一〇下　正義曰釋草云蕭萩李巡曰萩一名蕭陸璣云今人所謂萩蒿者是也

　　按：三「萩」字，十行本皆作「荻」，元刊明修本、文物本、閩本、明監本、毛本、阮本同。檢宋本《爾雅・釋草》正作「蕭萩」，又日本南北朝時期翻刻宋監本《爾雅・釋草》亦作「蕭萩」（汲古書院昭和四十八年影印本），單疏本《爾雅疏・釋草》云：「蕭萩，釋曰：李巡曰萩一名蕭，陸璣云：今人所謂萩蒿者是也」，則作「萩」實無可疑，《要義》所引是也。十行本作「荻」，或因形近而譌，浦鏜正字云：「『萩』，誤『荻』，下同」，阮記云：「考《爾雅釋文》，浦挍是也」，是也，殿本《考證》云：「臣宗萬按：『荻』字宜作『萩』，音秋。《說文》云：萩，蕭也；襄公十八年《左傳》：秦周伐雍門之萩；是也。《爾雅・釋草》文字誤作『荻』，故《疏》仍其訛，荻，葵也，非蕭也。」殿本所辨甚是，然謂《疏》仍其訛則似誤，至少據《要義》所引，《疏》本不誤，或是十行本刊刻時致誤，亦未可知。

175. 頁四一〇下　春官司服曰子男之服自毳冕而下卿大夫之服自玄元而下則大夫不服毳冕

　　按：「玄元」，十行本作「玄冕」，元刊明修本、文物本、閩本、明監本、毛本、阮本同。檢《周禮・司服》，作「卿大夫之服自玄冕而下」，則當作「玄冕」，《要義》所引誤也。

176. 頁四一一上　王朝之卿大夫出封於畿外襃有德加一等公卿為侯伯大夫為子男

　　按：「公卿」，十行本作「使卿」，元刊明修本、文物本、閩本、明監本、毛本、阮本同。前有「王朝之卿大夫」，後有使「卿為侯伯」，「大夫為子男」，「卿大夫」與「卿」、「大夫」前後呼應，無容多一「公」字，且若闕「使」字則文氣殘斷，故當作「使卿」，《要義》所引誤也。

177. 頁四一一下　侯伯入為大夫者也以其本爵先尊服其本國之服

　　按：「本國」，十行本作「於國」，元刊明修本、文物本、阮本同；閩本、

明監本、毛本與《要義》同。「於國之服」，義不可通，所謂「本國」，侯伯入王朝為大夫前所在之國也，《要義》所引是也。阮記云：「閩本、明監本、毛本，『於』誤『本』」，誤甚。

178. **頁四一二上** 春官司几筵注云周禮雖合葬及同時在殯皆異几

按：「合葬」，十行本作「今葬」，元刊明修本、文物本、阮本同；閩本、明監本、毛本與《要義》同。檢《周禮・司几》，作「合葬」，則《要義》所引是也。盧記云：「毛本，『今』作『合』，案：『合』字是也」，是也。

後　記

　　阮元乃有清一代赫赫有名之文臣，亦為揚州學派之領袖，就其學術貢獻而言，允推重刻《十三經註疏》為最，厚澤學林，影響深遠，但彼時董事諸君未能博見善本，遂致圈字考辨往往非是。鑒於此，遂申報課題「阮刻《十三經註疏》圈字彙校考正集成研究」，冀稍補其憾。本書為撰寫完成之第三種，《周易》一種業已出版，《毛詩》一種也已提交出版社。此項工作進行得異常艱難、勞苦慮至，或視其工程浩大而直言難以完成，然而，既是夙願，定當全力以赴，勉力畢功，以略表後生敬畏先賢之誠意。

　　　　　　　　　　　　庚子年正月「新冠」肆虐封城困頓之日